古代歷史文化研究輯刊

三二編

王明蓀 主編

第19冊

新石器時代至漢代玉璧研究（下）

楊岐黃 著

國家圖書館出版品預行編目資料

新石器時代至漢代玉璧研究（下）／楊岐黃 著 -- 初版 -- 新
北市：花木蘭文化事業有限公司，2024〔民 113〕
目 10+204 面；19×26 公分
（古代歷史文化研究輯刊 三二編；第 19 冊）
ISBN 978-626-344-882-7（精裝）
1.CST：玉器 2.CST：中國
618   113009487

古代歷史文化研究輯刊
三二編　第十九冊　　　　　　ISBN：978-626-344-882-7

新石器時代至漢代玉璧研究（下）

作　　者　楊岐黃
主　　編　王明蓀
總 編 輯　杜潔祥
副總編輯　楊嘉樂
編輯主任　許郁翎
編　　輯　潘玟靜、蔡正宣　美術編輯　陳逸婷
出　　版　花木蘭文化事業有限公司
發 行 人　高小娟
聯絡地址　235 新北市中和區中安街七二號十三樓
　　　　　電話：02-2923-1455／傳真：02-2923-1452
網　　址　http://www.huamulan.tw 信箱 service@huamulans.com
印　　刷　普羅文化出版廣告事業
初　　版　2024 年 9 月
定　　價　三二編 28 冊（精裝）新台幣 84,000 元

新石器時代至漢代玉璧研究（下）

楊岐黃 著

表目次

第五章　東周玉璧研究

第一節　東周的文化框架與背景

　　本章所涉及的內容包括東周時期周王朝、各諸侯國及同時期的其他考古學文化遺存。公元前 770 年平王將都城東遷至洛邑，開啟了春秋戰國時代，稱東周時期。東周自公元前 770 年始至公元前 221 年秦王嬴政滅六國建立秦王朝終，可分為春秋和戰國兩個階段。關於春秋戰國的分界點，學界有不同看法，本書仍取公元前 475 年為節點。

　　春秋時期的絕對年代在公元前 770 年至公元前 476 年間，可分為早、中、晚三個時期。春秋早期的絕對年代在公元前 770～665 年；春秋中期的絕對年代在公元前 664～559 年；春秋晚期大致在公元前 558～475 年。戰國時期的絕對年代為公元前 475 年至 220 年，可分為早、中、晚三期，戰國早期為公元前 475～公元前 376 年；戰國中期為公元前 375～公元前 299 年；戰國晚期為公元前 298～公元前 222 年。

　　東周時期的周王室勢微，勢力範圍縮至成周附近。但是在周的文化範圍內，廣布大大小小的諸侯國，《左傳》記載春秋早期的諸侯國有 140 餘個。進入戰國時期，諸侯國的數量減少，以齊、楚、燕、韓、趙、魏、秦七國為中心，還有 20 餘個諸侯國。隨著戰國各列國疆域的不斷擴張，廣泛意義上的周王朝疆域較西周時期更為廣大，西周時期周文化的分布範圍主要以黃河流域為中心，東周時期則以黃河、長江流域為中心。

　　東周時期的考古工作圍繞各諸侯國故城展開，因此對東周玉璧的分析與研究仍以京畿地區及各大諸侯國及其周邊地區為單元，輔以同時期周文化以

外的其他地區資料進行。

第二節　東周玉璧的發現與研究

一、成周及其周邊地區

1. 成周

成周為東周時期的王都，自公元前 770 年平王東遷洛邑，至公元前 256 年最後一代周王赧王卒，一直是周王的居所。王城位於今洛陽市洛水、澗水流域，勢力範圍僅在今東至新鄭，西至嵩縣、新安，南至魯山，北達濟源、修武的方寸之地，後襄王時劃地與晉，戰國時期王室的轄地進一步縮小。

玉璧主要見於各類高等級墓葬及遺址中，並集中於洛陽附近。主要有洛陽潤陽廣場墓葬〔註1〕、中州路（西工段）東周墓葬〔註2〕、中州中路戰國墓葬〔註3〕、體育場路西東周墓地〔註4〕、王城廣場東周墓地〔註5〕、道北鍛造廠戰國墓〔註6〕、西工區戰國墓葬 C1M3943〔註7〕。

另還有小屯村東北周王城內戰國中期墓葬〔註8〕、漢河南縣城東北角東周墓〔註9〕、洛陽西區春秋墓〔註10〕、供電局戰國墓葬〔註11〕等中都曾從出土玉璧。

〔註1〕 洛陽市文物工作隊，河南洛陽市潤陽廣場 C1M9950 號東周墓葬的發掘〔J〕，考古，2009：12，18～31。
〔註2〕 中國社會科學院考古研究所，洛陽中州路（西工段）〔M〕，北京：科學出版社，1959。
〔註3〕 洛陽市文物工作隊，洛陽中州中路東周墓發掘簡報〔J〕，文物，2006（3）：20～44。
〔註4〕 洛陽市文物工作隊，洛陽市體育場路西東周墓發掘報告〔M〕，北京：文物出版社，2011。
〔註5〕 洛陽市文物工作隊，洛陽王城廣場東周墓〔M〕，北京：文物出版社，2009。
〔註6〕 洛陽市第二文物工作隊，洛陽市道北鍛造廠戰國墓〔J〕，文物，1994（7）：16～21。
〔註7〕 洛陽市文物工作隊，洛陽市西工區 C1M3943 戰國墓〔J〕，文物，1999（8）：4～13。
〔註8〕 洛陽市文物工作隊，洛陽西郊四號墓發掘簡報〔A〕，文物編輯委員會，文物資料叢刊（第9輯）〔C〕，北京：文物出版社，1985。
〔註9〕 洛陽市博物館，河南洛陽春秋墓〔J〕，考古，1981（1）：24～26，47。
〔註10〕 洛陽市文物工作隊，洛陽兩座東周銅器墓〔J〕，中原文物，1983（4）：17～18。
〔註11〕 洛陽市文物工作隊，洛陽市西工區 203 號戰國墓清理簡報〔J〕，中原文物，1984（3）：29～33。

2. 虢

上村嶺虢國墓地中發掘虢國墓葬 234 座，其中部分為西周晚期墓葬，另有 22 座可確定為春秋早期墓葬〔註12〕，其中有 2 座墓葬中隨葬玉璧。M1052 為虢太子，隨葬 7 鼎，出土玉璧 1 件。高等級貴族墓 M1704 中隨葬玉璧 1 件〔註13〕。

3. 應

平頂山應國墓地發現並清理了 300 餘座西周、春秋晚期、戰國及兩漢時期的墓葬，其中春秋晚期墓葬 M301、M10 中出土玉璧〔註14〕。

4. 衛

衛為文王子康叔封國，東周時期國力衰弱，公元前 254 年為魏滅，衛地成為魏的封君之地，公元前 241 年成為秦附庸，至秦二世時，衛國才徹底滅亡。衛國所轄範圍約在今豫北、冀南。

1932～1933 年河南浚縣辛村清理帶墓道大型墓葬 8 座，中型墓葬 6 座，小型墓 54 座及車馬坑 14 座，根據青銅器銘文推斷，此處為衛國貴族墓地，時代為春秋早期。其中春秋早期墓葬 M1 出土玉璧 2 件〔註15〕。

1935～1937 年河南輝縣琉璃閣陸續發掘東周墓葬 52 座，已發表的資料皆為大型墓葬，墓地的國屬與時代學術界一直有爭議，多認為此處為春秋中晚期至戰國早期的衛國墓地。已知有 6 座墓葬中發現隨葬有玉璧環，應為組玉佩組件〔註16〕。

二、晉及其周邊地區

春秋時期，晉為春秋霸主，公元前 403 年周威烈王封韓、趙、魏為諸侯，晉分為三家，晉僅餘絳及曲沃兩地，公元前 375 年，晉亡。戰國時期活躍於晉土的為韓、趙、魏三國。

〔註12〕 李豐，虢國墓地銅器群的分期及其相關問題〔J〕，考古，1988（11）。
〔註13〕 孫慶偉，周代墓葬所見用玉製度研究〔D〕，北京：北京大學，2003：67～69。
〔註14〕 河南省文物考古研究所，平頂山市文物管理局，河南大學歷史文化學院，河南平頂山春秋晚期 M301 發掘簡報〔J〕，文物，2012（4）：4～28，河南省文物考古研究所，平頂山文物局，平頂山應國墓地十號墓發掘簡報〔J〕，中原文物，2007（4）：4～19。
〔註15〕 郭寶鈞，浚縣辛村〔M〕，北京：科學出版社，1964，孫慶偉，周代墓葬所見用玉製度研究〔D〕，北京：北京大學，2003：69～73。
〔註16〕 郭寶鈞，山彪鎮與琉璃閣〔M〕，北京：科學出版社，1959，孫慶偉，周代墓葬所見用玉製度研究〔D〕，北京：北京大學，2003：69～73。

1. 晉

晉所見玉璧出自墓葬與祭祀遺址中，主要以墓葬為主。

祭祀遺址：

1965～1966 年山西侯馬盟誓遺址的祭祀坑中出土玉器 194 件，其中有就有玉璧 40 件〔註17〕。2000 年在侯馬機運站發現一處祭祀遺址，遺址位於侯馬晉國遺址牛村古城東約 4.2 公里，距侯馬盟書遺址約 800 米，呈王路宗廟遺址約 1 公里，根據遺址位置和出土遺物推斷，此處祭祀遺址為戰國早期晉國所屬。遺址中清理祭祀坑 116 座，祭祀坑中出土玉璧〔註18〕。2001 年山西侯馬西高村發現一處祭祀遺址，遺址距晉都新絳遺址臺神古城約 3 公里，據遺址的位置、規模及出土物推斷，此處為東周時期晉國祭祀遺址，其中祭祀坑中出土玉璧 12 件〔註19〕。

墓葬：

東周時期晉國玉器主要見於上馬墓地。上馬墓地位於山西省侯馬市南，1961、1963～1987 年先後進行了 14 次發掘，清理東周時期墓葬 1373 座，其時代從西周晚期至兩周之際。其中 3 座墓葬，兩周之際墓葬 M5218、春秋早期晚段墓葬 M1287、春秋中期晚段墓葬 M13 中出土玉璧〔註20〕。

晉侯墓地中 M93、M102 的時代為兩周之際春秋初期的晉侯及夫人墓葬，皆出土玉璧，其中 M93 中出土的玉璧數量超過 6 件，其中墓主人胸腹部放置大型圓璧 5 件、牙璧 1 件，墓葬填土中也發現玉璧。M102 中出土玉璧 2 件，放置於墓主人胸腹部〔註21〕。

2. 韓

戰國時期韓國所轄範圍為今晉東南及豫中部，韓都數次遷徙，也體現出勢力中心的變化，韓都初定平陽，在今山西臨汾附近，後遷都宜陽、陽翟皆位於河南中、西部，公元前 375 年，韓滅鄭，遷都新鄭直至韓滅。

〔註17〕陶正剛，王克林，侯馬東周盟誓遺址〔J〕，文物，1972（4）：27～32。
〔註18〕山西省考古研究所侯馬工作站，2000 年侯馬省建一公司機運站祭祀遺址發掘報告〔A〕，山西省考古學會，山西省考古研究所，三晉考古（第 3 輯）〔C〕，太原：山西人民出版社，2006：128～155，386～393。
〔註19〕山西省考古研究所侯馬工作站，山西侯馬西高東周祭祀遺址〔J〕，文物，2003（8）：18～36。簡報中公布有玉璧 4 件，玉瑗 8 件，玉環 2 件，根據本文的璧環標準，可歸為玉璧 12 件，玉環 2 件。
〔註20〕山西省考古研究所，上馬墓地〔M〕，北京：文物出版社，1994。
〔註21〕孫慶偉，周代墓葬所見用玉製度研究〔D〕，北京：北京大學，2003：22～33。

戰國時期韓國轄內出土玉璧主要見於墓葬中，多為中小型墓葬，比較典型的有長治分水嶺東周墓地報告稱墓葬可分為五期，第一期為春秋中期，墓主人為晉國貴族，二、三期墓葬的時代在戰國早中期，為趙國墓葬，四、五期墓葬的時代在戰國中晚期，為韓國墓葬〔註22〕。後有研究者提出其為三晉韓氏墓地〔註23〕；還有觀點認為分水嶺地區春秋時屬晉國，戰國時分別為趙、魏、韓所控制，韓國控制時期最長。墓地北向墓葬為姬姓族群，東向墓葬為非姬姓異性族群，可能也包括趙人，南向、西向墓葬可能為居於晉的秦人〔註24〕。從墓葬出土玉器的情況看，雖然墓葬的等級、時代有所差異，但是玉器並沒有太多的變化，具有延續性，隨葬玉器的墓葬人群主體沒有變化。玉石璧環主要見於春秋晚期至戰國晚期墓葬中。

另外山西長子縣羊圈溝、牛家坡東周墓葬中也出土玉璧。發掘者認為墓葬的時代為春秋晚期至戰國〔註25〕，後有研究者認為這批墓葬皆為戰國時期墓葬〔註26〕。河南鄭州二里崗戰國墓中也曾出土玉璧〔註27〕。

3. 趙

春秋晚期趙氏居於晉陽，即山西太原。公元前403年趙氏封侯，趙武靈王時稱王，至公元前222年滅於秦。趙國所轄主要為今冀西南、晉中北及陝東北，初定都晉陽，後遷中牟，公元前386年再遷邯鄲，也體現出趙統治中心的轉移。

趙國所見玉璧亦見於墓葬中，趙王陵、高等級貴族等大型墓葬與中小型墓葬皆有發現，如太原金勝村M251晉卿趙鞅墓〔註28〕、河北邯鄲百家村東周墓〔註29〕。河北邯鄲縣陳三陵村、周窯村，永年縣溫窯村共發現5組趙王

〔註22〕長治市博物館，山西博物院，山西省考古研究所，長治分水嶺東周墓地〔M〕，北京：文物出版社，2010。
〔註23〕李夏廷，李建生，也談長治分水嶺東周墓地〔J〕，中國國家博物館館刊，2012（3）：15～31。
〔註24〕王江，長治分水嶺東周墓地的初步研究〔D〕，太原：山西大學，2013。
〔註25〕山西省考古研究所，陝西長子縣東周墓〔J〕，考古學報，1984（4）。
〔註26〕孫慶偉，周代墓葬所見用玉製度研究〔D〕，北京：北京大學，2003：57～59。
〔註27〕河南省文化局文物工作隊，鄭州二里崗〔M〕，北京：科學出版社，1959，孫慶偉，周代墓葬所見用玉製度研究〔D〕，北京：北京大學，2003：57～59。
〔註28〕山西省考古研究所，太原市文物管理委員會，太原金勝村251號春秋大墓及車馬坑發掘簡報〔J〕，文物，1989（9）：59～86，97～106，報告中稱有璧14、瑗12、環7件，但是從器物在墓葬中的使用看，沒有體現出差別，因此本文統稱為璧。
〔註29〕邯鄲考古發掘隊，1957年邯鄲發掘簡報〔J〕，考古，1959（10）：531～536，河北省文化局文物工作隊，河北邯鄲百家村戰國墓〔J〕，考古，1962（12）：613～634。

陵，陳三陵村二號趙王陵曾遭盜擾，追繳的部分玉器中並沒有玉璧，時代為
戰國晚期。

4. 魏

春秋中期晉獻公封畢萬於魏，今山西芮城，故以魏為氏。春秋晚期魏遷治
於安邑（今山西夏縣），公元前 405 年魏氏封侯，定都安邑，公元前 364 年遷
都至大梁（河南開封）直至公元前 225 年魏亡。魏的主要勢力範圍在今晉南、
豫中北及豫東地區，陝關中東部、蘇北等地區也曾為其所轄。

魏所見玉璧也大都出自墓葬中，主要為中型墓葬，但是數量較少，比較集
中於頭頂和胸腹部。主要有山西萬榮廟前村東周墓葬〔註 30〕、河南陝縣後川村
和李家窯村東周墓葬〔註 31〕、河南輝縣戰國墓葬〔註 32〕。

三、齊魯及其周邊地區

齊、魯為西周時期東部大國，春秋時期，魯國逐漸衰弱，至戰國時期東方
大國僅餘齊國，魯淪為小國，與其他分布於泗水流域的 11 個諸侯小國，被稱
為泗上十二諸侯，這些小諸侯國之後多為齊或楚所吞併。

這一區域在齊國國都臨淄、魯國國都曲阜及其附近地區都有玉璧的發現。

1. 魯

東周時期魯國玉璧主要仍見於曲阜魯國故城的各處墓地中，魯國故城西
部已發掘的 4 處墓地共清理兩周時期墓葬 120 餘座，多數墓葬為東周時期。其
中有 3 座高等級墓葬中發現隨葬玉璧，共出土玉璧環數十件。雖然隨葬玉璧的
墓葬數量較少，但是單座墓葬中發現的玉璧數量較多，似乎存在玉璧殮葬的現
象〔註 33〕。

〔註 30〕 山西省考古研究所，萬榮廟前東周墓葬發掘收穫〔A〕，山西省考古研究所，
三晉考古（第一輯）〔C〕，太原：山西人民出版社，1994：218～250。
〔註 31〕 中國社會科學院考古所，陝縣東周秦漢墓〔M〕，北京：科學出版社，1994。
〔註 32〕 中國社科科學院考古研究所，輝縣發掘報告〔M〕，北京：科學出版社，1956。
〔註 33〕 山東省文物考古研究所，山東省博物館，濟寧地區文物組等，曲阜魯國故城
〔M〕，濟南：齊魯書社，1982：89～188。報告中原為玉璧 9 件、玉環 13 件，
由於沒有公布所以玉環的尺寸，單從圖片看，皆為玉璧，並且與玉璧的使用方
式一致，因此本文將其皆歸入玉璧類。報告中將 M52 的時代確定為戰國早期，
孫慶偉認為該墓的墓葬年代值得商榷，其中出土的玉璧特徵與戰國晚期中山
王墓、長豐楊公墓、臨淄商王墓中出土的同類器物十分相近，因此該墓的時代
應在戰國晚期偏早階段。本文採納此觀點。孫慶偉，周代墓葬所見用玉製度研
究〔D〕，北京：北京大學，2003：74。

2. 齊

齊國在東周時期玉璧主要見於高等級墓葬中，墓葬的數量較少，但是玉璧的隨葬數量並不少。

臨淄縣郎家莊東周殉人墓中出土大量的玉、滑石、水晶、玉髓璧環〔註34〕。臨淄齊國故城商王墓地中 4 座戰國晚期墓葬隨葬玉璧數十件〔註35〕。山東青州膠濟鐵路西辛段齊國國君陪葬墓中也出土玉璧 10 件〔註36〕。

3. 郆

郆國為東方一個小諸侯國，始建國時間不詳，據《左傳》記載，公元前 560 年郆國發生內亂，魯國乘機吞併了郆國。

仙人臺遺址位於山東長清縣，遺存包括了夏至漢多個階段的遺存，其中以西周與春秋時期的遺存為主。1995 年發掘了 6 座周代墓葬，根據青銅器銘文推斷，為郆國貴族墓地，時代集中在西周晚期至春秋晚期〔註37〕。已經發表的墓葬資料中春秋時期墓葬 M5、M6 隨葬玉璧〔註38〕。

4. 莒

莒國為泗上十二諸侯之一，已姓，初都介根，今山東膠縣，後遷至莒，即今山東莒縣。公元前 431 年為楚所滅，所轄地域為齊國所有。

1978 年在山東沂水劉家店子發掘了 2 座大墓，其中一號墓出土大量銅禮器，根據青銅器銘文推斷，為春秋早期偏晚階段的莒國國君墓葬。墓葬中出土玉璧，其中有牙璧 1 件，當為早期遺玉〔註39〕。

5. 薛

薛亦為泗上十二諸侯之一。

1978 年山東滕縣薛城發掘 9 座東周墓葬，時代由春秋早期至戰國晚期。

〔註34〕 山東省博物館，臨淄郎家莊一號東周殉人墓〔J〕，考古學報，1977（1）：73～104。

〔註35〕 臨淄市博物館，齊故城博物館，臨淄商王墓地〔M〕，濟南：齊魯書社，1997。

〔註36〕 青州市博物館，山東青州西辛戰國陪葬墓發掘簡報〔J〕，文物，2010（7）：27～32。

〔註37〕 任相宏，山東長清仙人臺周代墓地及其相關問題初探〔J〕，考古，1998（9）。

〔註38〕 山東大學考古系，山東長清縣仙人臺周代墓地〔J〕，考古，1998（9）：11～25，山東大學歷史文化學院考古系，長清仙人臺五號墓發掘簡報〔J〕，文物，1998（9）：18～30。

〔註39〕 山東省文物考古研究所，沂水縣文物管理站，山東沂水劉家店子春秋墓發掘簡報〔J〕，文物，1984（9）：1～10。

其中 4 座規模較大，根據墓葬形製、隨葬品及青銅器銘文推斷，為薛國國君及夫人墓葬。其中屬於春秋早期的 M1、M2，戰國晚期墓葬 M5 中出土玉石璧〔註40〕。

四、秦及其周邊地區

1. 秦

秦族在商代末年就活動與陝甘一帶，後歸附於西周，為其附庸。周平王東遷時封其為諸侯，始立國，並於公元前 221 年滅六國，統一天下，建立秦帝國，因此秦是整個東周時期，尤其是戰國以來，最重要的諸侯國之一。

關於秦的考古工作以秦都為中心展開，其中尤以秦都雍城最為集中且持續時間最長，文化面貌較為明晰。秦都咸陽也進行了大量考古工作。秦國玉器的發現自春秋早期始，貫穿整個東周時期，出土地點以雍城各宮殿、宗廟遺址及墓葬區，咸陽各遺址及墓葬區為主。玉璧亦然。

遺址：由於缺乏春秋早期的資料，見於遺址中的玉璧從春秋中期開始陸續發現，其中雍城各宮殿、宗廟及其他建築基址占多數，遺址的時代當然也集中在春秋中晚期，個別為戰國時期。

姚家崗建築基址 1973～1974〔註41〕、1989〔註42〕年都出土玉璧，凌陰遺址也曾出土玉璧〔註43〕。春秋中期至晚期的馬家莊宗廟遺址一號建築群朝寢建築的前朝及東夾室的踩踏面上發現了大量的璜、璧、玦、圭等器物。另外河南屯村〔註44〕、瓦窯頭村〔註45〕的建築基址附近都曾出土玉璧。20 世紀 80 年代在雍城東郊東社村、西郊河北屯村等發現一些祭祀遺址或遺存，其中出土大量漢白玉圭璧〔註46〕。

〔註40〕 山東省濟寧市文物管理局，薛國故城勘查和墓葬發掘報告〔J〕，考古學報，1991
　　　　（4）：449～495，521～534。
〔註41〕 鳳翔縣文化館，陝西省文管會，鳳翔先秦宮殿試掘及其銅質建築構件〔J〕，考
　　　　古，1976（2）：121～128。
〔註42〕 劉雲輝，陝西出土東周玉器〔M〕，北京／臺北：文物出版社／眾志美術出版
　　　　社，2006。
〔註43〕 陝西省雍城考古隊，陝西鳳翔春秋秦國凌陰遺址發掘簡報〔J〕，文物，1978
　　　　（3）：43～47。
〔註44〕 趙叢蒼，記鳳翔出土的春秋秦國玉器〔J〕，文物，1986（9）：53～57。
〔註45〕 趙叢蒼，記鳳翔出土的春秋秦國玉器〔J〕，文物，1986（9）：54。
〔註46〕 劉雲輝，陝西出土東周玉器〔M〕，北京／臺北：文物出版社／眾志美術出版
　　　　社，2006：26。

墓葬：

東周時期的秦墓分布十分廣泛，在隴東及陝西地區都有發現。春秋時期的秦墓更集中於關中西部地區，尤以雍城附近為甚。春秋中晚期開始，秦墓的分布範圍擴至關中東部邊緣，在陝西地區分布著許多秦人墓地，其中的較高等級墓葬中隨葬有玉璧，個別與墓葬相關的祭祀坑中也發現玉璧。

墓葬中等級最高的為春秋晚期秦景公的秦公一號大墓墓葬雖多次被盜，仍出土玉器近千件，其中就有小型圓璧，鑑於資料尚未完全發表，具體數量不明〔註47〕。禮縣大堡子山也發現了2座中字形大墓，但是由於盜擾嚴重，未發現玉璧。

中小型秦墓中在隴縣邊家莊秦墓地〔註48〕，鳳翔八旗屯秦墓〔註49〕、八旗屯西溝道秦墓〔註50〕、高莊墓地〔註51〕，寶雞益門二號墓中〔註52〕，咸陽任家咀墓地〔註53〕、黃家溝戰國墓〔註54〕、塔爾坡秦墓，西安北郊秦墓〔註55〕、尤家莊秦墓〔註56〕、南郊茅坡郵電學院秦墓〔註57〕、潘家莊世家星城秦墓〔註58〕，旬邑轉角村秦墓〔註59〕都曾出土玉璧。

〔註47〕劉雲輝，春秋秦國玉器〔A〕，鄧聰，東亞玉器（Ⅰ）〔C〕，香港：中國藝術研究中心，1998：86～97。
〔註48〕陝西省考古研究所，陝西隴縣邊家莊五號春秋墓發掘簡報〔J〕，文物，1988（11）：14～23。
〔註49〕陝西省雍城考古工作隊，陝西鳳翔八旗屯秦國墓葬發掘簡報〔A〕，文物編輯委員會，文物資料叢刊（第3輯）〔C〕，北京：文物出版社，1980：75，陝西省雍城考古隊，一九八一年鳳翔八旗屯墓地發掘簡報〔J〕，考古與文物，1986（5）：54，王學理，梁雲，秦文化〔M〕，北京：文物出版社，2001：116～118。
〔註50〕尚志儒，趙叢蒼，陝西鳳翔八旗屯西溝道秦墓發掘簡報〔J〕，文博，1986（3）：1～31。
〔註51〕吳振鋒，尚志儒，陝西鳳翔高莊秦墓發掘簡報〔J〕，考古與文物，1981（1）。
〔註52〕寶雞市考古工作隊，寶雞市益門村二號春秋墓發掘簡報〔J〕，文物，1993（10）：6～13。
〔註53〕咸陽市文物考古研究所，任家咀秦墓〔M〕，北京：科學出版社，2005：224～229。
〔註54〕秦都咸陽考古隊，咸陽市黃家溝戰國墓發掘簡報〔J〕，考古與文物，1982（6）：12。
〔註55〕陝西省考古研究所，西安北郊秦墓〔M〕，西安：三秦出版社，2006：302～304。
〔註56〕陝西省考古研究院，西安尤家莊秦墓〔M〕，西安：陝西科學技術出版社，2008：286～288。
〔註57〕西安市文物保護考古所，西安南郊秦墓〔M〕，西安：陝西人民出版社，2004：342～346。
〔註58〕西安市文物保護考古所，西安南郊秦墓〔M〕，西安：陝西人民出版社，2004：698～699。
〔註59〕瑾璟，旬邑出土玉璧、龍佩、坐童鑒賞〔J〕，涇渭稽古，1966（3）：2。

2. 芮

芮國在商代晚期、周文王后期就已出現，在西周及春秋早期，數代芮君都在周王室任職，公元前640年，芮為秦穆公所滅。

韓城梁帶村兩周芮國遺址、澄城劉家窪春秋芮國遺址的陸續發現，為西周晚期至春秋時期芮國所居提供了考古學證據。

韓城梁帶村西周中晚期至春秋早期芮國貴族墓地中M27、M19中出土玉璧，其中M27的1件玉璧璧面大斜刀琢刻雙龍紋，具有西周中期玉璧特徵；1件有領璧具有商代有領璧特徵，這兩件玉璧應皆為早期遺物〔註60〕。

澄城劉家窪芮國遺址為春秋早、中期芮國都邑性遺址。現已發掘東I區和西區墓葬共計117座，玉器主要出自遺址的高等級墓葬中。已發表的資料中M49出土玉璧1件，璧面琢刻人龍合雕紋樣〔註61〕，與晉侯墓地M31中所見同類器物相近，可能為西周期的遺物，紋飾為雙陰線，人紋有所簡化，也不能排除為春秋早期仿古而製。

五、吳越及其周邊地區

吳越為春秋時期東南方的強國。吳國主要活動於蘇皖的長江以南地區，越國主要活動於浙江地區。吳越是以太湖流域為中心的長江下游地區。

1. 吳

蘇州真山春秋晚期吳王壽夢墓中出土玉石器10000餘件組，管珠類占到絕大多數，其中有玉璧2件，位於墓主人頭部，與虎及其他玉飾同出，應為覆面組件〔註62〕。蘇州小真吳國貴族墓中也出土玉璧〔註63〕。另外在江蘇吳縣通安鄉嚴山還發現一處吳國王室宮廷用玉窖藏，出土玉器402件，其中出土玉

〔註60〕陝西省考古研究所，渭南市文物保護考古研究所，韓城市文物旅遊局，陝西韓城梁帶村遺址M19發掘簡報〔J〕，考古與文物，2007（2）：3～14，陝西省考古研究院，渭南市文物保護考古研究所，韓城市文物旅遊局，陝西韓城梁帶村遺址M27發掘簡報〔J〕，考古與文物，2007（6）：3～22。

〔註61〕陝西省考古研究院，渭南市博物館，澄城縣文化和旅遊局，陝西澄城劉家窪春秋芮國遺址東I區墓地M49發掘簡報〔J〕，文物，2019（7）：4～37。

〔註62〕蘇州博物館，江蘇蘇州滸墅關真山大墓的發掘〔J〕，文物，1996（2）：4～21，蘇州博物館，真山東周墓地——吳楚貴族墓地的發掘與研究〔M〕，北京：文物出版社，1999。

〔註63〕中國考古學會，中國考古學年鑒2000〔M〕，北京：文物出版社，2002：154，蘇州博物館，蘇州真山四號墩發掘報告〔J〕，東南文化，2001（7）：8～15。

璧 42 件，6 件為新石器時代良渚文化玉璧〔註64〕。

2. 越

越地玉璧主要見於越王及越國貴族墓葬中，時代多在春秋晚期至戰國早期。浙江紹興印山越王墓，墓主人為春秋末年的越王允常。由於盜擾嚴重，墓葬中出土器物較少，其中有璧 1 件〔註65〕。紹興坡塘 M306〔註66〕、江蘇無錫鴻山越國墓地邱承墩一號墓、老虎墩、曹家墳、鄒家墩〔註67〕，長興鼻子山〔註68〕、安吉龍山等越國貴族墓〔註69〕中都曾出土玉璧。

3. 徐

徐國相傳為夏時就存在的國家，歷經夏、商、周三代，公元前 521 年為吳所滅。徐國最早分布於魯南地區，都城幾經遷徙，後遷至良王城，今江蘇邳州梁王城。

江蘇邳州戴莊鄉分布著十餘座土墩墓葬，當地人稱為九女墩。1982、1992、1995、1997 年分別清理了其中 6 座墓葬，其中 5 座屬於東周時期。根據墓葬形製、規模及青銅器銘文推斷，此處為春秋時期徐王的家族墓地，已發掘的幾座墓葬皆屬於春秋晚期階段。其中 M3、M5 中出土玉璧〔註70〕。

六、楚及其周邊地區

楚為東周時期的南方大國，在楚地還分布著諸多小國，在東周時期受到楚

〔註64〕吳縣文物管理委員會，江蘇吳縣春秋吳國玉器窖藏〔J〕，文物，1988（11）：1～13，姚德勤，龔金元，吳國王室玉器〔M〕，上海：上海人民美術出版社，1996，姚德勤，吳國王室窖藏玉器〔J〕，東南文化，2000（12）：8～42。

〔註65〕浙江省文物考古研究所，紹興縣文物保護管理局，印山越王陵〔M〕，北京：文物出版社，1984。

〔註66〕浙江省文物管理委員會，浙江省文物考古所，紹興地區文化局，紹興市文管會，紹興 306 號戰國墓發掘簡報〔J〕，文物，1984（1）：10～26。

〔註67〕張敏，無錫鴻山越國貴族墓發掘簡報〔J〕，文物，2006（1）：4～22，南京博物院，江蘇省考古研究所，鴻山越墓發掘報告〔M〕，北京：文物出版社，2007，南京博物院，江蘇省考古研究所，鴻山越墓出土玉器〔M〕，北京：文物出版社，2007。

〔註68〕浙江省文物考古研究所，長興縣博物館，浙江長興鼻子山越國貴族墓〔J〕，文物，2007（1）：4～21。

〔註69〕浙江省文物考古研究所，浙江安吉縣博物館，浙江安吉龍山越國貴族墓〔J〕，南方文物，2008（3）：50～60。

〔註70〕四川大學歷史文化學院，江蘇省邳州市博物館，江蘇邳州市九女墩三號墩的發掘〔J〕，考古，2002（5）：19～30，徐州博物館，邳州博物館，江蘇邳州市九女墩春秋墓發掘簡報〔J〕，考古，2003（9）：781～792。

文化的影響。楚地所見玉璧多出自墓葬中。

1. 楚

楚的地域廣闊，在東周時期不斷吞併擴張，所轄地域曾包括湘北、豫南、皖北、蘇北、陝東南、魯西南等地區。楚國玉璧主要見於墓葬中，多見於高等級貴族墓葬中，主要分布於湖北、河南、湖南、安徽地區。比較典型的地區及墓葬如下：

河南地區主要見於淅川下寺楚墓〔註71〕、和尚嶺和徐家嶺墓地〔註72〕、固始侯古堆 M1〔註73〕、平頂山葉縣舊縣墓地〔註74〕、信陽長臺關戰國墓〔註75〕、淮陽平糧臺戰國墓〔註76〕等。

湖北地區主要見於荊門四冢一號墓〔註77〕、鄖縣喬家院春秋墓〔註78〕、當陽趙家湖東周墓〔註79〕、江陵天星觀戰國墓〔註80〕、江陵望山沙冢墓地〔註81〕。江陵包山楚墓〔註82〕、江陵雨臺山墓地〔註83〕、九店楚墓地〔註84〕、棗陽九連

〔註71〕 河南省文物考古研究所，淅川下寺春秋楚墓〔M〕，北京：文物出版社，1991。
〔註72〕 河南省文物考古研究所，淅川和尚嶺與徐家嶺楚墓〔M〕，鄭州：大象出版社，2004，河南省文物管理局南水北調文物保護辦公室，南陽市文物考古研究所，河南淅川縣徐家嶺 11 號楚墓〔J〕，考古，2008（5）：41～48。
〔註73〕 固始侯古堆一號墓發掘組，河南固始侯古堆一號墓發掘簡報〔J〕，文物，1981（1）：1～8，河南省文物考古研究所，固始侯古堆一號墓〔M〕，鄭州：大象出版社，2004。
〔註74〕 河南省文物考古研究所，平頂山市文物管理委員會，葉縣文化館，河南省葉縣舊縣 1 號墓的清理〔J〕，華夏考古，1988（3）：1～18。
〔註75〕 河南省文物研究所，信陽楚墓〔M〕，北京：文物出版社，1986。
〔註76〕 河南省文物研究所，淮陽縣文物保管所，河南淮陽平糧臺十六號楚墓發掘簡報〔J〕，文物，1984（10）：18～27。
〔註77〕 荊門市博物館，湖北省荊門市四冢一號楚墓〔J〕，文物，1999（4）：29～31。
〔註78〕 湖北省文物考古研究所，湖北省文物局南水北調辦公室，湖北鄖縣喬家院春秋殉人墓〔J〕，考古，2008（4）：28～50。
〔註79〕 湖北省宜昌地區博物館，當陽趙家湖楚墓〔M〕，北京：文物出版社，1992，孫慶偉，周代墓葬所見用玉製度研究〔D〕，北京：北京大學，2003：89～98。
〔註80〕 湖北省荊州地區博物館，江陵天星觀一號楚墓〔J〕，考古學報，1982（1）：71～116，湖北省荊州博物館，荊州天星觀二號楚墓〔M〕，北京：文物出版社，2003。
〔註81〕 湖北省文物考古研究所，江陵望山沙冢楚墓〔M〕，北京：文物出版社，1996。
〔註82〕 湖北省荊沙鐵路考古隊，包山楚墓〔M〕，北京：文物出版社，1991。
〔註83〕 湖北省荊州地區博物館，江陵雨臺山楚墓〔M〕，北京：文物出版社，1992：149～155。
〔註84〕 湖北省文物考古研究所，江陵九店東周墓〔M〕，北京：科學出版社，1995：326～333。

墩墓地〔註85〕、荊州熊家冢墓地〔註86〕等。

　　湖南地區主要見於長沙瀏城橋一號墓〔註87〕、長沙楚墓〔註88〕、澧縣新洲 M1 等〔註89〕。

　　安徽地主要見於長豐縣楊公墓地〔註90〕、潛山公山崗〔註91〕、六安白鷺洲等墓葬。

2. 黃

　　黃為居於淮河流域的小諸侯國，嬴姓，都城位於今河南潢川縣。公元前 648 年為楚所滅。

　　1983 年在黃國故城西南的光山縣寶相寺發現並發掘了一座春秋早期的黃君夫婦墓葬，其中黃君夫人孟姬墓葬保存完好，其中出土玉璧 1 件，位於墓主人胸部。另外墓葬資料中還有 1 件有領璧，出自黃君孟墓〔註92〕。1988 年在其西北側發現了黃季佗父墓葬，墓主人為黃國大夫級貴族。墓葬中出土玉璧 1 件，放置於陪葬棺內〔註93〕。

〔註85〕湖北省文物考古研究所，襄陽市文物考古研究所，棗陽市文物考古隊，湖北棗陽九連墩 M1 發掘簡報〔J〕，江漢考古，2019（3）：20～70，145，湖北省文物考古研究所，襄陽市文物考古研究所，棗陽市文物考古隊，湖北棗陽九連墩 M2 發掘簡報〔J〕，江漢考古，2018（6）：3～55。

〔註86〕荊州博物館，湖北荊州熊家冢墓地 2006～2007 年發掘簡報〔J〕，文物，2009（4）：1～25。

〔註87〕湖南省博物館，長沙瀏城橋一號墓〔J〕，考古學報，1972（1）：59～72，137～152。

〔註88〕湖南省博物館，湖南省文物考古研究所，長沙市博物館，長沙楚墓〔M〕，北京：文物出版社，2000，孫慶偉，周代墓葬所見用玉製度研究〔D〕，北京：北京大學，2003，趙瑾，東周時期出土玉璧用途的初步研究〔D〕，北京：中國藝術研究院，2013。

〔註89〕湖南省博物館，湖南澧縣新洲一號墓發掘簡報〔J〕，考古，1988（5）：428～431，479。

〔註90〕安徽省文物工作隊，安徽長豐楊公發掘九座戰國墓〔A〕，考古學集刊）（第 2 輯）〔C〕，北京：中國社會科學出版社，1982，孫慶偉，周代墓葬所見用玉製度研究〔D〕，北京：北京大學，2003：89～98。

〔註91〕安徽省文物考古研究所，潛山縣文物管理所，安徽潛山公山崗戰國墓發掘報告〔J〕，考古學報，2002（1）：95～124。

〔註92〕信陽地區文管會，光山縣文管會，春秋早期黃君孟夫婦墓發掘報告〔J〕，考古，1984（4）：302～348。

〔註93〕信陽地區文管會，光山縣文管會，河南光山春秋黃季佗父墓發掘報告〔J〕，考古，1989（1）：26～32。

3. 養

養國亦為淮河流域的嬴姓小國。

1993～1994 年在河南桐柏縣月河鎮發掘一座大型豎穴土坑墓，根據青銅器銘文推斷墓主人為養國國君受，時代在春秋晚期偏早階段。墓葬中出土玉器 400 餘件組，其中玉璧環 15 件〔註94〕。

4. 蔡

蔡國本為西周時期的姬姓諸侯國，公元前 531 年為楚所滅，蔡平侯復國，遷都新蔡，僅河南省新蔡縣，公元前 493 年，遷都下蔡州來，今安徽省鳳臺縣，公元前 447 年終為楚滅。

1955 年在安徽壽縣發掘一座高等級的貴族墓葬，時代為春秋晚期，根據隨葬品及青銅器銘文推斷，墓主人為蔡昭侯。墓葬中出土玉璧 3 件，其中素面璧 2 件，絞絲紋環 1 件〔註95〕。

5. 曾

1978 年在湖北隨縣擂鼓墩發掘了一座戰國早期墓葬，根據隨葬器物推斷，墓主人為曾國國君乙。墓葬中出土玉石器 500 餘件組，其中隨葬玉璧近百件〔註96〕。1981 年在曾侯乙墓西側發掘一座高等級貴族墓葬，時代約為戰國中期前段，墓主人可能為曾侯乙夫人或末代國君〔註97〕。墓葬中出土玉璧 12 件，散落於墓主人胸腹部〔註98〕。

隨州義地崗墓地清理東周墓葬 4 座，其中春秋晚期曾公子去疾墓 M6 中出土玉璧 2 件〔註99〕。

七、燕及周邊地區

1. 燕

燕國在東周時期的玉器主要還是發現於燕下都周邊地區，玉器的數量較

〔註94〕南陽市文物研究所，桐柏月河一號春秋墓發掘簡報〔J〕，中原文物，1997（4）

〔註95〕安徽省文物管理委員會，壽縣蔡侯墓出土遺物〔M〕，北京：科學出版社，1956。

〔註96〕湖北省博物館，曾侯乙墓〔M〕，北京：文物出版社，1989。

〔註97〕劉彬徽，王世振，曾國滅亡年代小考〔J〕，江漢考古，1984（4）：91～92。

〔註98〕湖北省博物館，隨州市博物館，湖北隨州擂鼓墩二號墓發掘簡報啊〔J〕，文物，1985（1）：16～36。

〔註99〕湖北省文物考古研究所，隨州市博物館，湖北隨州義地崗曾公子去疾墓發掘簡報〔J〕，江漢考古，2012（3）：3～26。

少，其中玉璧的數量更少。燕下都虛糧冢墓地、北辛頭墓地曾出土玉石器 20
餘件，其中有玉璧 5 件，另外還出土了一些石璧〔註 100〕。

2. 中山

中山國為白狄人所建，春秋時進入華北地區，稱為鮮虞，春秋晚期改稱中
山，定都靈壽即今河北靈壽縣，戰國時夾居於趙、燕、齊三國件，所轄區域主
要在河北北部地區，公元前 406 年魏佔領中山國，公元前 378 年中山復國，中
山國國力強盛，為千乘之國，戰國晚期為趙所滅。

1974～1978 年，河北平山縣三汲鄉中七汲村中清理了一批戰國時期墓葬
及車馬坑，墓葬位於中山國都靈壽故城附近，根據墓葬形製及隨葬品推斷為一
處戰國時期中山國貴族墓地。墓地雖經盜擾，仍出土玉石器 1081 件。其中以
一號墓中山王嚳墓出土玉器最多有 681 件〔註 101〕。其中玉璧 170 件，另有瑪
瑙環、水晶環 240 件。其中有 6 件玉璧上墨書「它環」或「它玉環」，當是自
銘〔註 102〕。

八、滇及其他地區

1. 滇

滇國為我國西南地區的古國，所轄範圍以滇池地區為中心，包括雲南中、
東部地區。戰國初期建立，漢武帝時期歸附，成為漢的郡縣〔註 103〕。

滇國玉器主要見於都城晉寧附近的遺址及墓葬中。江川李家山墓群〔註
104〕、呈貢天子廟墓地等發現有玉璧，皆為有領璧，僅江川李家山墓群就出土有
領璧 60 件，滇地是東周時期仍在製作和使用有領璧主要的地區。

在滇國建立之前，春秋時期的雲南地區也發現使用有領璧、有領牙璧。
如曲靖八塔臺春秋時期墓葬 M41 中就出土 2 件有領玉璧、1 件有領牙璧，

〔註 100〕 河北省文物研究所，燕下都〔M〕，北京：文物出版社，1996，常素霞，河北
　　　　出土玉器概述〔A〕，楊伯達，中國玉文化玉學論叢四編（上）〔C〕，北京：
　　　　紫禁城出版社，2006：238～247。
〔註 101〕 楊建芳，平山中山國墓葬出土玉器研究〔J〕，文物，2008（1）：53～72。
〔註 102〕 河北省文物研究所，嚳墓——戰國中山國國王之墓〔M〕，北京：文物出版社，
　　　　1995。
〔註 103〕 黃懿陸，滇國史〔M〕，昆明：雲南人民出版社，2004：305～318。
〔註 104〕 雲南省博物館，雲南江川李家山古墓群發掘報告〔J〕，考古學報，1975（2）：
　　　　97～156，192～215，雲南省博物館，雲南江川李家山古墓群發掘簡報〔J〕，
　　　　1972（8）：7～16，69～70。

皆素面〔註 105〕

2. 其他地區

廣西地區的戰國墓葬中也零星發現玉璧。武鳴兩江鄉獨山岩洞葬、馬頭鄉元龍坡墓地、田東鍋蓋嶺戰國墓等遺址中皆發現有有領璧〔註 106〕。四川地區一些東周墓葬中也零星發現玉璧，如重慶涪陵小田溪墓群 2002 年的發掘中曾出土玉璧〔註 107〕。福建地區也有零星玉璧發現〔註 108〕。

需要說明的是本章中關於各遺址及出土玉璧的描述除另有注明外，均出自本節提及的考古簡報及報告中。

第三節　東周玉璧的型式分析

東周玉璧主要見於墓葬中，另有在窖藏、祭祀坑、祭祀遺跡中也有少量發現。而且玉璧的數量相較西周時期有明顯地增加，一些墓葬中出土玉璧數量超過百件，甚至數百件。如中山王墓中出土玉璧數量就有 170 件。

玉璧的種類比較單一，雖然還有有領璧、牙璧、雙聯璧等玉璧種類的發現，但是多為單件或數件，而且多數具有新石器時代與商代玉璧的特徵，可能為早期遺玉，因此東周時期圓璧是最常見的玉璧種類。另外這一時期在圓璧的基礎上衍生出一些新的器類，如出廓璧、透雕鏤空璧，素面玉璧的數量減少，紋飾璧十分流行，大部分玉璧璧面琢刻紋飾，且紋樣種類較多。

一、圓璧

圓璧是東周時期最為常見，也是玉璧中占到絕大多數的種類。在出土玉璧的各墓地、遺址中皆有發現。仍可分為大型圓璧和小型圓璧兩類。直徑小於 5

〔註 105〕 王麗明，中國出土玉器全集：雲南貴州西藏（第 12 冊）〔M〕，北京：科學出版社，2005：4～6。

〔註 106〕 蔣廷瑜，彭書琳，廣西先秦兩漢玉器概說〔A〕，鄧聰，東亞玉器（Ⅱ）〔C〕，香港：中國考古藝術研究中心，1998：111～118，廣西壯族自治區文物工作隊，廣西武鳴馬頭元龍坡墓葬發掘簡報〔J〕，文物，1988（12），廣西壯族自治區文物工作隊，武鳴獨岩洞葬調查簡報〔J〕，文物，1988（12），廣西壯族自治區文物工作隊，廣西田東發現戰國墓〔J〕，考古，1986（6）。

〔註 107〕 江章華，鄒後曦，王方，四川盆地出土玉器概況〔A〕，楊伯達，中國玉文化玉學論叢四編（上）〔C〕，北京：紫禁城出版社，2006：335～349。

〔註 108〕 吳春明，福建先秦玉器初探〔A〕，鄧聰，東亞玉器（Ⅰ）〔C〕，香港：中國考古藝術研究中心，1998：298～303。

釐米的為小型圓璧。

1. 大型圓璧

東周玉璧中數量最多的玉璧種類，在各墓地及遺址中皆有出土。東周時期的玉璧璧面上開始普遍琢刻紋樣，東周時期璧面紋樣非常豐富，而且變化各異，因此以紋樣來區分，種類非常多，而且璧面還存在多重組合紋飾，有主有次，本書主要以璧面的主體紋樣和製作工藝，可大致分為素面玉璧、單一紋飾玉璧、環帶紋飾玉璧、鏤空透雕玉璧等幾類：

A 型　素面玉璧。在各諸侯國中皆有發現。製作比較規整，厚薄較勻，中孔管鑽。由於素面玉璧中很可能存在新石器時代至西周時期的遺物，有些時代或文化特徵不太明顯，仍包含在東周的素面玉璧中。春秋早中期玉璧中仍比較多見，從春秋中期開始在玉璧中所佔的比例大幅度減少，退化為東周時期大型圓璧的其中一個小種類。洛陽潤陽廣場 C1M9950：10，器形規整，中孔較大，素面。直徑 10.4、孔徑 4.8、厚 0.6 釐米（圖 33，1）。

B 型　動物紋樣玉璧。較西周時期有大幅度的增加，主要在成周、秦、吳越、楚等地流行。現已發現的用於玉璧的動物紋樣主要為蟠虺龍紋，也有少數夔龍紋。

Ba 型　蟠虺龍紋玉璧。以側身龍紋為主體紋樣的玉璧，龍紋一般有多組，線條彎轉，紋飾細密規整，一般以圓圈或橢圓形眼來作龍紋計數，多稱為蟠虺紋。在成周、應、晉（趙）、吳越、楚地等皆有發現，是東周時期最常見的動物紋樣。根據龍紋的琢刻手法和紋飾特點可分為 3 亞型：

BaⅠ型　雙陰線或單雙陰線琢刻龍紋。是西周雙陰線技法的延續，春秋早期階段在成周等地有發現，龍紋構圖較複雜，但線條彎轉流暢，雜而不亂，龍紋較長，龍首、龍身、龍尾、龍爪皆有表現。春秋晚期階段與淺浮雕龍紋特徵接近，龍紋短小，突出龍首，多用單陰線和雙陰線結合的琢刻方式，多見於秦地。寶相寺黃君孟夫婦墓，一面璧面雙陰線琢刻蟠虺龍紋，一面光素。直徑 11.6、孔徑 6、厚 0.2～0.3 釐米（圖 33，2）。

BaⅡ型　淺浮雕龍紋。單陰線斜刀去地琢刻龍紋，龍紋較短，突出龍首，龍紋分解，多用陰線相連，紋飾間多以輔助紋飾如陰線、網格紋、絞絲紋等補白，線條短促彎轉，紋飾繁縟，滿布璧面，密不透風。主要流行於春秋晚期，戰國早期也有發現（圖 33，3）。

圖 33　東周時期 A、B 型大型圓璧

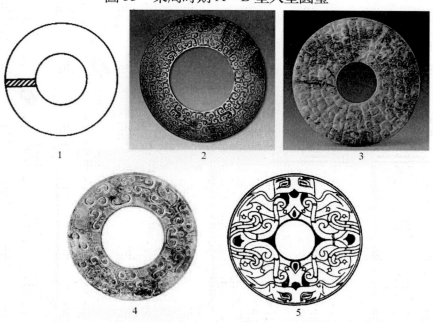

1.A 型素面玉璧（洛陽潤陽廣場 C1M9950）　2～4.Ba 型蟠虺龍
紋玉璧（寶相寺黃君孟夫婦墓、吳縣嚴山窖藏、荊州熊家冢墓
地）　5.Bb 型夔龍紋玉璧（荊門四冢一號楚墓）

BaⅢ型　以各式雲紋勾勒龍紋。龍紋徹底分解，以淺浮雕或雙陰線各式雲
紋勾勒龍紋耳、鼻、身等，雲紋間留白或陰線刻輔助紋飾填白。浮雕較平。在戰
國早期出現，是蟠虺龍紋的最晚形態，之後徹底轉化為雲紋、穀紋。荊州熊家冢
墓地，雙面琢刻 4 組蟠虺龍紋。直徑 9.6、孔徑 4.6、厚 0.6 釐米（圖 30，4）。

Bb 型　夔龍紋玉璧。僅有 1 件，見於湖北荊門四冢一號楚墓〔註 109〕，璧
面內外緣以弦紋為界，其內琢刻兩組雙身夔龍紋，雙龍首堆成，一首二身，相
互盤繞。直徑 10、孔徑 3、厚 0.15 釐米（圖 33，5）。

C 型　幾何紋樣玉璧。玉璧璧面琢刻單一的幾何紋樣，如雲紋、穀紋、圓
圈紋等。璧有玉石質也有陶質，其中滑石質地的比較多見。圓圈紋為春秋戰國
時期越地陶器、青銅器中比較常見的紋飾圖樣，故被稱為越式璧〔註 110〕。在

〔註 109〕荊門市博物館，湖北省荊門市四冢一號楚墓〔J〕，文物，1999（4）：29～31。
〔註 110〕楊建芳，戰國兩漢的越式璧——從臺北故宮博物院展出的一件滑石璧談起〔
　　　　A〕，楊建芳，中國古玉研究論文集（下冊）〔C〕，臺北：眾志美術出版社，
　　　　2001：106～112，楊建芳，商周越式玉器及其相關問題——中國古玉分域研
　　　　究之二〔A〕，四川大學博物館，中國古代銅鼓研究學會，南方民族考古（第
　　　　2 輯）〔C〕，成都：四川科學技術出版社，1990：161～176。

浙江、湖北、湖南等地的墓葬中有發現，在湖北、湖南楚墓中更為多見。

圖 34　東周時期 C 型大型圓璧

1　　　　　　　2　　　　　　　3

4　　　　　　　　5

1.CaⅠ型勾連雲紋玉璧(平山中山王陵)　2.CaⅡ型朵雲紋玉璧(隨州曾侯乙墓)　3、4.Cb 型玉璧（江陵望山 M2、荊州高臺墓地）5.Cc 型圓圈紋玉璧

Ca 型　雲紋玉璧。以雲紋構圖的玉璧，雲紋變化比較多，多用斜刀單陰線方式琢刻，似淺浮雕，立體感較強。一般認為是由蟠虺紋演化而來的紋樣，春秋晚期至戰國早期開始出現，根據云紋的主要樣式可分為 2 型

CaⅠ型　勾連雲紋玉璧。璧面琢刻勾連雲紋，雲紋滿布璧面。如平山中山王陵，璧面以陰線弦紋為界，其內琢刻勾連雲紋。直徑 7.1、孔徑 3.15、厚 0.4釐米（圖 34，1）。

CaⅡ型　單體雲紋玉璧。璧面以單個雲紋為主體紋樣的玉璧，朵雲紋的變化比較多樣，多見有卷雲紋、雙頭雲紋、雞心雲紋、S 形雲紋等，本書統稱為單體雲紋。如隨州曾侯乙墓，璧面內外緣以綯紋為界，其內去地琢刻朵雲紋。直徑 8、孔徑 3.4、厚 0.6 釐米（圖 34，2）。

Cb 型穀紋玉璧　以出芽穀粒圖案為主體紋樣的玉璧，穀紋是東周紋飾玉璧中最為常見的紋樣，這類玉璧從春秋早期就已經出現，在東周時期一直流行，直至漢代。在製作過程中，穀紋的圖案有很多變化，拖尾有長有短，學界有穀紋、乳丁紋、渦紋、臥蠶紋、蝌蚪紋等多種稱法，本書將此類出芽穀粒圖案皆

稱為穀紋。穀紋玉璧在各諸侯國都有發現，是玉璧中分布最為普遍的紋飾玉璧。

根據穀紋的琢刻工藝，還可分為 2 式

I 式　去地淺浮雕。穀紋以去地淺浮雕的工藝琢刻而成，突出於璧面，立體感強，一般在穀紋外廓陰線漩渦形。春秋晚期至戰國時期比較多見，沿用至漢。如江陵望山 M2，璧面內外緣起棱，其內減地琢刻穀紋，有些穀紋拖尾較長。直徑 11.8、孔徑 6、厚 0.4 釐米（圖 34，3）。

II 式　陰線刻。以單陰線琢刻穀紋。璧面較平，穀紋較平，與璧面平齊，或微突出璧面，穀紋排布整齊，穀粒大小均勻。戰國晚期開始出現，沿用至漢。如荊州高臺墓地出土，璧面內外緣陰刻弦紋為界，其內琢刻穀紋。直徑 14、孔徑 3.8、厚 0.5 釐米（圖 34，4）。

Cc 型　圓圈紋玉璧。璧面以陰線刻圓圈紋或圓圈點紋（圓圈內有一點紋）為主題紋樣。主要見於戰國中晚期，越、楚兩地。如荊州雞公山墓地，滑石質，璧面無陰刻邊緣線，雙面管鑽圓圈紋，圓圈分布不甚規整。直徑 12.2、孔徑 5、厚 0.6 釐米（圖 34，5）。

D 型　環帶紋樣玉璧。玉璧璧面以陰線、絢紋、三角紋、網格紋等輔助紋樣為環帶進行分區，多琢刻單重或數重同心環帶狀紋飾，多以龍紋、鳳鳥紋、蟠螭紋、雲紋、穀紋等為主體紋樣，主輔紋飾分明，層次感強。這類玉璧一般體量較大，一般在 15 釐米以上，有些直徑甚至超過 30 釐米。以璧面的主體紋樣可大致分為 3 亞型：

Da 型　多重單一主體紋樣。璧面琢刻多重環帶紋樣，但是都為相同的主體紋樣。見於春秋晚期秦雍城河南屯祭祀遺址中，以絢紋環帶紋飾將璧面分為四重，每重中琢刻數組龍紋，直徑 29.7 釐米（圖 35，1）。

Db 型　單重主體紋樣。璧面琢刻單重環帶紋樣，有環帶輔助紋飾。見於戰國早期楚地，輔助紋樣有環帶三角形、網格紋等，主體紋樣有蟠螭紋、雲紋等。荊州熊家冢墓地 PM4：1，璧面內外緣陰刻輪廓線，以三角形環帶輔助紋飾為界，其內琢刻四組由 S 形雲紋、朵雲紋等組成的蟠螭龍紋。直徑 15.3、孔徑 6.3、厚 0.8 釐米（圖 35，2）。

Dc 型　多重多種主體紋樣。璧面多以絢紋為界分為兩重或三重，其內主要琢刻兩類主體紋樣，一類為雙身夔龍紋、鳳鳥紋、蟠螭紋等動物紋樣，另一類為雲紋、穀紋、蒲紋等幾何紋樣。戰國階段出現，在各諸侯國皆有發現。根據璧面紋樣的琢刻方式還可再分 2 亞型。

DcⅠ型　璧面鏤空透雕主體紋樣。戰國早中期就已經出現。荊州熊家冢墓地，璧面分為三區，外緣一周勾連雲紋，內緣一周三角雲紋，其間鏤空透雕蟠螭紋。直徑 10.5、孔徑 4、厚 0.4 釐米（圖 35，3）。

DcⅡ型　璧面陰線琢刻紋樣。出現並流行於戰國晚期，沿用至漢代。以穀紋、雙身夔龍紋、鳳紋等為多重主體紋樣，其中以雙身夔龍紋與穀紋為主題紋樣的環帶紋飾玉璧最為多見。魯國故城望父臺 M52：40，絢紋環帶將璧面分為三重，內外兩重皆琢刻雙身夔龍紋，中間一重琢刻穀紋。直徑 32.8、孔徑 11.6 釐米（圖 35，4）。

圖 35　東周時期 D 型大型圓璧

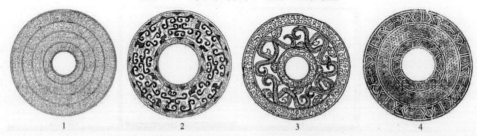

1.Da 型多重單一主體紋樣玉璧（河南屯遺址）　2.Db 型單重主體紋樣玉璧（荊州熊家冢墓地）　3.Dc 型多重多種主體紋樣玉璧（荊州熊家冢墓地、魯國故城望父臺墓地 M52）

2. 小型圓璧

東周時期的小型圓璧數量相對較少，但是出土地點比較集中，在成周、吳越、秦、楚等地有的墓葬中集中出土。如應國墓地春秋晚期墓葬 M301 中出土玉璧 13 件，皆為小型圓璧。邳州九女墩徐國墓地 M5 中出土小型圓璧 27 件。璧面紋飾較大型圓璧簡單，主體紋樣基本雷同，相同紋樣的玉璧演變與大型圓璧近同。根據玉璧紋樣可分為以下幾類：

A 型　素面玉璧。應國墓地 M301：59，器形規整，中孔較大，素面。直徑 5.1、孔徑 2.4、厚 0.15 釐米（圖 36，1）。

B 型　動物紋樣玉璧

主要為蟠虺龍紋玉璧，璧面淺浮雕或陰線琢刻蟠虺龍紋。如吳縣嚴山窖藏 J2：26，璧面兩面淺浮雕蟠虺龍紋，紋飾間加飾羽紋等。直徑 4.98、孔徑 2.42、厚 0.3 釐米（圖 36，2）。

C 型　鱗紋玉璧。璧面一般琢刻兩周寬弦紋，弦紋一側刻畫彎鈎紋樣，彎鈎變化較多，似乎刻畫得比較隨意，整個圖案看起來似蟠蛇盤繞，彎鈎紋樣似蟠蛇的鱗片，因此暫將此紋飾定為鱗紋。邳州九女墩徐國墓地、臨淄郎家莊春秋墓陪

葬葬中有發現，可能為春秋晚期魯南蘇北地區流行的一類玉璧，因發掘資料有限，對玉璧紋樣的界定和這類紋樣的文化屬性尚待進一步研究（圖36，3）。

圖36　東周時期小型圓璧

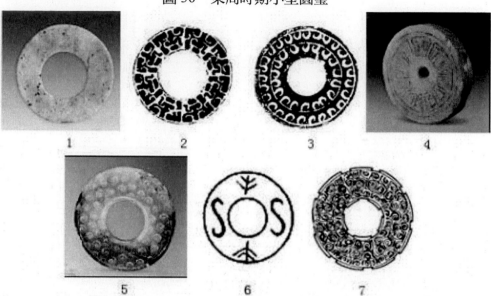

1.A 型素面玉璧（應國墓地 M301）　2.B 型動物紋樣蟠虺龍紋玉璧（吳縣嚴山窖藏）
3.C 型鱗紋玉璧（邳州九女墩春秋墓）　4～6.D 型幾何紋樣玉璧（雍城姚家崗遺址、
荊州院灣牆墓地、長沙楚墓 M937）　7.E 型扉棱玉璧（棗陽九連墩 M1）

D 型　幾何紋樣玉璧

Da 型　雲紋玉璧。雍城姚家崗遺址，器形不甚規整，較厚，中孔較小，一面光素，一面外緣陰線弦紋為廓，其內單陰線琢刻方折朵雲紋，側邊亦陰線琢刻方折雲紋。直徑 3.2、孔徑 0.3、厚 0.6 釐米（圖36，4）。

Db 型　穀紋玉璧。荊州院灣牆墓地，璧面內外緣起棱，其內減地琢刻穀紋。直徑 3.9、孔徑 1.6、厚 0.5 釐米（圖36，5）。

Dc 型　樹葉紋玉璧。發現的數量較少，玉璧尺寸較小，多在 4 釐米左右。在戰國中晚期流行，多見於楚地。長沙楚墓 M937，璧面上下各琢刻一片樹葉脈紋，璧面左右兩側各琢刻一個 S 形紋樣。直徑 5.6、孔徑 2.25 釐米（圖36，6）。

E 型　扉棱玉璧。玉璧內外緣出寬扉棱，璧面琢刻穀紋、勾連雲紋、蟠虺龍紋等紋樣。最早見於春秋晚期，主要見於戰國中晚期楚地。棗陽九連墩 M1：688，璧面琢刻勾連雲紋。直徑 5.1、孔徑 2、厚 0.4 釐米（圖36，7）。

二、出廓璧

出廓玉璧為東周時期新出現的玉璧種類，玉璧璧體外有輔助裝飾，一般位於外廓兩側，多為龍、鳳、螭、虎等動物造型。根據出廓位置可分為 2 型：

A 型　外緣出廓。璧外輔助造型位於玉璧璧體外緣，春秋晚期至戰國早期出現，在整個戰國時期都有發現，並沿用至漢。一般對稱出現，分列左右兩側，造型有龍、虎、螭、鳳鳥等，器體較小，一般小於 10 釐米，是東周時期最為常見的出廓玉璧類型。也有的兩側及頂端皆有紋飾。璧面多琢刻穀紋。山西侯馬機運站祭祀遺址 K189，玉璧外緣兩側各透雕一側身龍，雙龍為行走狀，相向而立，璧面琢刻勾連雲紋。長 9.4、寬 3.2、厚 0.2 釐米（圖 37，1）。

B 型　內外緣出廓。玉璧內外緣皆有輔助造型。雖然在戰國晚期已經出現，但是數量較少。臨淄商王墓 M1，雙龍相背盤繞於璧身，頂端出廓為繫環。長 11、寬 10.5、厚 0.3 釐米（圖 37，2）。

圖 37　東周時期出廓璧

1　　　　　　　　　　　　　2

1.A 型外緣出廓玉璧（侯馬機運站祭祀坑 K189）
2.B 型內外緣出廓玉璧（臨淄商王墓 M1）

三、有領璧

有領璧在東周時期的數量非常少，但是在西南地區仍有製作與使用，主要見於雲南地區，是滇國玉器的重要種類，僅江川李家山墓群就出土有領璧 60 件（圖 35，1），滇地是東周時期仍在製作和使用有領璧主要的地區，但是影響力有限。廣西及周文化區域也有極個別的發現，如寶相寺黃君孟夫婦墓就發現 1 件，但為商代遺物，東周時期周文化區域不製作和使用此類玉璧。

四、牙璧

牙璧在東周時期也有零星的發現，浚縣辛村衛國墓葬、沂水劉家臺子墓地中各出土 1 件，牙璧的形製及製作方式皆與商代同類器物近同，為早期遺物（圖 35，2）。

圖 38　東周時期有領璧、牙璧及雙聯璧

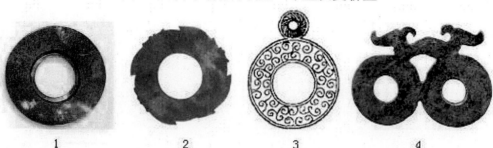

1.有領璧（江川李家山墓群）　2.牙璧（沂水劉家檯子 M1）　3、4.雙聯璧（侯馬西高村祭祀坑 J476、荊州熊家冢墓地）

五、雙聯璧

　　雙聯璧在戰國早期又有出現，雖然數量很少，但是整體形態與新石器時代至夏紀年時期的雙聯璧區別較大，是這一時期的新器形。雙聯璧的器形仍然非常小。根據雙聯方式可分為兩型：

　　A 型　上下相連。侯馬西高村祭祀坑 J476，雙璧上下相連，上小下大，上為絞絲紋璧，下為勾連雲紋玉璧。璧高 4.4 釐米（圖 38，3）。

　　B 型　左右相連。新石器時代為雙璧上下相連，這一時期不僅有左右相連玉璧，也有上下相連的形態。荊州熊家冢墓地，雙璧左右相連，大小相近，皆為素面玉璧，上端有龍形出廓，以作綁繫。長 4.2 釐米（圖 38，4）。

第四節　東周玉璧的製作工藝

　　東周玉璧有圓璧、有領璧、牙璧、雙聯璧幾類，但是圓璧占到了絕大多數。圓璧的製作步驟與西周時期基本近同，但是由於東周時期紋飾璧大量增加，璧面多琢刻紋樣，紋樣的圖案豐富，紋樣繁縟複雜，在琢刻紋樣之前，需要進行設計構圖、打稿，因此在這一階段玉璧的製作可分成坯、成形、設計打稿、刻紋、修整成器五個步驟。

一、成坯

　　東周時期的成坯技術已經相當熟練，尤其是鐵質工具的使用，為玉器的製作增加了新的工具材質。這一時期的玉璧器形規整，璧面很少留有切割痕跡，厚薄均勻，平整度非常好，而且玉璧的厚度一般在 0.5 釐米以下，體現出當時

嫻熟的開料成坯工藝。

二、成形

東周時期玉璧器形規整，內外邊輪基本為正圓，中孔孔壁垂直，管鑽成形技術十分成熟。西周時期存在大量的小型圓璧，一般以大型圓璧的鑽芯製成。但是在東周時期與數量巨大的大型圓璧相較，小型圓璧的數量有限，可能部分改制為其他玉器。

三、設計、打稿

東周時期玉璧壁面多琢刻紋飾，春秋時期紋飾繁密而緊湊，戰國時期紋飾舒朗卻整齊。壁面的紋樣也有龍、蟠螭等動物紋樣，雲紋、穀紋、圈圈等幾何紋樣等主體紋樣，還有各類細陰線琢刻的輔助紋樣，是以玉璧的製作中設計打稿不可避免。

在東周出土的玉器中，有些玉器上殘留有墨線或陰線打稿痕跡。如曾侯乙墓龍形玉佩半成品上留有龍形打稿痕跡（圖39，左）；侯馬西高祭祀遺址J441中出土的龍形玉佩，一面琢刻穀紋，另一面留有設計線。

玉璧的紋飾製作同樣也存在設計與打稿的程序。隨州曾侯乙墓中的1件玉璧上留有局部正在琢刻的蟠虺紋樣，有些紋樣已經刻完，有些僅用陰線勾出紋樣輪廓。荊州熊家冢墓地出土的1件穀紋玉璧也是尚未完成的作品，一面去地淺浮雕穀紋，而另一面僅一半完成穀紋琢刻，另一半留有陰刻打稿線（圖39，右）。

圖39　東周時期玉璧保留的打稿痕跡

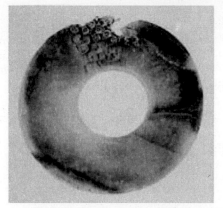 

左：隨州曾侯乙墓玉璧局部製作痕跡　　右：荊州熊家冢墓地玉璧打稿痕跡

四、刻紋

在擁有金屬工具，熟練掌握切割和鑽孔技術的東周時期，刻紋是最能代表這一時期玉璧製作工藝的步驟，顯得尤為重要。而且琢刻紋樣的方式也多樣起來，最常使用的有淺浮雕、鏤空透雕、陰線刻三種手法，這幾種工藝多結合使用。

淺浮雕：用陰線勾勒主體紋樣，並將主體紋樣以外的部分琢去，磨平，使得紋樣突出。這種琢刻技法多用於蟠虺紋、穀紋玉璧的製作中，紋樣間多用陰線刻畫羽紋、枝葉紋、網格紋等輔助紋樣。

鏤空透雕：用鑽孔定位，以線拉方式將主體紋樣以外的部分全部切除。這種技法多用於出廓璧中出廓造型的琢刻上，也有用於璧面紋樣製作的例子，但是非常少見。

陰線刻：用刻畫工具直接勾出主體紋樣和輔助紋樣，是東周時期使用最為普遍的刻紋方式。多用於勾連雲紋玉璧、穀紋玉璧的製作，在使用淺浮雕和鏤空透雕工藝刻紋的玉璧中，多用於勾勒主體紋樣輪廓和輔助紋樣的製作。有些陰線琢刻時使用斜刀技法，尤其是在紋樣或器物邊緣位置，營造出類似淺浮雕的立體感。

五、成器

修整、拋光成器。東周玉璧璧面雖多有紋樣，而且紋樣的製作工藝複雜多樣，既有去地淺浮雕，也有鑽孔鏤空透雕，也有細若游絲的陰線刻，這些製作工藝都會留下很多製作痕跡，但是我們在成品玉璧中鮮有發現。

東周玉璧器形規整，邊緣垂直、齊整，紋樣琢刻中淺浮雕地面平整，陰線刻線條流暢且乾淨利落，淺浮雕雖然繁密複雜，但密而不亂，都體現出當時玉璧製作工藝的進步與成熟。

東周時期玉璧製作工藝的提高，一般認為與鐵質工具的使用有很大的關係，其中更為重要的是金屬砣具的出現與使用。

砣具是古代製玉工具，圓盤形，旋轉帶動蘸水解玉砂製作玉器[註111]。砣具不是一種工具，而是製玉的一套工具，除過大型玉料的開料，其餘的切割、鑽孔、刻紋、鏤空、去地、修整、拋光皆可用不同形狀和大小的砣具完成。明代宋應星在《天工開物》中就曾有著錄，但是這類工具最早出現於什麼時間，

〔註111〕陳啟賢，砣具始用年代試析〔J〕，文物，2019（6）：73～83。

一直是學界爭論的問題。結合鐵質工具的普及、玉器需求的不斷增加和人們對玉器造型、工藝要求的日益提高，根據對考古學資料的顯微觀察和實驗考古證據，現一般認為金屬砣具的出現與使用最晚在春秋時期就已出現〔註112〕。

　　這類金屬砣具的使用不僅大大提高了製玉的效率，更提高了製玉的技術水平，也一定程度上促成了東周時期紋飾玉璧的大量出現，並且紋樣更為豐富複雜。東周玉璧製作的高水準，很大程度得益於新的製玉工具的出現與使用。

第五節　東周玉璧的使用

一、東周玉璧出土遺跡類型

1. 墓葬

　　東周玉璧最主要見於墓葬，在成周、晉、齊、魯、楚、吳越等大諸侯國所在區域及各小諸侯國如皆有出土。春秋早期發現的數量相對較少，多見於春秋中晚期至戰國晚期的墓葬中。

　　墓葬中所見玉璧種類比較多，這一時期圓璧、出廓璧、有領璧、牙璧、雙聯璧等玉璧都多見於墓葬中，有領璧、牙璧、雙聯璧的數量很少，且牙璧、有領璧有些為早期遺物，因此這一時期圓璧是墓葬中最常見的玉璧種類。圓璧中的大小型圓璧在墓葬中都有發現，大型圓璧的數量較多。

2. 祭祀遺址或遺跡

　　已有的資料主要見於秦都雍城、晉都新田遺址，時代也受都城使用時間的限制，集中於春秋中晚期至戰國早期。

　　秦多見於宮殿或宗廟建築基址，可能為宮殿修建而進行的祭祀活動所留遺跡。如姚家崗建築基址、凌陰遺址、馬家莊宗廟遺址等都有發現，另外在散佈於雍城的建築遺址附近也發現了數處祭祀遺跡，如河南屯、河北屯、東社村等。玉璧一般與璜、玦、圭等同出，數量較多，有大型圓璧也有小型圓璧，小型圓璧為多。

　　雍城祭祀遺址中出土玉璧有些製作較粗糙，但是有些製作精美，且琢刻秦式龍紋，如河南屯遺址出土的 2 件玉璧，其中 1 件直徑達 29.7 釐米，璧面雙面琢刻數重秦式龍紋，同屬春秋晚期的瓦窯頭遺址中出土玉璧為素面，直徑

〔註112〕楊建芳，關於線切割、砣切割和砣刻——兼論始用砣具的年代〔J〕，文物，2009（7）：53～67。

11.7 釐米，可見玉璧在當時在祭祀對象或祭祀等級中是有所區分的。

晉多見於都城附近的大型祭祀遺址中，如侯馬盟誓遺址、機運站祭祀遺址、西高村祭祀遺址等，其中的祭祀坑數量眾多，排列有序，分類明確，應是東周時期晉的專屬祭祀遺址。祭祀坑有殉牲坑，如牛坑、羊坑，也有無殉牲坑，其中有的祭祀坑中出土玉璧，一般一座祭祀坑中只出土 1 件玉璧。祭祀遺址中出土的玉器種類比較豐富，有璧、玦、璜、圭、璋、戈、刀等，玉璧的種類也有圓璧、璜聯璧、出廓璧等多個種類，圓璧仍占多數。有一類大型圓璧，器體較大，中孔較小，素面，璧面有些留有切割痕跡，另外還有璜聯璧，具有早期玉璧的特徵，應為早期遺物，舊物新用。

楚地熊家冢墓地還發現了墓葬祭祀坑，其中有 3 座祭祀坑中出土玉璧。根據已發表的資料方形祭祀坑 JSK1 中 1 件大型圓璧放置於坑底東北角。玉璧器體較大，直徑 21.45 釐米。

二、東周玉璧出土位置

東周玉璧仍主要見於墓葬之中，玉璧的出土位置相較西周時期更為有規律，玉璧更集中放置於墓主人身體周圍，西周時期填土、棺槨之上、邊箱槨室等情況相對較少，比較集中於棺槨之間、墓主人胸腹部、身上身下，另外新出現放置於腿部和足部的情況。主要有以下幾種情況：

1. 填土

僅見於晉侯墓地兩周之際 M93，墓室上部填土中發現玉璧、戈、圭、柄形器等。

2. 棺槨之上

西周時期比較常見，東周也有發現，但僅有數例。放置玉璧的種類為大型圓璧。如春秋早期仙人臺 M6 的外棺蓋板上放置玉璧 1 件。戰國早期曾侯乙墓的內棺蓋板上有玉璧 7 件。

3. 棺槨之間

玉璧出自墓葬的棺槨之間或內外棺間。玉璧的種類基本為大型圓璧，且以穀紋玉璧為多。主要見於戰國時期楚地，楚地所轄各區，河南南部、湖北、湖南、安徽等地區都有發現。如河南淅川徐家嶺 M11 頭端棺槨間放置玉璧 1 件，同樣的情況還在望山 M3、長沙楚墓 M315、河南淮陽平糧臺 M16、安徽六安 M99 等墓葬中有發現。內外棺間較多見，湖北江陵望山 M2、江陵九店 M295、

鄂城戰國中期 M53、荊門左冢 M2、包山戰國晚期 M4、M5、黃岡 M5、安徽潛山公山崗 M25 等墓葬的內外棺間出土玉璧，荊州天星觀 M2 中玉璧、圭一併放置於內外棺間。有些墓葬的內棺上還留有組帶痕跡，可見有些玉璧原是繫掛於內棺頭端外側的。江陵包山 M2 頭端的內棺外側繫掛了 1 件玉璧，出土時絲帶斷裂，玉璧立於棺槨間；湖南長沙子彈庫戰國中晚期墓內外棺間發現穀紋玉璧 1 件，並且在內外棺間發現了組帶痕跡，也應懸繫於內棺外；戰國晚期 M1195 的內棺頭端外側繫掛玉璧 1 件。在秦、魯也有少量發現。陝西鳳翔八旗屯西溝道 M26 中頭端棺槨間出土素面小型圓璧 2 件。山東滕縣薛國故城 M5 的內外棺間散落石璧 10 件。

4. 槨室或邊箱

玉璧出自槨室內側。曲阜魯國故城乙組 M52 的頭端，西北槨室中出土大型圓璧 1 件。江陵包山戰國晚期 M1 的頭箱內壁出土玉璧 1 件。

5. 頭部

以頭頂位置或面部為多，頭兩側也偶有發現。春秋早期至戰國晚期都有發現。

頭部位置放置玉璧主要見於兩個區域：成周及其附近地區和楚地。一是成周地區，多見於頭頂或額部，且多為小型圓璧，從春秋早期至戰國中期都有發現。如浚縣辛村衛國春秋早期墓葬 M1、輝縣琉璃閣戰國早期墓葬 M1 墓主人頭部出土玉璧。應國墓地春秋晚期 M301 的墓主人頭頂、頷骨上、頭左側都發現玉璧；M10 中墓主人頭頂有玉璧 1 件。洛陽王城廣場東周墓地春秋晚期至戰國早期墓葬中出土小型圓璧 14 件，基本每座墓葬 1 件，一般出土於墓主人額或頂部。二是楚地，除了頭頂還放於頭側及頭下，多為大型圓璧。如河南淅川徐家嶺 M11、江陵包山 M2、江陵望山 M2、安徽六安白鷺洲 M566 等墓葬中墓主人頭頂放置 1 件玉璧。安徽長豐楊公墓地 M8 中墓主人頭側放置玉璧 2 件。河南淮陽平糧臺 M16 中墓主人頭下放置玉璧 1 件。長沙楚墓 M406 中墓主人頭頂放置玉璧 1 件，頭兩側各放置 1 件。其他地區也有零星的發現，如山西長治分水嶺 M109 墓主人頭部出土小型圓璧 1 件，與瑪瑙環、玉圭、玉片等同出。輝縣趙固戰國墓葬 M1 中墓主人頭下放置 1 件大型玉璧，面部及頭部周圍出土牙形、三角形、正方形等玉石片 32 件，應為一組覆面。西辛戰國晚期齊國國君陪葬墓中墓主人頭下放置玉璧 1 件。

面部放置玉璧的情況見於吳、晉、魏、齊等地，春秋晚期至戰國晚期皆有

發現，但各地多只有數例，也皆為大型圓璧。如蘇州真山墓地春秋晚期 D9M1 墓主人面部出土玉璧 2 件，與 2 件玉虎、3 件拱形玉片、1 件扁管同出。金勝村大墓中墓主人面部就放置 1 件玉璧。臨淄商王墓地 M1、M2 墓主人頭部覆蓋玉璧 1 件。

6. 頸部

應國墓地春秋晚期 M301 墓主人下頜部出土小型圓璧 1 件。江陵望山戰國中期 M2 中墓主人頸部放置大型圓璧 2 件。

7. 胸腹部

是西周時期玉璧最常見的放置位置，東周時仍常見，玉璧的種類以大型圓璧為主。

東周時期胸腹部放置玉璧主要有兩種情況，一種為玉璧單獨放置於胸部，春秋早期至戰國晚期皆有發現，春秋早期見於成周及晉、虢等地，戰國時期在秦、楚、齊等地也有發現。有大型圓璧也有小型圓璧，大型圓璧居多。如晉侯墓地兩周之際 M93 中出土的玉璧數量超過 6 件，其中墓主人胸腹部放置大型圓璧 5 件、牙璧 1 件；虢國墓地春秋早期 M1052 墓主人胸腹部放置玉璧 1 件，與大玉戈同出；洛陽潤陽廣場春秋早期墓葬 C1M9950 中出土玉璧 2 件，縱向放置於墓主人胸腹部。河南寶相寺黃君孟夫婦墓中夫人胸部、山東長清仙人臺 M5 墓主人胸部也都放置璧 1 件。咸陽任家咀 M121、M17、M129 的墓主人胸部皆出土小型圓璧 1 件。湖北江陵包山 M2、望山 M2 中墓主人胸部放置玉璧 1 件；山東青州西辛戰國晚期齊國國君陪葬墓 2 件玉璧放置於胸腹部。

另一種情況為玉璧與璜、龍形佩、觿、管珠等同出於胸腹部，玉璧種類有大型圓璧、小型圓璧和出廓璧。春秋中期至戰國晚期皆有發現。春秋時期多見於晉、秦、魯等地，戰國時期多見於楚地。如上馬墓地 M13 中出土玉璧 1 件，與瑪瑙珠、魚獸等同出。寶雞益門二號墓墓主人胸腹部集中出土小型圓璧 10 件，同出的還有玉璜、觿等共計 81 件。薛國故城 M2 墓主人胸腹部出土大型圓璧 1 件，與玉璜、龍形佩、珠同出。河南輝縣琉璃閣戰國早期 M60 墓主人下葬時胸前佩戴了 6 組佩飾，由 11 件玉器組成，其中 3 件玉璧。湖北荊州熊家冢墓地陪葬墓 PM1 中墓主人胸腹部出土玉璧 12 件，與玉珩、龍形佩、螭形佩、水晶珠環等同出。河南淮陽平糧臺戰國晚期 M16 中墓主人胸部出土玉璧 1 件，與龍形佩、管同出。

8. 腰部

玉璧出自墓葬人腰部。春秋晚期至戰國晚期都有發現。大型圓璧與小型圓璧皆有，小型圓璧較多。流行於黃河流域諸侯國中，見於成周、應、魯、晉、秦、衛等國墓葬中。如應國墓地春秋晚期 M301 的墓主人腰部發現一組 18 聯玉腰帶飾，其中有小型圓璧 9 件。山東長清仙人臺春秋晚期 M5 中墓主人腰部出土小型圓璧 1 件，與玉龍、虎同出。洛陽中州路（西工段）戰國早期墓葬 M1316 中出土玉璧 3 件，為組玉佩組件，組佩的頂端以玉髓璧環為珩，中層為兩件小璧環，最下端連接 S 型龍紋玉佩。韓國墓葬中墓主人下半身多發現玉璧與龍形佩、瑪瑙環等同出的現象。如長治分水嶺戰國中期 M84 中墓主人下半身出土 3 件小型圓璧，周圍散落玉片、龍形佩。瑪瑙觿等。咸陽黃家溝 I 區戰國早期墓葬 M53 中墓主人左側腰部出土小型圓璧 1 件，與龍形佩、玻璃珠同出。魯國故城戰國晚期 M58 中墓主人腰部出廓玉璧與 S 型龍形佩、管珠等同出。輝縣趙固戰國墓葬 M1 腰部出土 1 件小型圓璧，與珩、龍形佩同出。

9. 身上

玉璧在墓主人身上從胸腹部至腳多個位置放置，或者散落於墓主人身周。一般玉璧的數量超過 5 件，最多的超過 30 件玉璧。基本都使用大型圓璧，一般放置多件，覆蓋墓主人身體。在西周晚期就已經出現這類放置方式，東周時期仍有使用。春秋早期至戰國時期皆有發現，主要見於成周、齊魯、楚地，在晉、衛國高等級墓葬也有發現。如太原金勝村 M251 出土玉璧 33 件，散落於墓主人身體周圍，為大型圓璧。輝縣琉璃閣 M1 腹部並列放置玉璧 4 件，左臂套玉璧 2 件。河南淅川徐家嶺 M11 中墓主人頸部、胸部及下肢部放置玉璧 10 件。曾侯乙墓墓主人周身散落 20 件玉璧，有大型圓璧也有小型圓璧。曲阜魯國故城 M52 中墓主人從頭至腳放置大型圓璧璧 9 件；M58 中身體各放置 1 層玉璧，共 16 件。臨淄商王墓地 M1 中墓主人從胸腹部覆蓋玉璧 10 件。

10. 身下

玉璧放置於墓主人的肩下、背下、腰下等位置。有些墓葬中各個位置皆有放置。如山東青州西辛齊國國君陪葬墓出土的 10 件玉璧中 7 件放置於腰下。魯國故城 M52 墓主人身下鋪墊大型圓璧 8 件。長沙楚墓 M406 中墓主人左右肩下、左右膝下各放置玉璧 1 件。

11. 身側

玉璧出自墓主人身側或身體附近。見於陝西鳳翔八旗屯春秋早期 M27 中墓主人大腿外側放置玉璧、玉圭各 1 件，玉圭疊放於玉璧之上。洛陽道北鍛造廠戰國晚期墓葬 I M540 中出土 4 件大型圓璧，橫向擺放，置於大腿左側。

12. 腿部

玉璧放置於墓主人腿部，基本為大型圓璧，多見於楚地。如湖北鄖縣春秋晚期 M5，墓主人兩腿間放置大型圓璧 1 件。安徽長豐楊公墓地戰國晚期 M8 中墓主人兩膝各放置 1 件。

13. 足端

玉璧放置於足部附近，基本為大型圓璧。多見於戰國中晚期楚地。湖北江陵包山 M2 中墓主人足下端放置穀紋玉璧 2 件。江陵望山 M2 中墓主人足下端也放置 2 件玉璧。長沙楚墓 M1195 中墓主人足端放置玉璧 1 件。河南淮陽平糧臺 M16 中墓主人足端放置玉璧 2 件。

三、東周玉璧出土組合

1. 玉璧、圭、璜、玦組合

多見於春秋中期秦地建築遺址的祭祀遺跡中，雍城姚家崗建築基址、凌陰遺址、馬家莊宗廟遺址一號建築群朝寢建築的祭祀遺跡中有發現，玉璧、圭、璜、玦多同出，一般為素面小型圓璧，而且有些器物上留有朱砂痕跡。

2. 玉璧、圭（戈）組合

見於祭祀遺址和墓葬中。祭祀遺址主要見於戰國早期秦都雍城。雍城東郊東社村、西郊河北屯村等地發現一些祭祀遺址或遺存，出土大量漢白玉圭璧，在一定範圍內堆放，圭璧一般成組出現，3 件玉璧和 6 件玉圭為一組，璧上下疊放，璧上放 6 件圭，圭尖指向西北。墓葬主要見於春秋早期。如鳳翔八旗屯春秋早期墓葬 M27 中墓主人腿側放置玉圭、璧各 1 件，圭璧疊放。陝西隴縣邊家莊春秋早期 M5 中出土時石璧與石圭放在一起。山東長清仙人臺春秋早期 M6 中外棺蓋板上放置素面大型圓璧 1 件，與大玉圭同出；沂水劉家店子莒國春秋早期墓葬中墓主人胸腹部放置玉璧、玉戈各 1 件。虢國墓地春秋早期 M1052 墓主人胸腹部放置大型圓璧 1 件，與大玉戈同出。

3. 玉璧、龍形佩、珩、管珠等組合

韓、趙地東周墓葬中玉璧多與龍形佩、珩、管珠、瑪瑙水晶環等同出，應

為組玉佩組件。洛陽中州路（西工段）戰國早期墓葬 M1316 中出土玉璧 3 件，為組玉佩組件，組佩的頂端以玉髓璧環為珩，中層為兩件小璧環，最下端連接 S 型龍紋玉佩。韓地墓葬中墓主人下半身多發現玉璧與龍形佩、瑪瑙環等同出的現象。

四、東周玉璧的使用制度

東周時期，周王室衰微，諸侯國興起，各國之間戰事頻繁，周天子唯我獨尊的威嚴被打破，諸侯、大夫不斷逾越禮制，西周時期的傳統禮制呈現出禮崩樂壞的趨勢。但是這些狀況並沒有導致禮制的喪失，與此相反，出於各種政治需要，東周時期的禮制反而得到加強，呈現出更為系統化、理念化的趨勢。體現出的狀況就是，一方面對於禮制的外在形式不斷的充實並逐漸規範化、系統化、理念化，用禮來規範人的行為行事方式；另一方面不斷對禮制的實質內容進行破壞，使得禮制的形式與內容分離〔註113〕。

《周禮》《儀禮》《禮記》三禮成書的成書年代不早於戰國晚期，其中對玉禮器的種類、組合、功用、使用規範及管理等內容都有記載，是禮制規範化、理念化在玉器使用中的文獻體現。

東周時期玉璧見於祭祀遺址與墓葬中，其中以墓葬為主。以考古資料來分析玉璧的使用情況，仍多側重於墓葬。從墓葬中各類玉璧的情況也能從一個側面為我們展示東周時期玉璧的使用習俗。西周時期墓葬中玉璧已呈現出一定的制度性，在東周時期，玉璧的使用更為規範。

1. 服飾用璧制度

東周時期的玉璧在服飾方面的使用較西周時期簡化，在西周的髮飾用璧、耳飾用璧、項飾用璧、腕飾用璧在東周時期等方面都有變化。

髮飾用璧：東周時期的髮飾用璧已不多見，浚縣辛村春秋早期衛國國君墓中頭部出土小型圓璧 1 件、牙璧 1 件，與鳥、兔、牛頭等動物形佩飾同出，應為髮飾。與西周髮飾用璧使用方式近同，是西周用璧制度的延續。

腰飾用璧：東周時期常見的腰飾一般為組玉佩。大型圓璧多與龍形佩、觽、珩、管珠等組合使用。組玉佩的組合形式比較多樣（表）。主要有兩類：

第一類以玉璧為珩提攜組玉佩，輔以璜、虎形佩、龍形佩、觽、管珠等。有幾種組合形式比較常見：一是玉璧、璜組合：見於春秋早期山東滕縣薛國故

〔註113〕何宏波，先秦玉禮研究〔D〕，鄭州：鄭州大學，2001：180～2-3。

城 M1、M2，春秋晚期輝縣琉璃閣墓乙。二是玉璧、虎形佩組合：有些還配以觽、管珠等。見於春秋晚期河南桐柏月河一號墓，春秋晚期淅川下寺楚墓 M1、M2、M3 等。三是玉璧、龍形佩組合：有些配以管珠。見於見於戰國早期中州路 M2717、輝縣琉璃閣 M75、分水嶺 M53、分水嶺 M25，戰國晚期魯國故城 M58、中山國 M2、M4、M5 等。還有以玉璧、玦、觽組合，僅見一例，見於春秋晚期輝縣琉璃閣墓甲。

第二類以玉珩提攜組玉佩，輔以璧環、璜、觽、龍形佩、管珠等。有幾種組合形式比較常見：一是玉珩、璧環、觽組合：有些輔以玉片、管珠等。見於春秋晚期長治分水嶺 M269、戰國早期輝縣琉璃閣 M60 等。二是玉珩、璧環、璜、觽組合：多輔以管珠。見於春秋晚期寶雞益門二號墓等。三是玉珩、璧環、龍形佩、觽組合：多輔以管珠。見於春秋晚期分水嶺 M270 等。四是玉珩、璧環、龍形佩組合：多輔以管珠。見於春秋晚期太原金勝村趙卿墓，戰國早期牛家坡 M7、曾侯乙墓、固始侯古堆 M1，戰國中期分水嶺 M14，戰國晚期輝縣趙固 M1、魯國故城 M58、中山國 M1、平糧臺 M16 等。還有以玉珩、璧環、虎形佩、龍形佩、觽組合，僅見於春秋戰國之交的紹興坡塘 M306，也有以玉珩、璧環、管珠組合，見於戰國中期隨州擂鼓墩 M2。

這兩類中以玉璧、龍形佩與玉珩、璧、龍形佩組合最為常見。春秋早期體現出玉璧、璜的組合是西周時期多璜組佩的延續，玉璧以珩的形式出現，春秋之後組玉佩中玉璜基本不見，而由玉珩取而代之。春秋晚期的吳楚之地流行玉璧與虎形佩的組合，是具有地方特色的組玉佩形式。龍形佩自春秋晚期出現後，逐漸成為組玉佩的重要組件，流行於戰國時期。伴隨玉珩的出現，部分組玉佩中玉璧由總束、提攜的位置轉化為組佩組件（表 15）。

腰飾用璧在墓葬中使用的等級較高，主要見於第一、二等級墓葬中。在墓葬中沒有明顯的性別差異，同等級的男女性墓葬中都有發現。

東周服飾用璧特點：一是進入東周時期，西周時期的髮飾用璧、耳飾用璧、腕飾用璧衰落，項飾用璧為腰飾用璧所取代。二是玉璧的種類比較豐富，有大小型圓璧和出廓璧，其中以大型圓璧為多。三是腰飾用璧以玉珩、璧環為主，輔以虎形佩、龍形佩、觽、璜、玦、管珠等，較西周時期的多璜組玉佩組合形式多樣，並無完全的定製。玉佩組合的等級性不強，但是高等級的墓葬中隨葬組玉佩的數量較多，可能為等級差異的體現。

表 15　東周時期出土組玉佩典型單位

等　級	國別	墓　葬	時　代	性別	組玉佩組合
第一等級	薛	薛國故城 M1	春秋早期		玉璧、璜
第一等級	薛	薛國故城 M2	春秋早期		玉璧、璜
第一等級	衛	琉璃閣墓乙	春秋晚期	女	玉璧、璜
第一等級	養	桐柏月河一號墓	春秋晚期	男	玉璧、虎形佩
第二等級	楚	淅川下寺 M2	春秋晚期	男	玉璧、虎形佩、觿
第二等級	楚	淅川下寺 M1	春秋晚期	女	玉璧、虎形佩、觿
第二等級	楚	淅川下寺 M3	春秋晚期	女	玉璧、虎形佩、觿
第三等級	周	洛陽中州路 M2717	戰國早期	男	玉璧、龍形佩
第二等級	衛	琉璃閣 M75	戰國早期	男	玉璧、龍形佩
第二等級	韓	分水嶺 M53	戰國早期		玉璧、龍形佩
第二等級	韓	分水嶺 M25	戰國早期	女	玉璧、龍形佩
第二等級	越	邱承墩 M1	戰國早期		玉璧
第二等級	越	長興鼻子山貴族墓	戰國早期		玉璧、璜
第二等級	魯	魯國故城 M58	戰國晚期		玉璧、龍形佩
第二等級	中山	中山國墓地 M2	戰國晚期		玉璧、龍形佩
第二等級	中山	中山國墓地 M4	戰國晚期		玉璧、龍形佩
第二等級	中山	中山國墓地 M5	戰國晚期		玉璧、龍形佩
第一等級	衛	琉璃閣墓甲	春秋晚期	男	玉璧、玦、觿
第二等級	韓	分水嶺 M269	春秋晚期	男	玉珩、璧環、玦、觿
第二等級	越	紹興坡塘 M306	春戰之交	男	玉珩、璧環、虎形佩、龍形佩、觿
第一等級	衛	琉璃閣 M60	戰國早期	男	玉珩、璧環、觿
第二等級	秦	寶雞益門二號墓	春秋晚期	男	玉珩、璧環、璜、觿
第二等級	韓	分水嶺 M270	春秋晚期	女	玉珩、璧環、龍形佩、觿
第二等級	趙	太原金勝村趙鞅墓	春秋晚期	男	玉珩、璧環、龍形佩
第二等級	韓	牛家坡 M7	戰國早期	女	玉珩、璧環、龍形佩
第一等級	曾	曾侯乙墓	戰國早期	男	玉珩、璧環、龍形佩

第二等級	楚	固始侯古堆 M1	戰國早期	女	玉珩、璧環、龍形佩
第二等級	韓	分水嶺 M14	戰國中期	男	玉珩、璧環、龍形佩
第二等級	魏	輝縣趙固 M1	戰國晚期	男	玉珩、璧環、龍形佩
第二等級	魯	魯國故城 M52	戰國晚期		玉珩、璧環、龍形佩
第二等級	中山	中山國墓地 M1	戰國晚期		玉珩、璧環、龍形佩
第二等級	楚	平糧臺 M16	戰國晚期		玉珩、璧環、龍形佩
第一等級	曾	隨州擂鼓墩 M2	戰國中期		玉珩、璧環

2. 喪葬用璧制度

東周時期對喪葬用璧的考察，仍從喪、葬、祭三個部分進行。

喪儀階段用璧：

喪璧在東周時期主要見於墓主人頭部、胸腹部、腰部、身上、身下等幾個位置，其中以頭部、胸腹部、及身上最為多見。喪璧主要體現在玉覆面、斂屍用璧上：

覆面：也稱為幎目、面罩等，是覆蓋於墓主人面部的絹帛，上綴玉片。《儀禮·士喪禮》中記「商祝掩、瑱、設幎目」「幎目用緇，方尺二寸」。考古發現中幎目的帛巾已朽，僅餘玉片。覆面在西周中期就有發現，多由眉、鼻、眼、口、耳等象形玉片組成，西周晚期時覆面上縫綴的玉片增加，且五官外增加面廓。春秋時期覆面中出現小型圓璧組件。

主要見於頭頂或面部，多與小玉片同出，為覆面組件，一般為小型圓璧，也有個別使用大型圓璧。春秋晚期已有發現，多在成周及其周邊諸侯國、三晉地區流行。玉璧多位於頭頂位置，西漢玉衣頭罩的頭頂位置就為 1 件玉璧，因與此有一定的淵源關係。位於面部的小型圓璧多有數件，有的為覆面的眼睛示意。

還有一類以大型圓璧直接覆蓋於面部，不與其他玉器同出，使用方式應與成周地區的覆面相類，見於戰國晚期的齊魯。

從已有的發現看，由於缺乏第一等級的墓葬資料，玉璧組件的玉覆面主要見於第二等級墓葬中，第三等級也有個別使用。成周地區發現尤其普遍。以洛陽王城廣場東周墓地為例，墓地 194 座墓葬中有 46 座墓葬中發現使用玉覆面，其中 22 座墓葬中以玉璧為覆面組件（表 16）。

表 16　東周時期出土玉璧組件覆面典型單位

等　級	地域國別	墓　葬	時　代	性別	出土位置
第二等級	應	應國墓地 M301	春秋晚期		頭頂、左側 3，頸部 1
第二等級	應	應國墓地 M10	春秋晚期		頭頂 1
第二、三等級	周	洛陽王城廣場東周墓地	春秋晚期至戰國早期		22 座墓葬頭頂或額部
第二等級	晉	金勝村趙卿墓	春秋晚期	男	面部 1
第一等級	吳	真山墓地 D9M1	春秋晚期	男	面部 2
第二等級	衛	琉璃閣 M1	戰國早期	女	頭部左上 2、右上 3
第三等級	周	洛陽中州中路 C1M8371	戰國中期		頭部
第三等級	周	洛陽西工區 M3943	戰國晚期	女	頭頂 1
第三等級	韓	分水嶺 M109	戰國晚期		頭部 1
第三等級	魏	趙固 M1	戰國晚期	男	頭頂 1
第二等級	齊	商王墓地 M1	戰國晚期	女	面部 1
第二等級	齊	商王墓地 M2	戰國晚期	男	面部 1
第二等級	魯	魯國故城 M52	戰國晚期	男	頭部 2
第二等級	魯	魯國故城 M58	戰國晚期		頭部 1

　　斂屍用璧：主要為放置於頭部、胸腹部、身上、身下及身周的玉璧。胸腹部、身下放置玉璧為西周時期的喪儀用璧的延續。在東周時期，等級較高的墓葬中，各個部位皆有玉璧發現。以大型圓璧為主，僅在秦墓中發現有小型圓璧。

　　胸腹部放置玉璧在東周時期仍流行，多為單獨放置，有個別存在與玉戈同出的情況，但不普遍。在這一時期，放置在胸腹部的玉璧並不全部都是斂屍用璧，有些周圍出土珩、璜、管珠等，為組玉佩組件，需要有所區分。在一至四等級的墓葬中皆有發現，是東周時期斂屍玉璧最常見的放置位置（表 17）。

　　身下放置玉璧在春秋早期見於邿國國君墓葬，之後主要見於戰國晚期的齊魯及楚地，中間存在比較長的時間差。高等級墓葬多經盜擾或玉璧散落，無法準確判斷玉璧的隨葬位置應是原因之一（表18）。

圖40　東周時期墓葬中斂屍用璧實例

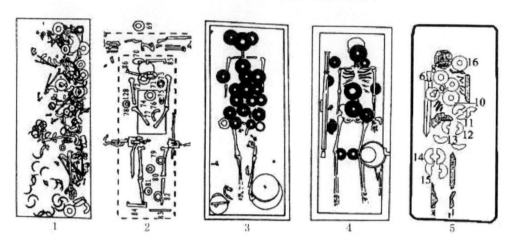

1.曾侯乙墓　2.淅川徐家嶺 M11　3.臨淄商王墓地 M1　4.臨淄商王墓地 M2　5.青州齊國國君陪葬墓

　　身上多處或身周出土玉璧多見於晉、魏、齊魯、楚地，戰國時期隨葬玉璧的數量有大幅度的增加，而且放置位置也較為多樣。基本為大型圓璧。主要見於第一、二等級墓葬中，應與斂屍用璧的等級相關。第一、二等級的墓葬中玉璧在多個位置如頭部、頸部、胸腹部、下肢，都有放置，第三、四等級的墓葬只在一個位置放置，如只放置於胸部、足端或腿側（表19～21）。

　　西周時期玉璧的放置位於一般位於墓主人的上肢部分，鮮有放置於下肢的情況，無論是放置於身上還是身下的玉璧，一般都在腰部以上位置。東周時期玉璧出現玉璧見於身周及覆蓋全身的放置情況，無論是放置於身上還是身下的玉璧都出現了放置於下肢部分的情況。也有單獨將玉璧放置於下肢及足端的情況，多見於第三等級墓葬中，應與墓葬等級相關（圖40）。

　　另外，楚地戰國時期多在墓主人頭部，尤其是頭頂部放置大型圓璧1件，並不與其他玉器同出，當不屬覆面的範疇。但是，一般頭部放置玉璧的墓葬中，頭端的棺槨或內外棺間多也對應放置玉璧1件，或內棺外側懸繫玉璧1件。應與戰國時期楚地靈魂觀念的流行相關（表22）。

表 17　東周時期胸腹部出土玉璧典型單位

等　級	地域國別	墓　葬	時　代	性別	玉璧情況	出土位置
第一等級	晉	晉侯墓地 M102	兩周之際	女	大型圓璧 2	胸腹部 2
第二等級	晉	上馬墓地 M5218	兩周之際	男	大型圓璧 1	胸部 1
第一等級	虢	虢國墓地 M1052	春秋早期	男	大型圓璧 1	胸部 1
第二等級	成周	洛陽潤陽廣場 C1M9950	春秋早期	男	大型圓璧 2	胸腹部 2
第二等級	晉	上馬墓地 M1287	春秋早期	男	大型圓璧 1	左胸部 1
第三等級	虢	虢國墓地 M1704	春秋早期		大型圓璧 1	胸腹部 1
第二等級	邿	仙人臺 M5	春秋晚期	女	大型圓璧 1	胸側 1
第四等級	秦	任家咀 M121	春秋晚期	女	小型圓璧 1	胸部 1
第二等級	衛	琉璃閣 M75	戰國早期	男	大型圓璧 3	胸腹部 3
第二等級	衛	琉璃閣 M1	戰國早期	女	玉璧 11	胸腹部 4，左臂 2
第二等級	楚	淅川徐家嶺 M11	戰國早期	男	大型圓璧 12	胸部 4
第二等級	楚	長沙楚墓 M89	戰國早期		大型圓璧 7	腹部 1
第四等級	秦	任家咀 M17	戰國早期	女	小型圓璧 1	胸部 1
第一等級	曾	擂鼓墩 M2	戰國中期		玉璧 12	胸腹部 12
第二等級	楚	望山 M2	戰國中期	女	大型圓璧 7	胸部 1
第二等級	楚	包山 M2	戰國中期	男	大型圓璧 6	胸腹部 2，
第四等級	秦	任家咀 M129	戰國中期	女	小型圓璧 1	胸部 1
第二等級	魯	魯國故城 M58	戰國晚期		大型圓璧 18	胸腹部至下肢 17
第二等級	齊	商王墓地 M1	戰國晚期	女	大型圓璧 13	胸腹部 10 件
第二等級	齊	商王墓地 M2	戰國晚期	男	大型圓璧 10	胸腹部 3
第二等級	齊	西辛國君陪葬墓	戰國晚期	男	大型圓璧 10	胸腹部 2
第二等級	楚	楊公墓地 M8	戰國晚期		大型圓璧 3	胸部 1
第三等級	周	洛陽西工區 M3943	戰國晚期	女	大型圓璧 4	胸腹部 4

表 18　東周時期身下出土玉璧典型單位

等　級	地域國別	墓　葬	時　代	性別	玉璧情況	出土位置
第一等級	邾	仙人臺 M6	春秋早期	男	大型圓璧 2	腹下 1
第二等級	魯	魯國故城 M52	戰國晚期	男	大型圓璧環 31	身下 8 件
第二等級	齊	商王墓地 M2	戰國晚期	男	大型圓璧 10	腿下 2，臂下 1
第二等級	齊	西辛國君陪葬墓	戰國晚期	男	大型圓璧 10	頭下 1，身下 7
第二等級	楚	長沙楚墓 M406	戰國晚期		大型圓璧 7	左右肩下各 1，左右膝下各 1
第二等級	楚	長沙楚墓 M89	戰國早期		大型圓璧 7	背下 3
第二等級	楚	楊公墓地 M2	戰國晚期	男	大型圓璧 36	身體上下 36

表 19　東周時期墓身上、身周出土玉璧典型單位

等　級	地域國別	墓　葬	時　代	性別	玉璧情況	出土位置
第二等級	晉	金勝村趙軮墓	春秋晚期	男	大型圓璧〉20	身周 20 餘件
第一等級	曾	曾侯乙墓	戰國早期	男	大型、小型圓璧 90	內棺蓋 7，內外棺間 3，主室 60，身周 20
第二等級	楚	淅川徐家嶺 M11	戰國早期	男	大型圓璧 12	頸部 2，胸部 4，腿部 4
第二等級	魏	趙固 M1	戰國晚期	男	大型圓璧 2 小型圓璧 1	頭下、右臂大型圓璧各 1，腰部小型圓璧 1
第二等級	魯	魯國故城 M52	戰國晚期	男	大型圓璧環 31	身上 22
第二等級	魯	魯國故城 M58	戰國晚期		大型圓璧 18	胸腹部至下肢 17
第二等級	齊	商王墓地 M2	戰國晚期	男	大型圓璧 10	頸部 1，胸腹部 3，臂側 2

表 20　東周時期腿部出土玉璧典型單位

等　級	地域國別	墓　葬	時代	性別	玉璧情況	出土位置
第三等級	秦	陝西鳳翔 八旗屯 M27	春秋早期		圓璧 2 大型石璧 1	大腿外側 1
第三等級	楚	湖北鄖縣 M5	春秋晚期		大型圓璧 1	兩腿之間 1
第三等級	成周	洛陽道北鍛造廠 I M540	戰國晚期		大型圓璧 4	橫向放置於大腿左側 4

表 21　東周時期足部出土玉璧典型單位

等　級	地域國別	墓　葬	時代	性別	玉璧情況	出土位置
第二等級	楚	湖北江陵包山 M2	戰國中期	男	大型圓璧 6	足端 2
第二等級	楚	湖北江陵包山 M2	戰國中期	男	大型圓璧 6	足端 2
第三等級	楚	長沙楚墓 M1195	戰國晚期		大型圓璧 1	足端 1

表 22　東周時期頭頂出土大型圓璧典型單位

等級	地域國別	墓葬	時代	性別	玉璧情況	出土位置
第二等級	楚	河南淅川徐家嶺 M11	戰國早期	男	大型圓璧 12	頭端棺槨間 1，頭部 1
第二等級	楚	安徽六安 白鷺洲 M566	戰國中期		大型圓璧 1 穀紋	頭頂 1
第二等級	楚	湖北江陵 望山 M2	戰國中期	女	大型圓璧 7	頭端內外棺間 1，頭頂 1
第二等級	楚	湖北江陵 包山 M2	戰國中期	男	大型圓璧 6	頭端內棺外側 1，頭部 1
第二等級	楚	河南淮陽 平糧臺 M16	戰國晚期	男	穀紋玉環 1 大型圓璧 3	頭端棺槨間 1，頭下 1

第二等級	楚	安徽長豐楊公墓地 M8	戰國晚期		大型圓璧 3	頭側 2
第二等級	楚	湖南長沙楚墓 M406	戰國晚期		大型圓璧 7	頭端內外棺間 1 頭頂 1，頭部左右兩側各 1

　　葬儀階段用璧：葬璧與西周時期相同，仍是棺下葬過程中使用或放置的玉璧。這一階段的玉璧主要放置於頭端棺槨或內外棺間（表 23），在棺蓋上、槨室中也有少數發現，偶而還發現於填土中（表 24、25）。與西周時期葬儀階段用璧相比，東周時期的玉璧放置位置比較固定，多放置於棺槨或內外棺間，已經形成一定的習俗。

　　飾棺用璧：在周的喪葬制度中，飾棺制度是其中的禮儀之一，具有嚴格的等級規定。《禮記·喪大記》中曾對周的飾棺制度進行了詳細的記載。一般飾棺的物品多為絲帛荒帷，西周時期的棺槨間多有銅、玉魚、貝，圭及玉石串珠等，多為墜於飾棺絲帛上的飾物，應為飾棺用玉，沒有發現以璧飾棺的情況。東周時期在飾棺用玉中開始出現玉璧。

　　東周時期飾棺用璧是以組帶懸繫玉璧於頭端的內棺外側正中，由於出土時組帶腐朽斷裂，玉璧墜於頭端內外棺間。在考古資料中，明確留有懸繫組帶痕跡的例子很少，僅有數例，皆見於楚地，為戰國中晚期〔註114〕（圖 41）。

圖 41　湖北江陵包山 M2 中內棺外側懸繫組帶及玉璧出土情況

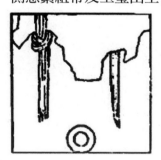

　　戰國時期，尤其是戰國晚期高等級楚墓中多在頭端內外棺間出土玉璧 1 件，雖不能確定是否當時是懸繫於內棺外側，但是使用的意義應該大致相同。第三等級墓葬中有些只出土 1 件玉璧，只放置於頭端內外棺間。在使用中並沒有性別差異，可見在內外棺間或棺槨間放置玉璧是戰國楚地比較流行的葬玉習俗。

〔註114〕黃鳳春，試論包山 2 號楚墓飾棺連璧制度〔J〕，考古，2001（11）：60～65。

表 23　東周時期頭端內外棺間放置玉璧的典型單位

等　級	地域國別	墓　葬	時　代	性別	玉璧情況	出土位置
第一等級	曾	曾侯乙墓	戰國早期	男	大型、小型圓璧 90	內外棺間 3
第二等級	楚	江陵包山 M2	戰國中期	男	大型圓璧 6	頭端內棺外側 1，有組帶痕跡
第二等級	楚	長沙子彈庫	戰國中晚期		大型圓璧 1	頭端內棺外側，有組帶痕跡
第二等級	楚	江陵望山 M2	戰國中期	女	大型圓璧 7	頭端內外棺間 1
第三等級	楚	江陵望山 M3	戰國中期	男	大型圓璧 1	頭端內外棺間
第三等級	楚	江陵九店 M295	戰國中期	女	大型圓璧 1	頭端內外棺間
第三等級	楚	湖北鄂城 M53	戰國中期		大型圓璧 1	頭端內外棺間
第二等級	楚	天星觀 M2	戰國中期	男	大型圓璧 1	頭端內外棺間
第三等級	楚	荊門左冢 M2	戰國中期		大型圓璧 1	頭端內外棺間
第三等級	楚	荊門四冢 M1	戰國中期		大型圓璧 1	頭端內外棺間
第三等級	楚	江陵包山 M4	戰國晚期	男	大型圓璧 1	頭端內外棺間
第三等級	楚	江陵包山 M5	戰國晚期	女	大型圓璧 1	頭端內外棺間
第二等級	楚	黃岡 M5	戰國晚期	女	大型圓璧 1	頭端內外棺間
第三等級	楚	六安 M99	戰國晚期		大型圓璧 1	頭端內外棺間
第三等級	楚	潛山公山崗 M25	戰國晚期		大型圓璧 1	頭端內外棺間
第三等級	薛	薛國故城 M5	戰國晚期		大型圓璧 10	頭端內外棺間 1

表 24　東周時期填土與棺蓋上出土玉璧典型單位

等　級	地域國別	墓　葬	時　代	性別	玉璧情況	出土位置
第一等級	晉	晉侯墓地 M93	兩周之際	男	大型圓璧 5 牙璧 1	填土若干
第一等級	郜	仙人臺 M6	春秋早期	男	大型圓璧 2	外棺蓋上 1
第一等級	曾	曾侯乙墓	戰國早期	男	大型、小型圓璧 90	內棺蓋 7，內外棺間 3，主室 60

表 25　東周時期槨室出土玉璧典型單位

等　　級	地域國別	墓　葬	時　　代	性別	玉璧情況	出土位置
第二等級	楚	天星觀 M1	戰國中期	男	玉璧 16	槨室側室 8 槨內 8
第二等級	魯	魯國故城 M52	戰國晚期	男	大型圓璧 31	西北槨室 1
第三等級	楚	長沙楚墓 M315	戰國中期		大型圓璧 1	頭端棺槨間
第二等級	楚	平糧臺 M16	戰國晚期	男	穀紋玉環 1 大型圓璧 3	頭端棺槨間 1

　　墓祭階段用璧：西周時期重廟祭不重墓祭的習俗在東周時期仍有延續，因此東周時期的墓祭用璧依然發現的比較少，一般見於墓葬周邊，主要見於戰國早中期熊家冢墓地和戰國晚期輝縣固圍村 M1 中。固圍村 M1 為戰國晚期的雙墓道大墓，墓室上部發現 2 處方坑，方坑打破墓室填土。其中坑一中出土玉璧 2 件，坑二出土玉冊、圭、珩、龍形佩等 200 餘件玉器。熊家冢墓地發現了 5 座祭祀坑，應為與墓葬相關的祭祀遺跡。祭祀坑有方形，也有刀把形，其中 1 座刀把形祭祀坑中出土了 1 件玉璧、2 件玉璜；2 座方形祭祀坑各出土玉璧 1 件，器形較大，平置於坑底。由此可見，東周時期確實存在墓葬祭祀的活動，祭祀對象或祭祀程序不同使用不同的玉器組合，玉璧在祭祀時具有專門的祭祀對象或功能。

　　東周時期喪葬用璧特點：

　　玉璧的放置側重於墓主人身周，以服飾用璧及斂屍用璧為主。服飾用璧中頭飾、耳飾及項飾用璧為腰飾用璧替代。喪葬用璧中玉璧用於覆面組件，或以璧覆面。新出現飾棺用璧，葬儀階段玉璧的使用減少，填土、棺槨間、槨室內等放置位置較少見。喪儀階段斂屍用璧的放置位置較西周時期更為多樣，由於時代、地區及等級的差異而有所不同。

　　喪葬用璧從春秋到戰國時期有不斷增加的趨勢，但是這種趨勢僅限於第一、二等級墓葬，等級差異更為明顯，第一、二等級玉璧的放置數量多，第三等級多為單件，第四等級偶有發現。西周時期只有第一等級才享有的玉殮葬，即在身體多個部位覆蓋或鋪墊玉璧的習俗在東周時期部分第二等級墓葬

中流行。

　　喪葬玉璧的使用較西周時期複雜，放置在相同位置的玉璧很可能有不同的功用。同樣是放置於胸腹部的玉璧，或為斂屍用璧也或為服飾用璧中的組玉佩組件；出土於頭端的玉璧，或為玉覆面組件，也或為斂屍用璧，也可能為葬儀階段所使用的導引靈魂的璧門。出土於內外棺間的玉璧可能為懸於內棺的飾棺用璧，也可能為葬儀階段放置的玉璧。

　　3. 墓葬出土玉璧的等級關聯

　　在西周墓葬等級差異的討論中將墓葬分為四個等級，本節在討論中仍沿用西周墓葬的等級分類方法，只是由於東周時期周王室衰微，因此將分類方式略作調整。第一等級為周王、列國諸侯及其配偶，第二等級為周王室、列國大夫、封君的近親成員及其配偶；第三等級為士及其配偶；第四等級為庶人及其以下階層。有些大夫級貴族的夫人墓表現為士一級墓葬特徵，本書將其歸入第三等級。

　　東周時期的玉璧主要見於第一、二、三等級貴族墓葬中，以第二、三等級的墓葬發現數量最多，庶人及一般平民墓葬中偶有發現。

　　第一等級為諸侯國國君及夫人墓，數量較少，主要有晉侯及夫人，虢國太子，衛、邿、養、黃國國君，吳王，曾、蔡侯墓等。

　　據已有資料看，第一等級隨葬玉璧的比例較高，即使經遭盜擾也多出土玉璧。春秋早期玉璧的出土數量相對較少，而且第一等級墓葬間還存在隨葬差異，大諸侯國如晉，玉璧的隨葬數量較多，相對較小的諸侯國如虢、邿、衛等隨葬數量較少。戰國時期玉璧的隨葬數量增加。以未經盜擾的曾國國君曾侯乙墓看，玉璧的隨葬數量有 90 件。另外戰國中期熊家冢墓地陪葬墓 PM1 中出土玉璧 12 件，戰國晚期齊國國君小型陪葬墓出土玉璧 10 件，也可從側面反映出戰國時期第一等級墓葬中隨葬玉璧的數量增加。

　　玉璧在春秋時期多見於胸腹部，戰國時期玉璧的出土位置較多，在棺槨蓋、內外棺間、身上及身周都有發現，玉璧的不僅數量增加了，而且放置位置也多了（表 26）。

表26　東周時期第一等級典型單位玉璧隨葬情況

等　　級	地域國別	墓　　葬	時　　代	墓主人	玉璧情況	出土位置
第一等級	晉	晉侯墓地 M93	兩周之際	晉侯	大型圓璧 5，牙璧 1	填土若干，胸腹部 6
第一等級	晉	山西曲沃晉侯墓地 M102	兩周之際	晉侯夫人	大型圓璧 2	胸腹部 2
第一等級	邿	山東長清仙人臺 M6	春秋早期	國君	大型圓璧 2	外棺蓋上 1，腹下 1
第一等級	莒	山東沂水劉家臺子	春秋早期	國君	牙璧 1，玉璧	胸部牙璧 1
第一等級	虢	河南三門峽虢國墓地 M1052	春秋早期	虢太子	大型圓璧 1	胸部 1
第一等級	衛	河南浚縣辛村 M1	春秋早期	國君	小型圓璧 1，牙璧 1	頭部 2
第一等級	黃	河南寶相寺黃黃君孟夫婦墓	春秋早期	國君及夫人	大型圓璧 1	夫人胸部 1
第一等級	吳	江蘇蘇州真山墓地 D9M1	春秋晚期	吳王壽夢	大型圓璧 2	面部 2
第一等級	養	河南桐柏月河一號墓	春秋晚期	國君受	玉璧 13	身體上下
第一等級	蔡	安徽壽縣蔡侯墓	春秋晚期	蔡昭侯	大型圓璧 2	胸部 2
第一等級	曾	隨州曾侯乙墓	戰國早期	曾侯	大型、小型圓璧 90	內棺蓋 7，內外棺間 3，主室 60，身周 20
第一等級	曾	湖北隨州擂鼓墩 M2	戰國中期偏早	曾侯夫人或末代曾侯	玉璧 12	胸腹部 12

　　第二等級為周、列國大夫的近親成員及其配偶墓葬。在成周、晉、魏、齊魯、楚等地有發現。

　　墓葬發現數量較多。春秋時期多集中於黃河流域諸諸侯國，戰國時期在

齊魯、魏、楚等國高等級墓葬中也都有發現，並也楚地所見最多。與第一等級相近，從春秋至戰國時期，玉璧的數量有增長的趨勢。第二等級玉璧的隨葬數量沒有第一等級多，以同處楚地，且屬於戰國早期的淅川徐家嶺大夫級墓葬 M11 與曾侯乙墓相比的話，雖然 M11 中出土玉璧 12 件，但與曾侯乙墓 90 件相比，除了國別的差異，兩者間的等級差異時造成玉璧數量懸殊的主要原因。第二等級墓葬間玉璧的隨葬情況也存在差異，晉卿大夫趙軮墓中出土玉璧超過 20 件，江陵天星觀 M1 為楚國封君邸陽君，墓葬中保留玉璧 16 件，臨淄商王墓地 M1、M2 為齊國卿大夫及其夫人墓，兩座墓葬的玉璧數量都超過 10 件。晉、齊第二等級墓葬數量少，楚封君墓中出土的玉璧數量明顯多於同時期其他楚墓中的隨葬數量。可見第二等級墓葬間玉璧的隨葬數量也存在等級差異。

　　玉璧的出土位置比較多樣，尤其是戰國時期，棺槨間、墓主人身周各頭部、胸腹部、腿部等位置都有發現。每座墓葬中玉璧多不止在一處位置放置，而擺放於多處，而且還存在排列放置、覆蓋放置等情況。

　　出土玉璧的墓葬以男性墓主人居多，從同時期同諸侯國的男女性玉璧隨葬情況看，性別差異不明顯。如江陵望山 M2 為女性墓葬，出土大型圓璧 7 件，與同等級同時期同處楚地的男性墓葬包山 M2 出土大型圓璧 6 件相比，並無明顯差異。再如臨淄商王墓地的 M1、M2，隨葬玉璧數量為 13、10 件，反而女性墓葬的隨葬數量略多（表 27）。

表 27　東周時期第二等級典型單位玉璧隨葬情況

等　　級	地域國別	墓　　葬	時　代	性別	玉璧情況	出土位置
第二等級	晉	山西侯馬上馬墓地 M5218	兩周之際	男	大型圓璧 1	胸部 1
第二等級	晉	山西侯馬上馬墓地 M1287	春秋早期晚段	男	大型圓璧 1	左胸部 1
第二等級	周	河南洛陽潤陽廣場 C1M9950	春秋早期	男	大型圓璧 2	胸腹部 2
第二等級	秦	陝西隴縣邊家莊 M5	春秋早期	男	大型圓璧 1	槨室北端（頭端）1

第二等級	晉	山西太原 金勝村趙卿墓	春秋晚期	男	大型圓璧 〉 20	面部 1，身周 20 餘 件
第二等級	應	河南平頂山 應國墓地 M301	春秋晚期		小型圓璧 4	頭頂 1，頭左側 3， 頸部 1
第二等級	應	河南平頂山 應國墓地 M10	春秋晚期		小型圓璧 1	頭頂
第二等級	邿	山東長清 仙人臺 M5	春秋晚期	女	大型圓璧 1	胸側 1
第二等級	秦	陝西寶雞 益門二號墓	春秋晚期	男	小型圓璧 10	棺內 10
第二等級	衛	河南輝縣 琉璃閣 M1	戰國早期	女	玉璧 11	頭部左上 2、右上 3， 胸腹部 4，左臂 2
第二等級	衛	河南輝縣 琉璃閣 M75	戰國早期	男	大型圓璧 3	胸腹部 3
第二等級	楚	河南淅川 徐家嶺 M11	戰國早期	女	大型圓璧 12	頭端棺槨間 1，頭部 1，頸部 2，胸部 4， 腿部 4
第二等級	楚	長沙楚墓 M89	戰國早期		大型圓璧 7	頭部 1，腹部 1，背 下 3
第二等級	楚	湖北江陵 望山 M2	戰國中期	女	大型圓璧 7	頭端內外棺間 1，頭 頂 1，頸 2，胸 1，足 端 2
第二等級	楚	湖北江陵 包山 M2	戰國中期	男	大型圓璧 6	頭端內棺外側 1，頭 部 1，胸腹部 2，足 端 2
第二等級	楚	湖北荊州 天星觀 M1	戰國中期	男	玉璧 16	槨室側室 8，槨內 8
第二等級	楚	湖北荊州 天星觀 M2	戰國中期	男	大型圓璧 1	頭端內外棺間 1
第二等級	楚	湖北黃岡 M5	戰國晚期	女	大型圓璧 1 圓圈紋	頭端內外棺間 1

第二等級	楚	湖北江陵 包山 M1	戰國晚期	女	大型圓璧 1	頭箱內璧 1
第二等級	楚	安徽長豐 楊公墓地 M2	戰國晚期	男	大型圓璧 36	身體上下 36
第二等級	楚	安徽長豐 楊公墓地 M8	戰國晚期		大型圓璧 3	頭側 2，胸部 1，左 右膝部各 1
第二等級	楚	湖南長沙楚墓 M406	戰國晚期		大型圓璧 7	頭端內外棺間 1，頭 頂 1，頭部左右兩側 各 1，左右肩下各 1， 左右膝下各 1
第二等級	楚	河南淮陽 平糧臺 M16	戰國晚期	男	穀紋玉環 1 大型圓璧 3	頭端棺槨間 1，頭下 1，足端 2
第二等級	魯	山東曲阜魯國 故城 M52	戰國晚期	男	大型璧環 31	西北槨室 1，頭部 2， 身下 8 件，身上 22
第二等級	魯	山東曲阜魯國 故城 M58	戰國晚期		大型圓璧 18	頭部 1，胸腹部至下 肢 17
第二等級	齊	山東臨淄 商王墓地 M1	戰國晚期	女	大型圓璧 13	面部 1，頭下 2，胸 腹部 10 件
第二等級	齊	山東臨淄 商王墓地 M2	戰國晚期	男	大型圓璧 10	面部 1，頸部 1，胸 腹部 3，腿下 2，臂 下 1，臂側 2
第二等級	魏	河南輝縣 趙固 M1	戰國晚期	男	大型圓璧 2 小型圓璧 1	頭下、右臂大型圓璧 各 1，腰部小型圓璧 1

　　第三等級為列國士級貴族及其夫人的墓葬。春秋時期玉璧隨葬主要見於
黃河流域的諸列國中，戰國時期以楚地多見。隨葬玉璧的墓葬數量較第二等
級少。玉璧主要為大型圓璧，秦地多見小型圓璧。黃河流域諸列國存在戰國
時期隨葬玉璧數量增加的趨勢。玉璧的隨葬數量和出土位置比較單一，主要
集中放置於胸腹部與頭端棺槨之間，以棺槨間為多。墓葬間的性別差異不明
顯（表 28）。

表28 東周時期第三等級典型單位玉璧隨葬情況

等　級	地域國別	墓　葬	時　代	性別	玉璧情況	出土位置
第三等級	虢	河南三門峽虢國墓地 M1704	春秋早期		大型圓璧 1	胸腹部 1
第三等級	秦	陝西鳳翔八旗屯 M27	春秋早期		圓璧 2 大型石璧 1	大腿外側 1
第三等級	楚	湖北鄖縣 M5	春秋晚期		大型圓璧 1	兩腿之間 1
第三等級	秦	陝西鳳翔八旗屯西溝道 M26	戰國早中之際	男	小型圓璧 2	頭端棺槨間
第三等級	周	河南洛陽中州中路 C1M8371	戰國中期		小型圓璧 1	頭部
第三等級	楚	湖北江陵望山 M3	戰國中期	男	大型圓璧 1	頭端內外棺間
第三等級	楚	湖北江陵九店 M295	戰國中期	女	大型圓璧 1	頭端內外棺間
第三等級	楚	湖北鄂城 M53	戰國中期		大型圓璧 1 圓圈紋	頭端內外棺間 1
第三等級	楚	湖北荊門左冢 M2	戰國中期		大型圓璧 1 穀紋	頭端內外棺間
第三等級	楚	長沙楚墓 M315	戰國中期		大型圓璧 1	頭端棺槨間 1
第三等級	周	河南洛陽道北鍛造廠 I M540	戰國晚期		大型圓璧 4	橫向放置於大腿左側 4
第三等級	周	河南洛陽西工區 M3943	戰國晚期	女	大型圓璧 4 小型圓璧 1	頭頂 1，胸腹部縱向放置 4
第三等級	韓	山西長治分水嶺 M109	戰國晚期		小型圓璧 2	頭端棺外 1，頭部 1
第三等級	薛	山東滕縣薛國故城 M5	戰國晚期		大型圓璧 10	內外棺間
第三等級	楚	長沙楚墓 M1195	戰國晚期		大型圓璧 1	頭端內棺外側 1，足端 1

第三等級	楚	湖北江陵 包山 M4	戰國晚期	男	大型圓璧 1 穀紋	頭端內外棺間
第三等級	楚	湖北江陵 包山 M5	戰國晚期	女	大型圓璧 1 穀紋	頭端內外棺間
第三等級	楚	安徽六安 M99	戰國晚期		大型圓璧 1	頭端內外棺槨間 1
第三等級	楚	安徽潛山 公山崗 M25	戰國晚期		大型圓璧 1 圓圈紋	頭端內外棺間 1

　　第四等級為庶人及以下階層。東周時期隨葬玉器的第四等級墓葬數量增加，而且晉、韓、趙、秦、楚、魯等國墓地中皆有發現，但是其中隨葬玉璧的情況比較少，春秋晚期至戰國中期多見於秦地，如任家咀秦墓中 3 座第四等級墓葬中隨葬玉璧，皆為小型圓璧，放置於墓主人胸部。其他列國如楚也有零星發現，皆為大型圓璧。

　　由於東周時期的高等級墓葬多有盜擾，尤其是第一等級的墓葬，無法還原原始的埋葬狀態，因此導致第一、二等級間的差異不明顯。而且加之東周時的期各諸侯國，尤其是實力、財力雄厚的諸侯大國多根據本國的等級制度進行埋葬，這樣也增加了諸侯國間同等級墓葬的差異。

　　大夫是爵位亦是官職，中有五大夫、上大夫、中大夫、下大夫之別，不同級別的大夫應該在隨葬時存在等級差異。因此第二等級間玉璧隨葬差異比較明顯，除了與諸侯國國力的差異相關外，應還與大夫本身的等級性相關。

第六節　東周玉璧的功能與用途

　　東周時期是中國歷史上的大變革時期，社會、政治、經濟、文化等各層面都發生了深刻的變化。鐵製工具的使用促進了生產技術的進步；兼併的發展壓力促成各諸侯國對各類人才的徵召與任用，與因軍功受封的官爵一道成為打破世襲貴族制度的新階層；文化藝術領域以儒、墨、道、法等為代表，呈現出百家爭鳴、百花齊放的盛況；為維護新的政治格局，對禮制空前重視，對禮的外在形式不斷規範，呈現出系統化、理念化的態勢。

　　在深刻變革的時期，玉璧的功能有對西周以來傳統玉禮的延續，如在祭祀、禮儀、佩飾方面的使用，也有新的拓展與深化，如盟誓用器、陳設用器、財富珍寶。

一、禮儀用器

東周時期玉璧在禮儀活動中的作用與功能更為豐富，玉璧作為朝聘、冊命賞賜中以示等級、身份瑞信的功能仍有沿用，由於各諸侯間、諸侯與卿大夫間的交往活動增加，為玉璧賦予了更多更寬的功能與意義。這一時期諸侯間的進獻、交往活動中多用到玉璧。

1. 彰顯身份、等級的瑞信

西周時期朝覲天子、諸侯間、卿大夫間、卿大夫與諸侯間相見持瑞玉為信的玉禮仍有沿用。《國語・吳語》曰：「越滅吳，上征上國，宋、鄭、魯、衛、陳、蔡執玉之君皆入朝。」玉璧為其中一類瑞信。成公二年，晉齊交戰，齊打敗。晉將韓厥在俘虜齊侯前「再拜稽首，奉觴加璧以進」〔註115〕。玉璧還作為信用憑證在貴族交往中使用。《荀子・大略》記載：「聘人以珪，問士以璧，召人以瑗，絕人以玦，反絕以環」。

《周禮・春官・大宗伯》云：「以玉作六瑞，以等邦國：王執鎮圭，公執桓圭，侯執信圭，伯執躬圭，子執穀璧，男執蒲璧。」雖《周禮》所記並不能完全與考古發現相合，但也能說明在瑞信使用中有嚴格的等級制度，玉圭與玉璧一道作為周時最重要的瑞信，亦為身份等級的重要象徵物。在上節討論中，墓葬中玉璧的出土數量在四個等級中存在相當大的差異，第一、二等級諸侯國君、大夫級貴族墓葬中存在玉殮葬的習俗，第三等級士級貴族墓葬中多只隨葬單件，第四等級中則僅偶有發現。從側面可反映出玉璧在東周時期仍承擔著等級象徵的功能與意義。

2. 享禮用器

東周時期諸侯在親自或派遣使臣朝見周天子或主國諸侯，朝覲後會再行「享禮」，享意為獻，即向周天子或主國諸侯獻財。《儀禮・聘禮》中記載：「……受享束帛加璧……」〔註116〕《儀禮・覲禮》「三享皆束帛加璧，庭實唯國所有」〔註117〕，皆是關於享禮的記載。享禮中諸侯或使臣須奉享玉向天子或主國諸侯進財，享玉為「庭實」（皮、馬、龜、金、丹、漆等）的先導〔註118〕。《管子・

〔註115〕 左丘明撰，杜預注，孔穎達正義，春秋左傳正義〔M〕，北京：北京大學出版社，1999。
〔註116〕 楊天宇撰，儀禮譯注〔M〕，上海：上海古籍出版社，2004：221。
〔註117〕 楊天宇撰，儀禮譯注〔M〕，上海：上海古籍出版社，2004：291。
〔註118〕 于成龍，戰國新蔡葛陵楚簡中的「享玉」制度〔J〕，中國歷史文物，2005（4）：40～42。

輕重》中有關於管仲說服周天子令諸侯朝拜時需以石璧為禮的記載〔註119〕，說明玉璧為當時非常重要的一類享禮用器。

　　3. 賞賜用器

　　春秋時期冊命賜物的制度仍然存在，但是周王勢弱，冊命賞賜的次數較西周時期有大幅地減少，反而諸侯賞賜臣屬的現象多起來。《左傳》就有記昭公三十二年魯君疾，賜子家雙琥、一環、一璧、輕服。玉璧亦為賞賜之器。

二、祭祀用器

　　「國之大事，在祀與戎」，祭祀是東周時期重要的國家活動，只是祭祀活動的主持人由周王變為諸侯國君，甚至封君、大夫。東周的祭祀對象延續西周傳統，主要有天神、地祇、人鬼。玉璧在各類祭祀活動中多有使用。

　　古代文獻中有較多的記載。《周禮》中有記「蒼璧禮天」「圭璧以祀日月星辰」，說明玉璧是祭天的重要祭器。《呂氏春秋・季冬紀》記載：「乃命四監收秩薪柴，以供寢廟及百祀之薪燎。」高誘注：「燎者，積聚柴薪，置璧與牲於上燎之，升其煙氣。」可見，當時祭天時多用燎祭，常用玉璧作為祭器。

　　《周禮・春官・大宗伯》曰：「以血祭祭社稷、五祀、五嶽，以貍沈祭山林川澤，以疈辜祭四方百物。」《山海經・北山經》記載：「其神皆蛇身人面。其祠：毛用一雄雞彘瘞；用一璧一珪，投而不糈。」，以瘞埋玉璧、玉圭來祀山神。相近的記述還見於《山海經・南山經》。《左傳・文公十二年》記：「秦伯以璧祈戰於河」，秦康公沉璧於河以求戰爭勝利。可見對山林的祭祀多以沉埋的方式進行，玉璧為沉埋的祭器之一。

　　東周時期玉璧還有一個重要的祭祀種類，就是鬼神。《墨子・尚同》云：「……其事鬼神也，……圭璧幣帛不敢不中度量……」。《管子・形勢》也云「犧牲圭璧，不足以享鬼神。」

　　春秋時期的洹子孟姜壺的銘文中記載了齊侯在躋儀中用用璧、玉備（佩）一司祭祀上天子，以璧、兩壺八鼎祭祀大無（巫）、司折、大司命，以璧二、備（佩）玉二司、鼓鍾一鎛（肆）祭祀先祖南宮子。可見在祭祀天神、先祖時

〔註119〕謝浩范，朱迎平譯注，管子全譯〔M〕，貴陽：貴州人民出版社，1996：999～1000。

玉璧是常用的祭器〔註120〕。

包山楚墓 M2 中出土的有「璧、琥，擇良月良日歸之，且未巫繡佩，速巫之」的記載，有學者將其釋為祭祀天神的佩飾。也就是說在楚地，璧、琥組合的佩飾還具有祭祀的功能與意義〔註121〕。在東周時期，確實在墓葬中有一類組玉佩是以璧、虎形佩組合的。江陵望山 M1 中出土的竹簡有「后土、司命各一少（小）環，大水佩玉一環」的記載〔註122〕。

考古發現的祭祀用璧的情況不多，而且也無法準確的判斷祭祀對象，但是與文獻有記也有所對應。雍城遺址在姚家崗宮殿遺址、馬家莊宗廟遺址等多處建築基址中發現了祭祀遺跡，玉璧、璜、玦、圭等同出，玉璧皆為小型圓璧，多素面，表面塗朱。其中有一處圭璧出土時成組擺放，可見這一時期玉璧作為祭器在祭祀活動的使用已經較為成熟。晉都新田附近也發現了幾處祭祀遺址，侯馬機運站祭祀遺址，距侯馬盟書遺址約 800 米，遺址清理祭祀坑 116 座，其中有 2 座牛坑中各出土玉璧 1 件，另還有 6 座祭祀坑中只出土玉璧，應為用璧祭祀的祭祀坑，每座坑中出土玉璧 1 件。西高村祭祀遺址祭祀坑中出土玉璧 12 件，每座坑 1 件，或放置於壁龕內，或平置於坑底。

三、盟誓用器

東周時期，諸侯國、國君與卿大夫、卿大夫之間多以盟誓形式約束各自的行為，盟誓活動比較多見。《禮記·曲禮》云：「約信曰誓，涖牲曰盟」。《周禮·夏官·戎右》記：「盟，則以玉敦辟盟，遂役之。」《周禮·秋官·司盟》記：「盟者，書其辭於策，殺牲取血，加書於上面埋之，謂之載書。」可見在盟誓活動中多用玉器。

考古發現於文獻記載大致相符。侯馬盟誓遺址發掘了東周時期的盟誓坑 326 座，其中 200 餘座中出土動物骨骼。出土玉石盟書 5000 餘件，多為圭形，以朱砂書寫盟辭。玉璧就作為盟誓中的祭器放置於祭祀坑的小龕內。

另外，東周時期還有投璧於河以盟誓的情況。《左傳》中記，晉公子重耳返國，在黃河邊對舅舅子犯盟誓：「所不欲舅氏同心這，有如白水」遂投璧於河。

〔註120〕 張振謙，洹子孟姜壺初考〔J〕，貴州師範大學學報（社會科學版），2017（1）：
126～135，徐義華，洹子孟姜壺新釋〔J〕，南方文物，2018（4）：142～146。
〔註121〕 陳偉，包山楚簡初探〔M〕，武漢：武漢大學出版社，1996：176。
〔註122〕 湖北省文物考古研究所，江陵望山沙冢楚墓〔M〕，北京：文物出版社，1996：
附錄二（望山 1、2 號墓竹簡釋文與考釋）。

四、賓贈用器

東周時期玉璧作為禮物在各諸侯王、貴族間頻繁使用。與西周時期的賓贈相類。《左傳》記載僖公二年，晉獻公為以「屈產之乘，與垂棘之璧」為禮贈於虞國，假道伐虢。《戰國策》中有記：「張儀為秦破縱聯橫，說楚王，……楚王乃遣車百乘，獻雞駭之犀，夜光之璧於秦王。」〔註123〕玉璧在諸侯國、貴族間的交往活動中是賓贈的重要器類。

五、喪葬用器

東周時期受魂魄觀念的影響，事死如事生，厚葬成風較西周時期更甚。《墨子·節葬下》就提到諸侯國君去世後「虛府庫，然後金玉珠璣比乎身」《呂氏春秋·節喪》也云：「國彌大，家彌富，葬彌厚，含珠鱗施」。

喪葬用玉製度在這一階段逐漸成形。《周禮·春官·典瑞》記載：「璧羨，以起度，駔圭璋、璧琮、琥璜之渠眉。疏璧琮，以斂屍。」〔註124〕鄭玄注：「以組穿聯六玉溝瑑之中以喪葬。圭在左，璋在首，琥在右，璜在足，璧在背，琮在腹，蓋取象方明，神之也。疏璧琮者，通於天地。」賈公彥疏；「《宗伯》璧禮天，琮禮地，今此璧在背在下，琮在腹在上，不類者，以背為陽，腹為陰，隨葬腹背而置之，故上琮下璧也。云「疏璧琮者通於天地」者，天地為陰陽之主，人之腹背象之，故云疏之通天地也。」

雖然《周禮》對喪葬用玉的記載多過於理想化，但是是喪葬用玉系統化的梳理與引導，東周時期的喪葬用玉應較西周時期更為系統、完備。在喪葬用玉中，玉璧是其中的重要種類，多用於斂屍。

玉璧在喪葬中還用於飾棺。《莊子·列禦寇》記載莊子將死，吩咐弟子不予厚葬，而願「以天地為棺槨，日月為連璧，星辰為珠璣」。可見當時棺槨上多以玉璧為飾，連璧飾棺。

在考古發現中，東周墓葬中隨葬玉璧的情況比較多，而且在高等級的墓葬中玉璧的數量有十數件，甚至近百件，前節已有梳理。玉璧鋪墊、覆蓋、放置於墓主人身體。棺槨之間或內外棺間多放置玉璧，有些殘留有以絲綬懸繫於棺外的痕跡，這些發現與文獻所記可部分相合。可見玉璧在東周時期是非常重要的喪葬用器。

〔註123〕劉向，戰國策〔M〕，上海：上海古籍出版社，1983：510。
〔註124〕楊天宇，周禮譯注〔M〕，上海：上海古籍出版社，2004：309～311。

六、財富貨幣

東周時期以各諸侯國國都為中心，形成了發達的商業、貿易圈。商人以玉為寶的觀念在東周時期隨著城市經濟的繁榮，得到進一步深華。《戰國策》提及了當時的四寶，分別為周之砥厄，宋之結綠，梁之懸黎，楚之和璞，皆為美玉。《管子・地數篇》就記載：「珠玉為上幣，黃金為中幣，刀布為下幣」。玉在當時是十分珍貴的珍寶，不僅是財富的象徵，而且還具有非常高的經濟價值，可以作為貨幣使用。

當此之時晉之垂棘之璧，楚之和氏之璧皆被認為是天下名器，而秦王則欲以十五城易和氏之璧。管仲曾如此形容白璧的價值，「懷而不見於抱，挾而不見於掖，而辟千金者，白璧也」。同時他也曾用「石璧之謀」，使得天下財物流而之齊，因珠玉之贏百倍。「（璧）長尺者萬泉，八寸者八千，七寸者七千，珪中四千，瑗中五百」〔註125〕，周代尺有大小尺之分，且各國所用有所也略有差異，一般一尺長23.1釐米〔註126〕。直徑20餘釐米的玉璧的價格可達萬錢。

七、佩飾

西周時期的服飾用玉，尤其是組玉佩，繁縟冗長，並不適合平日佩戴，而是用於一些特殊的場合和儀式中。至東周時期，士以上的貴族佩玉成為日常。這一時期，君子觀念流行。儒家思想體系將「君子」內涵由君之子的階層概念轉換為道德規範，人生品行的標準，所有有才有德之人的代名詞。不論出身高低貴賤，有才德便可成為君子，無才能即使身為貴族也不能成為君子〔註127〕。《禮記・玉藻》云：「古之君子必佩玉」「君子無故玉不去身」。《禮記・聘義》中就記載了孔子一段對玉的看法：「夫昔者君子比德與玉焉：溫潤而澤，仁也；縝密以栗，知也；廉而不劌，義也；垂之如隊，禮也；叩之，其聲清越以長，其終詘然，樂也；瑜不掩瑕，忠也；孚尹旁達，信也；氣如白虹，天也；精神見於山川，地也；圭璋特達，德也；天下莫不貴者，道也。詩云：『言念君子，溫其如玉。』故君子貴之也。」應該可以解釋當時的貴族為何喜愛佩玉。

〔註125〕謝浩范，朱迎平，管子全譯〔M〕，貴陽：貴州人民出版社，1996：999～1000。
〔註126〕吳慧，春秋戰國時期的度量衡〔J〕，中國經濟史研究，1991（4）：128～130。
〔註127〕吳正南，「君子」考源〔J〕，武漢教育學院學報，1998（5）：29～37，池水湧，趙宗來，孔子之前的「君子」內涵〔J〕，延邊大學學報（社會科學版），1999（1）：125～129。

《禮記‧玉藻》曰：「凡帶必有佩玉，唯喪否。」鄭玄《注》云：「凡，謂天子以至士。」〔註128〕可見東周時期士及士以上貴族佩玉的情況非常普遍。詩經中有記「知子之來至，雜佩以贈之」。《毛傳》：「雜佩者，珩、璜、琚、瑀、衝牙之類。」〔註129〕所記與考古發現中組玉佩的主要組件基本相符。

在東周時期的高等級墓葬中多在胸腹部、腰部出土組玉佩，在第一、二等級的墓葬中多隨葬數組組玉佩。玉璧是組玉佩的重要組件。

八、陳設用器

東周時期文化思想空前活躍，玉璧在作為禮器之外，藝術性、觀賞性的功能加強，貴族對藝術的欣賞與追求，通過玉器精美的紋飾及精湛的製作工藝得以體現。有些玉璧如中山王墓所見龍鳳紋出廓璧、透雕蟠螭紋出廓璧；熊家冢墓地勾連雲紋玉璧等器形較大，直徑多大於 10 釐米，紋飾華美，製作精細，雖出自墓葬，但很可能為日常的懸繫陳設之器。

第七節　東周玉璧的分期與分區

一、東周玉璧的分期

東周時期玉璧的發展大致可分為春秋早期、春秋中晚期、戰國早中期、戰國晚期 4 個階段。

1. 春秋早期

玉璧在春秋早期主要見於黃河流域晉、芮、邾、莒，成周及其附近應、虢、衛、黃等諸侯國墓葬中，其中有的沿用該國西周時期的貴族墓地。

玉璧所體現出的特徵與西周晚期基本相近。玉璧仍以大小型圓璧為主，還發現有幾件牙璧，為商代遺物；多素面，紋飾玉璧較少見，尤其是琢刻紋樣的大型圓璧更為少見；玉璧在高等級貴族墓葬中流行，但是隨葬數量較少，多為單件或數件；小型圓璧多用於玉覆面組件，大型圓璧多為斂屍用璧、服飾用璧。西周時流行的髮飾、耳飾、項飾用璧仍存在，但已很少見，出現璧、璜組合的新型組玉佩；斂屍用璧的出土位置仍多位於胸腹部。這一時期的玉璧主要出自

〔註128〕阮元，禮記正義：玉藻〔A〕，十三經注疏〔C〕，北京：中華書局，2009：285。
〔註129〕阮元，毛詩正義：女曰雞鳴〔A〕，十三經注疏〔C〕，北京：中華書局，2009：340。

男性墓葬中，但是從為數不多的女性墓葬看，兩者在玉璧隨葬及使用中的性別差異不明顯。

2. 春秋中晚期

春秋中晚期的玉璧發現較少，主要見於晉、應、秦、吳越及其周邊小國的墓葬中，在祭祀遺址中也有部分發現。這一時期玉璧的出土地點不僅限於晉、成周、魯地的各諸侯國，在秦、吳楚之地也發現了出土了一定數量的玉璧。以大型圓璧為主，在秦、成周及應國、吳越也出土一批小型圓璧，出現出廓璧。玉璧璧面多琢刻紋飾，素面璧數量減少。西周時期的團龍、團鳳紋被蟠虺龍紋替代，紋飾繁縟、將璧面布滿、密不透風。璧面的紋樣較春秋早期豐富，除了蟠虺龍紋繼續流行外，幾何紋飾如雲紋、穀紋、雲雷紋等出現。紋飾玉璧的製作中內外緣多以陰線刻弦紋為框，其內再琢刻紋樣，紋樣的製作以去地淺浮雕最為常見與流行，蟠虺龍紋、雲紋、穀紋多以淺浮雕工藝進行琢刻。玉璧在這一時期墓葬中的隨葬數量增加，放置位置也較春秋早期多樣，頭部、胸腹部、身周、身體上下都有發現，新出現下肢、腰部等放置位置。組玉佩的組合形式開始多樣，春秋早期的玉璧、璜的組合仍有使用，新出現了玉璧、觿之組合，輔以虎形佩、玦等，玉珩、璧、觿之組合，輔以玦、璜等，這兩類組玉佩形式比較多見，放置位置有胸腹部也有腰部。玉璧的等級差異增大，第一等級中玉璧隨葬數量超過 20 件，而第四等級墓葬中僅偶有發現，而且一般僅出土單件。玉璧在祭祀時多有使用，而且具有相對固定的祭祀對象和程序。這一時期開始逐漸形成春秋玉璧的製作與使用方式，並衍生出地域特點。成周及其周邊地區玉璧的使用仍延續春秋早期的特點，秦地、吳越、楚地的玉璧製作與使用也發展出自身的特點，地區差異明顯。

3. 戰國早中期

這一時期玉璧的發現更為普遍，出土數量較多。主要見於成周附近周、衛及楚地，秦也有少量發現。多出自墓葬中，也有些見於祭祀遺址，多放置於祭祀坑底或小龕中，一般單坑單件。這一時期各諸侯國從春秋中晚期逐漸形成的地域差異逐漸消弭，玉璧特徵開始趨同。玉璧以大型圓璧為主，仍有部分小型圓璧，出廓璧的數量也逐漸增加，新出現雙聯璧。紋飾玉璧占到多數，璧面一般都琢刻紋飾。蟠虺龍紋簡化，逐步為雲紋、穀紋所替代。紋飾玉璧器形規整，構圖逐漸疏朗，線條乾淨利落，應該與這一階段鐵質工具的使用有很大關係。這一階段的組玉佩仍以璧環和玉珩、璧環為基礎組件，但多配以龍形玉佩組合

使用。玉璧中各等級間的隨葬差異明顯，第一等級中玉璧的隨葬數量近百件，第二等級中隨葬玉璧數量由數件至十數件不等，第三等級多只有 1 件。各諸侯國第一、二等級墓葬中玉璧的放置位置開始趨同，多在墓主人頭部、胸腹部、身下等多處放置，有玉殮葬的趨勢，列放玉璧除了胸腹部也多放置於腿部和足端。單件玉璧的放置位置黃河流域各諸侯國多出自頭部、胸腹部，而長江流域的楚地則多放置於頭端棺槨或內外棺之間。

4. 戰國晚期

戰國晚期玉璧是東周時期發現玉璧數量最多的階段。主要見於周、魏、韓、魯、齊、楚等諸侯國墓葬中。這一階段玉璧不僅數量增加，而且玉璧無論器形、紋樣、製作工藝還是使用、功能與用途都呈現出趨同的態勢。玉璧以大型圓璧為絕大多數，還有少量出廓璧，雲南等地區還發現有部分有領璧。流行紋飾璧，多以陰線刻及去地淺浮雕琢刻雲紋、穀紋，新出現多重紋樣環帶玉璧，以雙身夔龍紋最為多見。出廓璧的出廓位置多不限於璧面兩側，在中孔、璧面四周都有出現出廓的形式。玉璧的製作工藝精湛嫻熟，外輪正圓，邊輪齊整鋒利，紋樣對稱、規整，線條流暢，淺浮雕地面平整，拋光細緻使得玉璧多帶鏡面光。玉璧在墓葬中的隨葬數量繼續增加，等級差異加劇，這一階段缺乏第一等級的墓葬資料，第二等級中玉璧的隨葬數量多在 10 件以上，第三等級多為單件，第四等級很少見，只有 1 件。等級內的隨葬差異也開始明顯，以第二等級為例，在同一區域，有些墓葬中僅發現單件，而有些墓葬的玉璧出土數量超過 30 件。喪儀階段玉璧主要集中於墓主人身上或身周，葬儀階段的玉璧主要見於頭端棺槨間或內外棺間，放置位置更為集中，是喪葬用玉製度不斷完善的結果。

二、東周玉璧的分區

東周時期周王室勢弱，各諸侯國的勢力在不斷戰爭中得到擴大與加強，以地域為限，以大諸侯國為中心，周邊歸附諸多小國，逐漸形成多個政治、經濟和文化圈。

1. 以周、三晉為中心的中原之地

主要包括以周王室所在成周及其附近的衛、應、虢國等，晉、韓、趙、魏所在的三晉之地，其中也包括了活動於黃河西岸地區的芮。這一區域在東周時期位於政治中心地帶，從春秋早期就出土玉璧，應、衛、虢、晉國墓地多沿用西周墓地，玉璧也多承繼西周玉璧的製作與使用特徵。

玉璧的種類以大小型圓璧為主，小型圓璧的比例較高，還有部分出廓璧。春秋早期玉璧以仍多為素面，紋飾玉璧在春秋時期以蟠虺龍紋最為多見，戰國時期以雲紋、穀紋為多見。製作工藝以陰線刻、去地淺浮雕最常見，出廓玉璧中也常使用鏤空透雕技法。玉璧多見於墓葬中，隨葬數量較少，多為 1 件或數件。以小型圓璧為組件的玉覆面在成周及其附近地區比較流行，玉璧一般出自頭頂或額部。玉覆面的使用人群從第一至第三等級兼有，在第二等級中更多見，覆面的組件數量存在一些等級關聯。斂屍用璧一般放置於墓主人胸腹部，有些與大玉戈同出，仍延續西周時期的殮葬組合。葬儀用璧數量不多，一般放置於棺槨蓋上。服飾用璧中以組玉佩最為流行，尤以三晉地區的組玉佩發現數量最多。春秋晚期玉璧、璜，玉璧、觹，玉珩、璧、觹三種組合的玉組佩皆有發現，並最早出現玉珩、璧環、龍形佩組合。

2. 以秦為中心的關中之地

主要包括以秦國為中心的關中地區。關中地區的玉璧見於墓葬和祭祀遺址中，祭祀遺址多位於秦都雍城宮殿、宗廟建築遺址中。

祭祀用璧比較突出。大量製作較粗糙的素面玉石小型圓璧與璜、圭、玦、琮等其他玉器同出，表面多有朱砂痕跡。雍城西郊河北屯祭祀遺址中玉璧玉圭成組出現，擺放有序，可見在秦地祭祀用璧的使用已具有一定的規矩或制度。

墓葬中發現的數量較少，以小型圓璧比較多見，出廓璧、雙聯璧、牙璧、有領璧等皆不見於秦地。玉璧製作較為粗糙，大型圓璧多素面，有些璧面留有切痕，疑為早期遺物。小型圓璧外輪多不周正，中孔較小，桯鑽或小管鑽，有些璧面琢刻雲紋或龍紋。雖然秦式玉器中鏤空技法使用較多，但沒有運用在玉璧的製作中。

玉璧在墓葬中也比較單一，多放置於墓主人胸腹部，也有的放置於棺槨間、腿側。尚未發現東方六國第一、二等級墓葬中所見到的以璧斂屍的現象。玉覆面在這一區域也未發現。春秋時期流行瑪瑙、綠松石管珠等組合的串飾，多出自墓主人胸腹部，應是西周項飾使用習俗的延續，而不見春秋時期的組玉佩組合。益門二號墓中出土數量不等的小型玉璧、璜、觹及虎形佩，雖然這些器物多為組玉佩組件，但是在墓葬中每一類都集中單獨放置，而不是組玉佩的擺放組合。戰國早期墓葬中開始出現璧、珩（璜）、龍形佩，應是組玉佩使用的證據。

玉璧在第一至第四等級的墓葬中皆有出土，多數墓葬中多為單墓單件，玉

璧的等級性並沒有中原地區嚴格，不過也有差異。第二等級益門二號墓中出土玉璧10件，遠多於第三、四等級。這一現象可能與秦自商鞅變法以來，崇軍功，打破原有社會階層有關。

關中地區的玉璧發展與東周時期的玉璧分期相應。春秋早期的墓葬中就隨葬玉璧，數量較少，且多為素面，未脫出西周時期的特徵春秋中晚期玉璧因秦式玉器風格的成熟而獨具特色，璧面琢刻方折雲紋構圖的蟠虺龍紋，雲紋多為單陰線，製作比較潦草，陰線條多不平直，且多有斷續。當然其中也不乏精品，河南屯遺址出土的兩件龍紋玉璧就是秦式玉璧的精品。戰國時期秦式風格衰落，受到中原、楚、齊魯等地玉器製作的影響，風格趨同，流行穀紋、雲紋璧。

以秦為中心的關中地區玉器多受中原、吳楚地區玉器的影響，春秋時期在秦式玉器流行的同時，也出土了一批玉璧，璧面淺浮雕蟠虺龍紋。進入戰國時期，秦式風格衰落，玉璧受到東方六國的影響更大。

3. 以齊、魯為中心的海岱之地

主要包括以魯國、齊國為中心的海岱地區。玉璧主要見於齊魯及其周邊小諸侯國墓葬中。

海岱地區的玉璧多以大型圓璧為主，而且器形較大，有些直徑超過30釐米。器形規整，厚薄均勻，外輪正圓，璧面多琢刻紋樣，還發現有出廓璧，牙璧也有發現但為早期遺物。

玉璧在春秋早期出自邾、莒國墓葬中，這兩處墓地同時也是兩國的西周墓地。玉璧的數量較少，每座墓葬出土 1 件或數件，為大型圓璧，形製不太規整，素面無文。玉璧的形製及擺放位置與西周相近，放置於墓主人胸部或腹下，有的放置於外棺蓋板，且與大玉圭同出，是西周風格的延續。從已有的資料看，春秋晚期玉璧的隨葬數量較春秋早期有所增加，春秋晚期的郎家莊一號墓雖遭盜擾，但是其陪葬墓的槨蓋、棺蓋及棺槨之間多放置大量的滑石環。

戰國時期玉璧主要見於曲阜魯國故城及齊都臨淄的墓地中。玉璧的隨葬數量陡增，如戰國早期魯國故城 M51 雖然經盜擾，墓葬中仍出土了玉石璧環31 件，放置位置不明，其中的 30 件石環是否也同郎家莊一號墓的陪葬墓一樣是放置於棺槨外或棺槨間的。戰國晚期墓葬出土玉璧器形較大，而且數量較多，璧面多琢刻穀紋或環帶紋樣。製作工藝多用陰線刻，該地區在戰國晚期出土了鏤空透雕玉璧與出廓璧，鏤空技法精湛嫻熟。覆蓋墓主人身體，從

頭部至足部皆有放置，有些還放置於身下，有以玉璧斂屍的現象。沒有發現玉覆面的痕跡，但是頭部或面部多覆蓋大型圓璧，似有覆面的功用。以玉璧為組件的組玉佩在齊魯之地也有發現，數量不多，春秋早期見於薛國故城，是玉璧、玉璜（珩）組合，出自胸腹部。戰國晚期為玉璧、龍形佩和玉珩、玉璧、龍形佩組合。組玉佩還發現於棺槨之間，應與一定的葬儀相關，非服飾用玉的範疇。

玉璧只見於第一、二等級墓葬中，較其餘地區的使用等級更為嚴格。

4. 以吳、越為中心的吳越之地

主要包括以吳、越、徐等諸侯國的長江下游地區。多見於春秋晚期至戰國早期吳國、越國高等級墓葬及窖藏中。

璧除了玉璧外還發現有玻璃璧、瓷璧等。主要以大小型圓璧為主，小型圓璧最常見，也有部分出廓璧，數量不多。玉璧的器形較小，多不超過 10 釐米。嚴山吳國窖藏中曾出土了 6 件大型圓璧，器形較大，皆素面，與良渚文化玉璧特徵相近，為早期遺物。大小型圓璧璧面多琢刻紋樣，紋樣較豐富，有蟠虺龍紋、雲紋、穀紋、鱗紋等，其中以鱗紋最具特色。這類紋飾在邳州九女墩徐國墓地中有發現，在臨淄郎家莊春秋墓陪葬葬中也有發現，在戰國早期安吉龍山 M1 的原始瓷璧上也出現過，應為春秋晚期至戰國早期魯南蘇北地區流行的一類玉璧。扉棱璧也是其中有特色的一類小型圓璧，因多見於越地，而被稱為「越式環」。春秋時期的玉璜、管、牌等幾何形器物，多在外緣出寬棱，以突出刻畫龍首紋，這樣的紋飾設計構圖特點可能被運用於玉璧的製作中。

因多有盜擾，玉璧的原始擺放位置多不明確。從已有的資料看主要有服飾用璧和喪葬用璧兩類，服飾用璧主要為組玉佩，組玉佩的組合形式多樣，有玉璧環組合，也有玉璧與珩、觽、虎形佩、龍形佩的組合，也有玉環與龍形佩的組合，既有黃河流域各諸侯國的特色組件龍形佩，也有楚國春秋晚期特色組玉佩組件虎形佩，體現這兩個地區對吳越的影響。喪葬用璧則見於吳國真山墓中曾出土的一套由 2 件大型圓璧為組件的玉覆面，僅此 1 例。玉璧很少發現出土於胸腹部，是與其他地區在使用上最為不同的特點。玉璧多見於第一、二等級墓葬中。

5. 以楚為中心的荊楚之地

主要包括楚及周邊的黃、養、蔡、曾等小諸侯國。主要見於春秋晚期至戰國時期，尤其是戰國時期的高等級墓葬中。

　　玉璧以大型圓璧為主，還有出廓璧、雙聯璧等種類。玉璧器形規整，外輪正圓，中孔較大，這一區域的玉璧在璧面多在中孔半徑左右。素面玉璧較少，璧面多琢刻紋飾。玉璧內外緣多以弦紋或凸棱為界，其內去地或陰線琢刻紋樣。去地淺浮雕技法較為常見，紋樣多突出器表，立體感強。輔以陰線刻，出廓玉璧中也多用鏤空技法。紋飾較為多樣，有蟠虺龍紋、穀紋、雲紋、圓圈紋等，以蟠虺龍紋和穀紋最為多見。璧面在戰國早期出現分區，一般以絢索紋（絞絲紋）或三角紋環帶狀紋樣進行分期，其內琢刻主體紋樣。

　　除了玉璧外，玻璃璧在楚地也十分流行。據不完全統計，湖南戰國墓葬中出土的玻璃璧數量在 200 件以上，而且在長沙、株洲、耒陽、永州、瀏陽等地皆有出土，幾乎遍布湖南全境。玻璃璧的造型、紋樣與玉璧相近，主要有雲紋和穀紋璧兩類，穀紋璧更為常見。玻璃璧多見於第三等級墓葬中，多出自墓主人頭端，第一、二等級墓葬中僅隨葬玉璧〔註130〕。可見，玻璃璧在此是作為玉璧的替代品使用，不僅造型、紋樣，而且功能與玉璧近同。

　　玉璧主要有喪葬用璧和服飾用璧兩類，喪葬用璧中不見以璧為組件的玉覆面，多為斂屍用璧及葬儀用璧。服飾用璧中主要為腰飾用璧，也即組玉佩。楚地在春秋晚期就出現了玉璧、虎形佩及玉璧、虎形佩、觿為組合的組玉佩，其中虎形佩的使用是當地特色。進入戰國時期，受到中原地區的影響，玉珩、璧環、龍形佩組合的組玉佩流行起來。

　　戰國早期玉璧的放置位於與中原地區相近，主要放置於胸腹部，應是受其影響。戰國中期開始在此基礎上逐漸形成一些地方特色，玉璧的放置位置從胸腹部開始往下移動，開始放置於腿部，甚至足部。還有幾處典型的放置位置，如頭端內外棺之間或棺槨之間，頭頂部、足端等。放置於頭頂部的玉璧與內外棺間的玉璧相對應，是楚地靈魂觀念的體現。另外楚地還是最早流行飾棺用璧的地區，以絲帛組帶將玉璧懸繫於頭端內棺外側，以為引導靈魂的璧門。這種習俗後為漢所繼承與昇華。

　　由於第一等級的墓葬資料較少，玉璧主要見於第二、三等級墓葬中，等級差異明顯，第二等級墓葬中玉璧的隨葬數量多有數件至 10 數件，有些甚至超過 30 件，在身周及棺槨間數個位置都有出土，有些覆蓋身體並墊於身下，以璧殮葬。第二等級墓葬間還存在隨葬差異。但是第三等級墓葬中一般單墓單件。一般見於頭端內外棺間。

─────────────

〔註130〕喻燕姣，湖湘地區出土玉器研究〔M〕，長沙：嶽麓書社，2013：307～318。

6. 以滇為中心的雲貴地區

雲貴地區在東周時期不屬於周文化體系，因此云貴地區玉璧仍延續西周及以前的文化面貌，製作與使用有領璧。春秋時期在曲靖地區的墓葬中就發現有有領璧、有領牙璧，戰國時期的滇國墓葬中也多有發現。有領璧的器形與製作與商代所見相近，玉璧的中孔較大，領較寬呈寬唇，璧面有寬有窄，皆素面。有領牙璧的齒牙為寬棱狀，不見於中原及四川等地區，應為當地製作傳統。雲貴地區是自新石器時代有領璧出現以來，東周時期仍保留使用有領璧的區域。

第六章　漢代玉璧研究

第一節　漢代的文化框架與背景

本章所涉及的內容包括兩漢時期京畿地區、各諸侯國及同時期的其他考古學文化遺存。公元前 202 年劉邦建立漢王朝，至公元 220 年曹丕代漢稱帝為止，漢代經歷了 426 年。400 餘年間，以王莽所建政權新為界，漢可分為西漢和東漢時期。西漢時期，也稱為前漢，都城長安，自公元前 202 年至公元 8 年王莽建立新朝止，共歷 15 帝 210 年。東漢時期，也稱為後漢，都城洛陽，自公元 25 年光武帝劉秀復立漢起至公元 220 年獻帝廢黜止，歷 14 帝 195 年。

西漢時期一般可分為早、中、晚三個階段，西漢早期為高祖至景帝時期，絕對年代在公元前 202 年至公元前 118 年；西漢中期為武帝、昭帝、宣帝時期，絕對年代在公元前 117 年至公元前 49 年；西漢晚期為元帝、成帝、哀帝、平帝時期，絕對年代在公元前 48 年至公元 8 年。東漢時期一般分為早晚兩個階段。東漢早期為光武帝至和帝時期，絕對年代在公元 25 年至公元 105 年；東漢晚期為安帝至獻帝時期，絕對年代在公元 106 年至公元 220 年。

西漢實行分封制與郡縣制並立的管理制度，建立之初，漢設立但是在楚漢相爭期間及西漢建立之初，漢高祖劉邦為鞏固政權，管理戰國時期六國之地，先後分封了 8 位異姓諸侯王，分別為趙王張耳、長沙王吳芮、淮南王英布、燕王臧荼、韓王信、齊王韓信（後改封為楚王）、梁王彭越、燕王盧綰。隨後劉

邦逐個將其剷除,並在 8 王封地上重新分封同姓子弟為王,主要有燕、代、齊、趙、梁、楚、吳、淮南、長沙等國。漢王室主要管轄黃河流域及長江以北的關中、陝南、豫西北部、晉南及河套部分地區。西漢早期雖然實行了郡縣制,但是諸侯國佔據了漢的一半疆域,並直屬中央政府管轄,使得各諸侯國各自為政,勢力不斷強大,諸侯國擁有駐軍、徵稅、鹽鐵及鑄幣權力,形同獨立王國。這種情況至漢武帝實行推恩令後方才改觀。因此西漢時期,諸侯國的影響力不容小覷。

東漢政權建立之初,統治者加強中央集權,恢復和發展經濟,歷經「光武中興」「明章之治」「永元之隆」,天下安平,百姓殷富,東漢政權達到鼎盛時期。其後由於外戚與宦官輪流專權,東漢政權江河日下,漢獻帝時期權臣當朝,挾天子以令諸侯,最終代漢而立。東漢時期對地方的管理仍沿用西漢的郡國並行制。

兩漢時期實行郡國並行制,郡國所轄區域多有變動,因此對漢代玉璧的分析與研究以地理區劃為單元,輔以諸侯國、郡縣資料進行,以求能在相對固定的地理單元,更明晰地梳理與分析研究。

第二節　漢代玉璧的發現與研究

漢代玉璧是玉璧製作與使用的鼎盛時期,在這一階段,玉璧的數量達到了前所未有的數量,無論是玉璧的玉料的甄選、紋樣的設計、構圖、製作工藝的精湛流暢,還是玉璧的廣泛使用,都是之前階段所不能比擬的。玉璧在漢代各地區皆有發現,但是很明顯,西漢的玉璧數量和出土地點遠多於東漢時期。

一、陝西地區（關中地區）

1. 遺址出土玉璧多出自帝陵各祭祀遺跡或其他地區的祭祀遺址。

帝陵遺址:景帝陽陵帝陵叢葬坑 K18、K19 中出土了數量較多的漢白玉璧,器形較小〔註1〕。陽陵東南部 2 號建築遺址,即羅經石遺址東南側的祭祀坑中也曾發現數量較多的漢白玉璧,與圭同出,器形較小〔註2〕。茂陵李

〔註1〕漢陽陵博物苑,漢陽陵博物苑〔M〕,北京:文物出版社,2006:55,62,63。
〔註2〕漢陽陵考古陳列館,漢陽陵考古陳列館〔M〕,北京:文物出版社,2004。

夫人墓旁在平整土地時出土了一批漢白玉圭、璧，其中玉璧 90 件〔註 3〕。茂陵遺址附近在平整土地時出土 1 件大型四神玉鋪首，鋪首之下發現琉璃璧 1 件〔註 4〕。另外在陵冢東南部的白鶴館遺址附近也曾出土過數量較多的玉圭、玉璧〔註 5〕。平陵帝陵與後陵間的道路兩側分別發現了排列成組的玉圭、璧，每組間間距約 2 米，中間放置玉璧 1 枚，周圍環繞 7、8 件玉圭，圭尖朝向玉璧〔註 6〕。杜陵王皇后陵寢殿遺址（6 號遺址）中出土玉圭、璧各 1 件〔註 7〕。

　　祭祀遺址：華陰縣黃埔峪村位於華山腳下，曾出土玉璧 7 件。出土地點可能為西漢集靈宮，為武帝時期祭祀華山的遺址〔註 8〕。西安北郊盧家口〔註 9〕、聯志村〔註 10〕分別發現了集中放置的大量的玉璧，與圭、琮、觹、璜等其他器類同出，可能為祭祀遺址或存放、填埋祭祀用玉的灰坑。

　　建築遺址：漢長安城未央宮二號建築遺址中出土了若干玉璧，該遺址可能為皇后所居的椒房殿所在。

2. 墓葬出土玉璧

　　主要見西安與咸陽市的漢代墓葬中，墓葬較大，多為大中型豎穴土坑墓或

〔註 3〕劉雲輝，陝西出土漢代玉器〔M〕，北京：文物出版社，臺北：眾志美術出版社，2009：11～12。

〔註 4〕王志傑，朱捷元，漢茂陵及其陪葬冢附近新發現的重要文物〔J〕，文物，1976（7）：51～55。

〔註 5〕劉慶柱，李毓芳，西漢十一陵〔M〕，西安：陝西人民出版社，1987：50。

〔註 6〕咸陽博物館，漢平陵調查簡報〔J〕，考古與文物，1982（4）：45～49。

〔註 7〕中國社會科學院考古研究所，漢杜陵陵園遺址〔M〕，北京：科學出版社，1993：73。

〔註 8〕劉雲輝，陝西出土漢代玉器〔M〕，北京：文物出版社，2009：12。

〔註 9〕1971 年在西安東郊聯志村徵集一批玉器，出土自一個方坑內，後藏於西安博物院。經後期整理統計，有玉人、玉璋、玉璜、玉琥、玉觹、玉琮等類共 130 餘件。西安市文物管理委員會，玉器〔M〕，西安：陝西省旅遊出版社，1992，西安市文物保護考古所，西安文物精華·玉器〔M〕，西安：世界圖書出版西安分公司，2004，劉雲輝，陝西出土東周玉器〔M〕，北京，臺北：文物出版社，眾志美術出版社，2009。

〔註 10〕1980 年在西安北郊盧家口村徵集到一批玉器，有玉璋、玉琮、玉人、玉環、玉圭、玉琥、玉豬、玉觹等共計件，後藏於陝西文物商店。王長啟，從古代玉禮器的發展與衰落看西安市北郊出土的秦國玉器〔A〕//楊伯達，出土玉器鑑定與研究〔C〕，北京：紫禁城出版社，2004，西安市文物保護考古所，西安文物精華·玉器〔M〕，西安：世界圖書出版西安分公司，2004，劉雲輝，陝西出土東周玉器〔M〕，北京，臺北：文物出版社，眾志美術出版社，2009。

單斜坡墓道磚室墓。以西漢時期的為多，東漢時期的相對較少。

西安市主要見於北郊大白楊漢墓〔註11〕、西安紅旗機械廠漢墓〔註12〕、西北醫療設備廠 M39、M42〔註13〕、棗園南嶺漢墓〔註14〕、西菱公司漢墓〔註15〕、井上村 M24〔註16〕、張家堡西安行政中心 M110〔註17〕，東郊動物園寶氏墓〔註18〕，南郊茅坡村漢墓〔註19〕、曲江水廠 M16〔註20〕、杜陵陪葬墓〔註21〕、曲江翠竹園西漢晚期壁畫墓〔註22〕、鳳棲原張安世家族墓地〔註23〕，周至東漢墓〔註24〕。

咸陽市主要見於長陵陪葬墓〔註25〕、馬泉公社漢墓〔註26〕、渭城杜家堡

〔註11〕 西安市文物保護考古所，西安文物精華・玉器〔M〕，西安：世界圖書出版社西安公司，2004：97，西安市文物保護考古所，西安文物精華・玉器〔M〕，西安：世界圖書出版社西安公司，2004：145。

〔註12〕 西安市文物保護考古所，西安文物精華・玉器〔M〕，西安：世界圖書出版社西安公司，2004：15，98，101。

〔註13〕 西安市文物保護考古所，西安龍首原漢墓〔M〕，西安：西北大學出版社，1999：243，244。

〔註14〕 王望生，西安北郊棗園南嶺漢墓玉器試析〔A〕，陝西省考古研究所，遠望集——陝西省考古研究所華誕四十週年紀念文集〔C〕，西安：陝西人民美術出版社，1998：632～638，陝西省考古研究院，西安北郊棗園南嶺西漢墓發掘簡報〔J〕，考古與文物，2017（6）：17～33。

〔註15〕 劉雲輝，陝西出土漢代玉器〔M〕，北京：文物出版社，2009：10，李銀德，中國玉器通史：秦漢卷〔M〕，深圳：海天出版社，2014：51。

〔註16〕 劉雲輝，陝西出土漢代玉器〔M〕，北京：文物出版社，2009：14～15。

〔註17〕 西安市文物保護考古所，西安張家堡漢墓群發掘取得重要收穫〔N〕，中國文物報，2008-2-15（5）。

〔註18〕 西安市文物保護考古所，西安東郊西漢寶氏墓（M3）發掘報告〔J〕，文物，2004（6）：11。

〔註19〕 劉雲輝，陝西出土漢代玉器〔M〕，北京：文物出版社，2009：20。

〔註20〕 劉雲輝，陝西出土漢代玉器〔M〕，北京：文物出版社，2009：18。

〔註21〕 劉雲輝，陝西出土漢代玉器〔M〕，北京：文物出版社，2009：92，110，劉雲輝，陝西出土漢代玉器研究〔A〕，劉國祥，鄧聰，玉根國脈（一）〔C〕，北京：科學出版社，2011：561。

〔註22〕 西安市文物保護考古所，西安曲江翠竹園西漢壁畫墓發掘簡報〔J〕，文物，2010（1）：26～39。

〔註23〕 張仲立，丁岩，朱豔玲，鳳棲原漢墓——西漢大將軍的家族墓園〔J〕，中國文化遺產，2011（6）：82～91。

〔註24〕 冀東山，神韻與輝煌・玉雜器卷〔M〕，西安：三秦出版社，2006：38～39。

〔註25〕 陝西省文物管理委員會，博物館，咸陽市博物館楊家灣漢墓發掘小組，咸陽楊家灣漢墓發掘簡報〔J〕，文物，1977（10）：10～21。

〔註26〕 咸陽市博物館，陝西咸陽馬泉西漢墓〔J〕，考古，1979（2）：125～135。

東漢墓〔註27〕，另外渭城周陵公社新莊大隊漢元帝渭陵陵園區範圍內發現殘出廓延年玉璧1件，為東漢時期器物〔註28〕。

二、河南地區

漢高祖時，以秦東、碭兩郡封立梁國，主要在今豫東、魯南地區，都睢陽，即今河南商丘市。後景帝弟劉武受封梁國，梁遂成為西漢最強大的封國，至王莽時國除。因此西漢時期河南地區玉璧多出自梁國墓地，主要分布於商丘永城市。

梁王及王后墓中多出土有玉璧。永城保安山西漢中期梁孝王王后李太后M2中出土玉玉璧3件〔註29〕，西漢中期梁王夫人墓M3中出土玉璧6件〔註30〕。芒碭山窯山村西漢中晚期梁荒王劉嘉及其夫人墓中都出土玉璧〔註31〕。僖山西漢晚期梁夷王夫婦墓中出土了一批玉器，M1 梁夷王劉遂墓中出土玉璧 70餘件〔註32〕，M2 王后墓曾遭盜擾，追繳器物中有玉璧 19 件〔註33〕。黃土山西漢晚期的某位王后墓 M2 中出土玉璧 1 件〔註34〕。

洛陽西工區紗廠路墓其他地區也有零量出土，如三門峽火電廠西漢墓〔註35〕、南陽牛王廟漢代墓地〔註36〕。

〔註27〕咸陽市文物考古研究所，陝西咸陽杜家堡東漢墓清理簡報〔J〕，文物，2005：43～50。
〔註28〕劉雲輝，中國古代出土玉器全集：陝西卷（14）〔M〕，北京：科學出版社，2005：166。
〔註29〕河南省文物考古研究所，永城西漢梁國王陵與寢園〔M〕，鄭州：中州古籍出版社，1996：91～222。
〔註30〕河南省商丘市文物管理委員會，河南省文物考古研究所，芒碭山西漢梁王墓地〔M〕，北京：文物出版社，2001：76～79。
〔註31〕河南省商丘市文物管理委員會，河南省文物考古研究所，芒碭山西漢梁王墓地〔M〕，北京：文物出版社，2001：81～233。
〔註32〕商博，永城芒山發現漢代梁國王室墓葬〔N〕，中國文物報，1986-10-31（1），商丘地區博物館，永城縣芒山漢代梁國王室墓葬〔A〕，中國考古學會，中國考古學年鑒（1987）〔C〕，北京：文物出版社，1988：190。
〔註33〕永城市博物館，河南永城僖山二號漢墓清理簡報〔J〕，文物，2011（2）：20～25。
〔註34〕河南省文物考古研究所，永城市文物旅遊管理局，永城黃土山與酇城漢墓〔M〕，鄭州：大象出版社，2010。
〔註35〕三門峽市文物工作隊，河南三門峽市火電廠西漢墓〔J〕，考古，1996（6）：15。
〔註36〕南陽市文物考古研究所，南陽牛王廟漢墓考古發掘報告〔M〕，北京：文物出版社，2011：264。

東漢時期玉器主要見於洛陽地區，洛陽漢河南縣城東區〔註37〕、洛陽機車廠醫院東漢中晚期墓葬中也曾出土玉璧〔註38〕。

三、河北、山西地區

1. 河北地區

出土玉璧多見於諸侯王及列侯墓葬中。石家莊小沿村趙王張耳墓中出土玉璧 1 件〔註39〕。獻縣陵上寺 M36 中出土玉璧 4 件，墓主人可能為河間王劉閼疆后妃〔註40〕。滿城陵山一、二號墓是西漢中期中山靖王劉勝與王后寶綰的並穴合葬墓，中山靖王墓 M1 出土玉璧 26 件，M2 王后寶綰墓中出土玉璧 45 件〔註41〕。定縣八角廊 M40 西漢中期中山懷王劉修墓中出有玉璧 5 件〔註42〕。石家莊市鹿泉高莊漢墓（M1）出土玉璧 1 件，墓主人為西漢中期武帝時期常山憲王劉舜〔註43〕。北京大葆臺漢墓為西漢晚期廣陽頃王劉健與其王后或燕王劉旦及其王后的並穴合葬墓。一號劉健墓中出土 5 件玉璧，二號王后墓中出土玉璧 2 件〔註44〕。邢臺北陳村西漢晚期墓葬中出土玉璧 1 件，墓主人為南曲煬侯劉遷，卒年為宣帝甘露三年或其後〔註45〕。

〔註37〕黃展岳，一九五五年春洛陽漢河南縣城東區發掘報告〔J〕，考古學報，1956（4）：21～54。

〔註38〕趙春青，洛陽發掘一座東漢磚室墓〔N〕，中國文物報，1988-3-11（2），洛陽市文物工作隊，洛陽機車廠醫院東漢磚室墓〔A〕，中國考古學會，中國考古學年鑒（1989）〔C〕，北京：文物出版社，1990：191。

〔註30〕石家莊市圖書館文物考古小組，河北石家莊市北郊西漢墓發掘簡報〔J〕，考古，1980（1）：52～55。

〔註40〕河北省文物研究所，滄州市文物管理處，獻縣文物管理所，獻縣第36號漢墓發掘報告〔A〕，河北省文物考古研究所，河北省考古文集〔C〕，北京：東方出版社，1998：241～260。

〔註41〕中國社會科學院考古研究所，北京儀表廠工人理論組，滿城漢墓〔M〕，北京：文物出版社，1978，吳桐，略論秦漢玉璧〔D〕，南京：南京大學，2015：22～26。

〔註42〕河北省博物館，文物管理處，中共定縣縣委宣傳部，定縣40號漢墓出土的金縷玉衣〔J〕，文物，1976（7）：57～59，河北省文物考古研究所，河北定縣40號漢墓發掘簡報〔J〕，文物，1981（8）：1～10。

〔註43〕河北省文物考古研究所，鹿泉市文物保管所，高莊漢墓〔M〕，北京：科學出版社，2006。

〔註44〕大葆臺漢墓發掘組，中國社會科學院考古研究所，北京大葆臺漢墓〔M〕，北京：文物出版社，1989：46～50。

〔註45〕河北省文物管理處，河北邢臺南郊西漢墓〔J〕，考古，1980（5）：403～405。

　　東漢時期玉璧主要見於東漢早期中山簡王劉焉墓〔註46〕和1969年發掘的中山穆王劉暢墓〔註47〕中。另外滄州南皮縣蘆莊子村在取土時曾發現了一批銅器和玉器，其中有4件玉璧〔註48〕。

　　2. 山西地區

　　漢代墓葬發現比較少，因此出土玉璧的數量也有限。主要見於陽高古城堡漢代墓葬，時代在西漢中期的宣帝時期〔註49〕。太原東太堡漢墓，時代大致在西漢中期的武帝至昭帝時期，墓葬中出土玉璧3件〔註50〕。長治縣西池申川村取土時在一座已坍塌的漢代磚室墓出土玉璧1件，同出的還有「猛國都尉」銀印一枚〔註51〕。

四、山東地區

　　1. 遺址出土玉璧

　　山東煙台芝罘島陽主廟後殿前的長方形土坑中出土玉器2組8件，每組為璧1、圭1、觹2〔註52〕。山東青島榮成成山發現了2批玉器，第1組為璧1、圭2、璜1。可能為秦始皇或漢武帝時期祭日遺存〔註53〕。

　　2. 墓葬出土玉璧

　　在西漢時期有多個諸侯王受封於山東地區，其中主要有昌邑國、濟北國、城陽國、膠東國、膠西國，所以該地區發現玉璧也多出自這些諸侯王、王后、列侯及其近親、官吏等的墓葬中。

〔註46〕河北省文化局文物工作隊，河北定縣北莊漢墓發掘報告〔J〕，考古學報，1964
　　　　（2）：127～194，吳桐，略論秦漢玉璧〔D〕，南京：南京大學，2015：56～
　　　　57。
〔註47〕定縣博物館，河北定縣43號漢墓發掘簡報〔J〕，文物，1988（1）：31。
〔註48〕滄州市文物管理處，河北南皮縣蘆莊子漢墓〔J〕，文物春秋，1998（1）：1～
　　　　4。
〔註49〕東方考古學會，陽高古城堡——中國山西省陽高縣古城堡漢墓〔A〕，東方考
　　　　古學叢刊（乙種第八冊）〔C〕，東京：六興出版社，1990。
〔註50〕山西省文物管理工作委員會，太原東太堡出土的漢代銅器〔J〕，文物，1962（4、
　　　　5）。
〔註51〕王進先，朱曉芳，長治縣發現「猛國都尉」銀印等漢代文物〔J〕，考古，1989
　　　　（3）：279。
〔註50〕煙台博物館，煙台市芝罘島發現一批文物〔J〕，文物，1976（8）：93～94。
〔註53〕王永波，成山玉器與日主祭——兼論太陽神崇拜的有關問題〔J〕，文物，1993
　　　　（1）。

濟南長清縣雙乳山漢武帝天漢三年濟北王劉寬的墓中出土玉器 50 餘件，其中玉璧 5 件。菏澤巨野紅土山武帝末年昌邑哀王劉髆墓中出土玉璧 28 件〔註54〕。曲阜九龍山魯王墓地中出土玉璧 7 件〔註55〕。另外定陶靈聖湖西漢晚期大型黃腸題湊墓中 1 件絲質袍服頸背處繫結小型圓璧 1 枚〔註56〕。

臨沂蘭山區洪家店村發掘一座西漢早期墓葬棺蓋上放置玉璧 1 件，墓主人為漢代宗室成員劉疵〔註57〕。2008 年在滕州染山郁郎侯劉驕墓中出土玉璧 3 件〔註58〕。

青島（原屬煙台）萊西縣岱墅村西漢晚期大型豎穴土坑木槨墓中出土玉璧，墓主人可能為西漢膠東國王的近親或重臣〔註59〕。萊西董家莊西漢晚期墓葬 M2 中出土石璧 14 件〔註60〕。

另外山東煙台榮成市梁南莊漢墓 M1〔註61〕、日照海曲西漢墓 M106〔註62〕、棗莊滕州東鄭莊漢墓〔註63〕、滕州封山西漢墓地〔註64〕等都出土玉璧。

東漢時期出土玉璧的墓葬比較少，主要見於臨淄東漢早期金嶺鎮一號墓中出土玉璧殘片 13 件，墓主人可能為東漢齊王劉石〔註65〕。另外青州馬家冢

〔註54〕 山東省菏澤地區漢墓發掘小組，巨野紅土山西漢墓〔J〕，考古學報，1983（4）：471～500。

〔註55〕 山東省博物館，曲阜九龍山漢墓發掘文物簡報〔J〕，文物，1972（5）：39～44。

〔註56〕 山東省文物考古研究所，菏澤市文物管理處，山東定陶縣靈聖湖漢墓〔J〕，考古，2012（10）：60～67。

〔註57〕 臨沂地區文物組，山東臨沂西漢劉疵墓〔J〕，考古，1980（6）：493～495。

〔註58〕 滕州市漢畫像石館，山東滕州市染山西漢畫像石墓〔J〕，考古，2012（1）：51～52。

〔註59〕 煙台地區文物管理組，萊西縣文化館，山東萊西縣岱墅西漢木槨墓〔J〕，文物，1980（12）：7～16。

〔註60〕 萊西縣文化館，萊西縣董家莊西漢墓〔A〕，文物編輯委員會，文物資料叢刊（第9輯）〔C〕，北京：文物出版社，1985：185～187，李銀德，中國玉器通史：秦漢卷〔M〕，深圳：海天出版社，2014：254～255。

〔註61〕 煙台市文物管理委員會，山東榮成梁南莊漢墓發掘簡報〔J〕，考古，1994（12）：1069～1077。

〔註62〕 山東省文物考古研究所，山東日照海曲西漢墓（M106）發掘簡報〔J〕，文物，2010（1）：24～25。

〔註63〕 山東省文物考古研究所，魯中南漢墓〔M〕，北京：文物出版社，2009。

〔註64〕 山東省文物考古研究所，魯中南漢墓〔M〕，北京：文物出版社，2009。

〔註65〕 山東省文物考古研究所，山東臨淄金嶺鎮一號東漢墓〔J〕，考古學報，1999（1）：97～121。

子東漢墓中出土 5 件玉璧，其中 1 件為出廓璧〔註66〕。淄博齊魯石化乙烯廠東漢墓中也曾出土玉璧〔註67〕。曲阜花山漢代墓地中東漢墓葬 M88 出土玉璧 2 件，其中 1 件為出廓璧〔註68〕。

五、江蘇地區

西漢時期楚、廣陵、城陽王等受封於江蘇地區，這一時期出土玉璧的墓葬多與這些諸侯國相關。

1. 徐州地區

徐州，古稱彭越，漢高祖時封其弟文信君劉交為楚王，都城設在彭城，經十二代後除國（公元前 68 年）。宣帝之子劉囂再封為楚王，至西漢末年國除。東漢時期光武帝封劉英為楚王，明帝時改立為彭城國。

玉璧主要見於楚王及王后墓。徐州獅子山楚王陵是西漢早期第二代楚王劉郢客或第三代楚王劉戊的墓葬，出土玉璧 29 件，其中 5 件出自墓葬外墓道陪葬墓中〔註69〕。獅子山楚墓羊古山王后墓東側的錢幣陪葬坑中，第一層出土石璧百件〔註70〕。北洞山楚王墓中出土玉璧 11 件，墓主人可能為武帝初期第五代楚王劉道〔註71〕。龜山楚王墓是西漢中期楚襄王劉注及其王后合葬墓，出土玉璧 8 件〔註72〕。東洞山楚王墓（M1）的墓道外出土玉璧 2 件。1982 年進行了發掘，清理漢代墓葬 2 座，發現玉璧的墓葬為一號墓，墓主人或為第八代

〔註66〕 山東省青州市博物館，山東青州馬家冢子東漢墓的清理〔J〕，考古，2007（6）：59～75。

〔註67〕 山東省文物考古研究，淄博市齊魯石化乙烯廠東漢磚室墓〔A〕，中國考古學會，中國考古學年鑒（1986）〔C〕，北京：文物出版社，1988：141。

〔註68〕 山東省文物考古研究所，魯中南漢墓（下）〔M〕，北京：文物出版社，2009：648。

〔註69〕 獅子山楚王陵考古發掘隊，徐州獅子山西漢楚王陵發掘簡報〔J〕，文物，1998（8）：31。

〔註70〕 徐州漢文化風景園林管理處，徐州楚王陵漢兵馬俑博物館編，獅子山楚王陵〔M〕，南京：南京出版社，2011。

〔註71〕 徐州博物館，南京大學歷史系考古專業，徐州北洞山西漢楚王墓〔M〕，北京：文物出版社，2003，報告中本有玉璧 9 件，玉瑗 2 件，本文將其皆歸為玉璧。

〔註72〕 南京博物院，銅山小龜山二號西漢崖洞墓〔J〕，考古學報，1985（1）：119～130，南京博物院，《銅山龜山二號西漢崖洞墓》一文的重要補充〔J〕，考古學報，1985（3）：352，徐州博物館，江蘇銅山縣龜山二號西漢崖洞墓資料的再補充〔J〕，考古，1997（2）：36～46。

楚王劉延壽〔註 73〕。

　　還有楚王近屬或官吏墓葬，如子房山 M3〔註 74〕、小金山夫妻合葬墓〔註 75〕、銅山後樓山北洞山楚墓陪葬墓〔註 76〕、韓山 M1〔註 77〕、金山村 M1 中〔註 78〕、銅山小龜山 M1〔註 79〕、奎山 M11〔註 80〕等。

　　也見於宗室或列侯等墓葬，如韓山劉女宰墓〔註 81〕；小長山漢墓 M4，墓主人可能為與楚王關係稍遠的劉姓宗室或庶出翁主〔註 82〕；後樓山漢墓群 M5 劉姓宗室劉溼墓〔註 83〕；火山劉和墓〔註 84〕；天齊山劉犯墓〔註 85〕；翠屏山劉治墓〔註 86〕。下澱鄉陶樓村 M1 劉欣墓〔註 87〕；九里山西漢早期墓葬〔註 88〕等。

2. 揚州地區

　　揚州，古稱廣陵，高祖建國以後，廣陵先後屬於荊國、吳國、江都國、廣陵國等，自吳王劉濞始，廣陵即為封國都城。漢武帝時改江都國為廣陵國，轄廣陵、高郵、江都、平安四縣。東漢初，置廣陵郡，明帝時改為廣陵國，立廣陵王，隨後又封廣陵王為廣陵侯。

〔註 73〕徐州博物館，徐州石橋漢墓清理報告〔J〕，文物，1984（11）：22～40。
〔註 74〕徐州博物館，江蘇徐州子房山西漢墓清理簡報〔A〕，文物編輯委員會，文物資料叢刊（第 4 輯）〔C〕，北京：文物出版社，1981：59～69。
〔註 75〕徐州博物館，徐州小金山西漢墓清理簡報〔J〕，東南文化，1992（2）：191～196。
〔註 76〕徐州博物館，徐州後樓山西漢墓發掘簡報〔J〕，文物，1993（4）：29～45。
〔註 77〕徐州博物館，徐州韓山西漢墓〔J〕，文物，1997（2）：36～42。
〔註 78〕徐州博物館，江蘇徐州金山村漢墓〔J〕，中原文物，2006（6）
〔註 79〕南京博物院，銅山小龜山西漢崖洞墓〔J〕，文物，1973（4）：21～35。
〔註 80〕徐州博物館，江蘇徐州市奎山四座西漢墓葬〔J〕，考古，2012（2）：33。
〔註 81〕徐州博物館，徐州韓山西漢墓〔J〕，文物，1997（2）：26～43。
〔註 82〕徐州博物館，江蘇徐州小長山漢墓 M4 發掘簡報〔J〕，中原文物，2010（6）：8～9。
〔註 83〕徐州博物館，徐州後樓山漢墓群〔A〕，中國考古學會，中國考古學年鑒（1997）〔C〕，北京：文物出版社，1999：134～135。
〔註 84〕耿建軍，盛儲彬，徐州漢皇族墓出土銀縷玉衣等文物〔N〕，中國文物報，1996-10-20（1）。
〔註 85〕耿建軍，馬永強，徐州天齊山漢墓群〔A〕，中國考古學會，中國考古學年鑒（2002）〔C〕，北京：文物出版社：193～194。
〔註 86〕原豐，耿建軍，徐州翠屏山發現西漢劉治墓〔N〕，中國文物報，2004-2-6（1）。
〔註 87〕徐州博物館，徐州市東郊陶樓漢墓清理簡報〔J〕，考古，1993（1）：14～21。
〔註 88〕徐州博物館，江蘇徐州九里山漢墓發掘簡報〔J〕，文物，1993（4）：29～45。

玉璧見於王及王后墓葬中。盱眙縣大雲山江都國王劉非之墓中出土玉璧
39 件，多殘損僅餘殘塊〔註89〕。高郵神居山漢墓 M1 廣陵王劉胥或廣陵孝王
劉霸墓〔註90〕及 M2 其妻墓葬中也出土玉璧〔註91〕。邗江甘泉雙山 2 號墓東
漢明帝時期廣陵王劉荊墓中出土玉器近 30 件，其中玉璧 6 件〔註92〕。邗江老
虎墩漢墓中出土出廓璧 1 件，墓主人或為東漢早期某位廣陵侯〔註93〕。

近屬或官吏墓中，儀徵煙袋山發掘的一座西漢中期夫妻合葬墓中出土玉
璧和銅璧各 1 件，墓主人應與江都或廣陵國皇室有關〔註94〕。安徽天長市三
角圩一號墓中出土玉璧 11 件，墓主人桓平為廣陵王劉胥的近臣〔註95〕。揚州
邗江縣甘泉西漢昭宣時期「妾莫書」墓中出土玉璧 6 件，墓主人為廣陵王劉氏
宗族〔註96〕。1991 年邗江甘泉巴家墩西漢中期墓葬中出土玉器 30 餘件，其中
玉璧 8 件，墓主人為廣陵國高級貴族〔註97〕。另外揚州市郊西湖磚瓦廠也曾
出土玉璧 8 件〔註98〕；西湖胡場西漢墓 M13 中出土玉璧 1 件〔註99〕；揚州城
北鄉三星村西漢墓也出土玉璧 1 件〔註100〕。

〔註89〕李則斌，陳剛，江蘇盱眙大雲山漢墓考古成果論證會紀要〔J〕，文物，2012（3），
　　　　南京博物院，盱眙縣文廣新局，江蘇盱眙縣大雲山西漢江都王陵一號墓〔J〕，
　　　　考古，2013（10）：3～68。
〔註90〕梁白泉，高郵尺山一號漢墓發掘側記〔J〕，文博通訊，32：86～89，揚州博物
　　　　館，天長市博物館，漢廣陵國玉器〔M〕，北京：文物出版社，2003：8～9。
〔註91〕揚州博物館，天長市博物館，漢廣陵國玉器〔M〕，北京：文物出版社，2003。
〔註92〕揚州博物館，天長市博物館，漢廣陵國玉器〔M〕，北京：文物出版社，2003：
　　　　9。
〔註93〕揚州博物館，江蘇邗江縣甘泉老虎墩漢墓〔J〕，文物，1991（10）：揚州博物
　　　　館，天長市博物館，漢廣陵國玉器〔M〕，北京：文物出版社，2003：9。
〔註94〕南京博物院，江蘇儀徵煙袋山漢墓〔J〕，考古學報，1987（4）：495～486。
〔註95〕安徽省文物考古研究所，天長縣文物管理所，安徽天長縣三角圩戰國西漢墓
　　　　出土文物〔J〕，文物，1993（9）：1～31。
〔註96〕揚州博物館，揚州西漢「妾莫書」木槨墓〔J〕，文物，1980（12）：1～6，揚
　　　　州博物館，天長市博物館，漢廣陵國玉器〔M〕，北京：文物出版社，2003：
　　　　8。
〔註97〕揚州博物館，天長市博物館，漢廣陵國玉器〔M〕，北京：文物出版社，2003：
　　　　9。
〔註98〕揚州博物館，天長市博物館，漢廣陵國玉器〔M〕，北京：文物出版社，2003：
　　　　9，36。
〔註99〕揚州博物館，天長市博物館，漢廣陵國玉器〔M〕，北京：文物出版社，2003：
　　　　8，69。
〔註100〕揚州博物館，天長市博物館，漢廣陵國玉器〔M〕，北京：文物出版社，2003：
　　　　60。

3. 其他地區

鹽城市建湖縣朱家墩發現一處漢代墓群，其中西漢早期墓葬 M13 出土玉璧 6 件，其中 1 件玉璧的邊輪上刻「乙百廿一」〔註 101〕。東陽小雲山一號墓頭端槨室上鑲嵌玉璧 1 件，時代大致在西漢中期，可能是高祖時所封安侯陳嬰的後代。1965 年漣水三里墩西漢中期墓葬中出土玉璧 4 件，石璧 4 件。墓主人為城陽王劉傾之子鱣侯應或其家族成員〔註 102〕。蘇州天寶墩西漢中期夫妻合葬墓中東室墓主人胸部放置玉璧 1 件〔註 103〕。連雲港東海尹灣村漢墓群西漢晚期墓葬 M6 中出土鑲玉漆面罩 1 套，面罩內上下各嵌鑲璧 1 件，頂為玉璧，底為琉璃璧。墓主人師饒為西漢東海郡官吏功曹史〔註 104〕。

六、兩湖地區

1. 湖北地區

漢代湖北地區出土玉璧的墓葬比較少。主要有湖北省雲夢大墳頭一號墓，墓主人為西漢初年縣丞一類的官職〔註 105〕。襄陽光化五座墳西漢墓葬群 M3〔註 106〕，鳳凰山 168 號漢墓〔註 107〕，雲夢縣西漢早期墓葬中也曾出土玉璧〔註 108〕。

2. 湖南地區

西漢初年，高祖劉邦將吳芮封為長沙王，轄秦時長沙郡與黔中郡，以臨湘（今長沙市）為都，文帝時因無後除國。後景帝封其子劉發為長沙王，至王莽新朝時國除。東漢光武帝建國初，再封西漢末代長沙王劉舜之子為長沙王，隨

〔註 101〕 建湖縣博物館，建湖縣沿崗地區出土漢墓群〔J〕，東南文化，1996：55～63。

〔註 102〕 南京博物院，江蘇漣水三里墩西漢墓〔J〕，考古，1973（2）：80～87。

〔註 103〕 蘇州博物館，蘇州婁葑公社團結大隊天寶墩二十七號漢墓清理簡報〔A〕，文物編輯委員會，文物資料叢刊（第 9 輯）〔C〕，北京：文物出版社，1985：174～190。

〔註 104〕 連雲港市博物館，江蘇東海縣尹灣漢墓群發掘簡報〔J〕，文物，1996（8）：4～24。

〔註 105〕 湖北省博物館，雲夢大墳頭一號漢墓〔A\，文物資料叢刊（第 4 輯）〔C〕，北京：文物出版社，1981，安徽省文物考古研究所，巢湖市文物管理所，巢湖漢墓〔M〕，北京：文物出版社，2007：149。

〔註 106〕 湖北省博物館，光化五座墳西漢墓〔J〕，考古學報，1976（2）：23，24。

〔註 107〕 湖北省文物考古研究所，湖北江陵鳳凰山一六八號漢墓發掘簡報〔J〕，考古學報，1993（4）：455～513。

〔註 108〕 湖北省博物館，1978 年雲夢秦漢墓發掘報告〔J〕，考古學報，1986（4）：479～525。

後又降其為臨湘侯。因此湖南地區的玉璧多集中出土於長沙附近地區。

　　主要見於長沙王及王后墓：長沙榮灣鎮象鼻嘴山一號墓中出土玉璧 2 件，墓主人可能為卒於文帝後元七年的長沙靖王吳著或卒於武帝元朔元年的長沙定王劉發〔註109〕。望城坡古墳院西漢漁陽墓中出土玉璧 23 件，出土時均破碎散落於內槨四周、蓋板與棺內。墓主人為文景時期的長沙國某代王后〔註110〕。咸家湖陡壁山 1 號墓中出土玉璧 12 件，另有石璧 4 件。根據墓內出土印章可知墓主人曹嬡應是諸侯王的近親或妻妾，或為長沙定王劉發的王后〔註111〕。望城風蓬嶺漢墓 M1 中出土玉璧 2 件，墓主人為西漢晚期的某位長沙王后，或為長沙孝王劉宗的王后〔註112〕。

　　還見於長沙王近屬或官吏墓：長沙馬王堆 M2 長沙丞相軑侯利蒼墓中出土玉璧 1 件，玟瑁璧 1 件〔註113〕，馬王堆 M1 夫人辛追墓中雖未出土玉璧，但是墓內出土木璧 32 件，其中 23 件放置於竹笥之內〔註114〕。另外在桐梓坡楚國或長沙國王室家族墓地〔註115〕、五里牌漢墓群中 M004、M007〔註116〕、永州市鷂子山劉疆墓〔註117〕、長沙阿彌嶺、谷山王室墓，岳陽洞庭苧麻紡織廠，常德德山第二紡織機械廠，慈利十板等地漢墓中也出土玉璧〔註118〕。

〔註109〕湖南省博物館，長沙象鼻嘴一號西漢墓〔J〕，考古學報，1981（1）：111～130。

〔註110〕長沙市文物考古研究所，長沙簡牘博物館，湖南長沙望城坡西漢漁陽墓發掘簡報〔J〕，文物，2010（4）：4～36，黃展岳，長沙望城坡西漢「漁陽」墓墓主推考〔A〕，先秦兩漢論叢〔C〕，北京：科學出版社，2008：54。

〔註111〕長沙市文化局文物組，長沙咸家湖西漢曹女嬚墓〔J〕，文物，1979（3）：1～16。

〔註112〕長沙市文物考古研究所，湖南望城風蓬嶺漢墓發掘簡報〔J〕，文物，2007（12）：21～41，何旭紅，湖南望城風蓬嶺漢墓年代及墓主考〔J〕，文物，2007（12）：58，黎石生，湖南望城風蓬嶺一號漢墓的年代與墓主人〔J〕，故宮博物院院刊，2009（1）：148～155。

〔註113〕湖南省博物館，湖南省文物考古研究所，長沙馬王堆二、三號漢墓〔M〕，北京：文物出版社，2004。

〔註114〕湖南省博物館，中國社會科學院考古研究所，長沙馬王堆一號漢墓〔M〕，北京：文物出版社，1873。

〔註115〕長沙市文物工作隊，長沙西郊桐梓坡漢墓〔J〕，考古學報，1986（1）：61～93。

〔註116〕湖南省博物館，長沙五里牌古墓葬清理簡報〔J〕，文物，1960（3）：38～50。

〔註117〕零陵地區文物工作隊，湖南永州市鷂子山西漢「劉疆」墓〔J〕，考古，1990（11）：1002～1011。

〔註118〕喻燕姣，湖湘出土玉器研究〔M〕，長沙：嶽麓書社，2013：179～181。

東漢時期在零陵東門外漢墓中出土 2 件玉璧，時代約在東漢早期〔註 119〕。常德南坪墓葬群東漢晚期墓 M10 中出土 1 件玉璧，根據出土銅印可知墓主人曾任臨湘右尉〔註 120〕。另外還在長沙桐蔭里，永州南津渡、糧子嶺，衡山縣江東鄉等地東漢墓葬中曾出土玉璧〔註 121〕。

七、雲貴地區

雲南中、東部地區在戰國時期就為滇國所轄，武帝時滇國歸漢，成為漢的郡縣。雲貴地區出土玉璧的有些單位與滇國有關。

1996 年雲南晉寧石寨山第 5 次發掘中共清理墓葬 36 座，其中 M71 中出土玉璧 3 件，皆為有領璧，墓主人或為西漢中期的某位滇王〔註 122〕。1956～1957 年第 2 次發掘中西漢中晚期墓葬 M6 出土玉璧殘塊 105 件，部分殘塊帶紋飾，有雲紋、雙身夔龍紋等〔註 123〕。玉璧的特徵與中原地區相近。

貴州普安銅鼓山遺址也曾出土玉璧 2 件〔註 124〕。

八、福建、兩廣地區

1. 福建地區

漢高祖五年，封越王句踐後裔無諸為閩越王，今閩、浙南、粵東北等區域歸閩越國所轄，至武帝元封元年國滅。

2003 年在福建浦城臨江鎮金雞山發掘 2 座漢墓，其中 2 號墓中出土 4 件玉璧、3 件陶璧〔註 125〕。閩侯縣莊邊山秦漢墓群曾於 1960、1982～1983 年先後進行了 2 次發掘，第一次發掘清理墓葬 1 座，出土 1 件玉璧；第二次發掘清

〔註 119〕湖南省文物管理委員會，湖南零陵東門外漢墓清理簡報〔J〕，考古通訊，1957（1）：27～31。

〔註 120〕湖南省博物館，湖南常德東漢墓〔A〕，中國社會科學院考古研究所，考古學集刊（第 1 輯）〔C〕，北京：科學出版社，1981：158～177，喻燕姣，湖湘出土玉器研究〔M〕，長沙：嶽麓書社，2013：181～183。

〔註 121〕喻燕姣，湖湘出土玉器研究〔M〕，長沙：嶽麓書社，2013：181～183。

〔註 122〕雲南省文物考古研究所，昆明市博物館，晉寧市文物管理所，晉寧石寨山——第五次發掘報告〔M〕，北京：文物出版社，2009：157～168。

〔註 123〕雲南省文物考古研究所，玉溪市文物管理所，江川縣文化局，江川李家山——第二次發掘報告〔M〕，北京：文物出版社，2007。

〔註 124〕劉恩元，熊水富，普安銅鼓山遺址發掘報告〔A〕，貴州省博物館，貴州田野考古四十年〔C〕，貴陽：貴州民族出版社，1993。

〔註 125〕林存琪，論漢代閩越國玉器〔J〕，上海文博論叢，2007（1）：28～32。

理墓葬 8 座，出土 5 件玉璧〔註 126〕。1986 年漳州長泰縣陳陣鄉石牛山 1 號漢墓中出土玉璧 1 件〔註 127〕。兩座墓葬的墓主人都為西漢閩越國官吏。

2. 廣東地區

秦末南海郡尉趙佗兼併桂林郡、象郡，立國，自號南越武王，定都番禺。所轄區域為今廣東、廣西大部、福建部分地區及海南、越南中北部地區。武帝時期為漢所滅。

1983 年發掘的西漢早期南越王墓中出土玉璧 68 件。其中前室出土 3 件、東耳室 1 件、西耳室 4 件、主棺室 47 件、東側室出土以玉璧為組件的組玉佩 6 組，（另有玉璧 2 件）、西側室 1 件〔註 128〕。

另外廣州先烈路漢墓〔註 129〕、廣州兩漢墓群〔註 130〕，廣州華僑新村、動物園等地漢墓〔註 131〕中西漢早期墓葬曾出土玉璧，還同時出土了一些玻璃璧、滑石璧。廣州東郊西漢中期墓 M7 中出土有玻璃璧〔註 132〕。廣州淘金坑漢墓西漢中期墓葬 M24 中出土玉璧 2 件〔註 133〕。

3. 廣西地區

1976 年發掘的貴縣羅泊灣一號墓中出土玉璧 2 件，墓葬的時代在西漢初期，下限不晚於文景時期，墓主人或為南越國桂林郡最高官吏。1979 年發掘的羅泊灣二號墓中出土玉璧 3 件，墓葬時代與一號墓近同，仍為西漢初年，墓主人可能為南越派駐當地的王侯一級官吏的夫人〔註 134〕。1980 年在賀縣金鐘

〔註 126〕 林公務，福建閩侯莊邊山的古墓群〔J〕，東南文化，1991（1）：218～231，林丹，論福建出土的漢代閩越國玉璧和玉組佩〔J〕，福建文博，2014（1）：46～48。

〔註 127〕 福建省博物館，漳州發現商周、西漢墓葬〔J〕，福建文博，2001（1），林存琪，論漢代閩越國玉器〔J〕，上海文博論叢，2007（1）：28～32。

〔註 128〕 廣州市文物管理委員會，中國社會科學院考古研究所，廣東省博物館，西漢南越王墓（上）〔M〕，北京：文物出版社，1991。

〔註 129〕 黎金，廣州市先烈路發現西漢至唐古墓五座〔J〕，文物參考資料，1956（6）：80～82。

〔註 130〕 黎金，廣州的兩漢墓群〔J〕，文物，1961（2）：47～52。

〔註 131〕 廣州市文物管理委員會，廣州市博物館，廣州漢墓〔M〕，北京：文物出版社，1981：165～172。

〔註 132〕 麥英豪，黎金，廣州市東郊等工地發現古墓十四座〔J〕，文物參考資料，1955（7）：164～166。

〔註 133〕 廣州市文物管理處，廣州淘金坑西漢墓〔J〕，考古學報，1974（1）：145～173。

〔註 134〕 廣西壯族自治區博物館，廣西貴縣羅泊灣漢墓〔M〕，北京：文物出版社，1988。

村發掘一座西漢時期的夫妻合葬墓（一號漢墓），墓中出土 14 件玉璧，根據墓葬中出土的「左夫人」玉印推斷，墓主人大致為西漢前期後段王侯一級官吏及其夫人〔註135〕。

合浦縣母豬嶺西漢晚期 M4〔註136〕、賀縣高寨西漢墓〔註137〕、貴縣漢墓群〔註138〕中都出土玉璧。合浦縣黃泥崗一號墓中出土了 1 件「宜子孫日益昌」出廓璧，墓葬時代為大致在新莽時期〔註139〕。東漢時期的墓葬比較少，主要見於貴縣漢代墓群，出土玉璧 4 件〔註140〕。

九、其他地區

1. 浙江地區

浙江地區發現的玉璧較少，主要見於台州溫嶺市塘山西漢墓，墓主人可能為東甌國上層貴族，甚或為東甌國王。墓葬中出土玉璧 1 件〔註141〕。湖州安吉縣上馬山西漢墓 M8、M10 中各出土玉璧，墓葬年代大致在西漢中期階段〔註142〕。

2. 安徽地區

2006～2007 年發掘的安徽六安雙墩漢墓 M1 中出土玉璧。墓主人或為六安國第一代國王劉慶〔註143〕。巢湖北山頭一號墓中出土玉璧 6 件，墓中還出

〔註135〕 廣西壯族自治區文物工作隊，廣西賀縣文物管理所，廣西賀縣金鐘一號漢墓〔J〕，考古，1986（3）：221～229。
〔註136〕 廣西合浦縣博物館，廣西合浦縣母豬嶺漢墓的發掘〔J〕，考古，2007（2）：
〔註137〕 廣西壯族自治區文物工作隊，廣西賀縣河東高寨西漢墓〔A〕，文物編輯委員會，文物資料叢刊（第4輯）〔C〕，北京：文物出版社，1981：29～45。
〔註138〕 廣西壯族自治區文物管理委員會，廣西貴縣漢墓的發掘〔J〕，考古學報，1957（1）：155～162。
〔註139〕 廣西壯族自治區文物管理委員會，廣西文物精品〔M〕，南寧：廣西美術出版社，2002：25。
〔註140〕 廣西壯族自治區文物管理委員會，廣西貴縣漢墓的發掘〔J〕，考古學報，1957（1）：155～162。
〔註141〕 浙江省文物考古研究所，溫嶺市文化廣電新聞出版局，浙江溫嶺市塘山西漢東甌貴族墓〔J〕，考古，2007（11）：7～16。
〔註142〕 安吉縣博物館，浙江安吉縣上馬山西漢墓的發掘〔J〕，考古，1996（7）：46～59。
〔註143〕 汪景輝，楊立新，安徽六安雙墩一號漢墓考古發掘獲重大發現〔N〕，中國文物報，2007-2-28（4），安徽省文物考古研究所，安徽省六安市文物局，安徽六安雙墩一號漢墓發掘簡報〔A〕，安徽省文物考古研究所，文物研究（第17輯）〔C〕，北京：科學出版社，2010：107～123。

土「曲陽君胤」印，墓主人或為西漢早期文景時期的居於巢縣的最高地方長官〔註144〕。巢湖放王崗 M1 呂柯墓中出土玉璧 3 件〔註145〕。另外蕪湖賀家園曹姓官宦世家墓地〔註146〕、潛山彭嶺西漢墓葬群中也出土玉璧〔註147〕。

3. 江西地區

江西地區的發現主要集中於南昌市周邊，時代多為西漢中晚期。南昌海昏侯墓中也出土多件玉璧，具體數量不明〔註148〕。另外在南昌東郊永和大隊〔註149〕、老福山大型帶墓道木槨墓〔註150〕等西漢墓葬中也出土玉璧。

4. 川渝地區

川渝地區出土玉璧的墓葬時代多在西漢早中期。主要見於重慶涪陵西漢初期墓葬 M1〔註151〕、涪陵點易墓地〔註152〕，四川綿陽雙包山 2 號西漢木槨墓中出土 1 件玉璧，墓葬年代在武帝前後，墓主人為列侯級官員〔註153〕。

需要說明的是本章中關於各遺址及出土玉璧的描述除另有注明外，均出自本節提及的考古簡報及報告中。

〔註144〕安徽省文物考古研究所，巢湖市文物管理所，巢湖漢墓〔M〕，北京：文物出版社，2007：149。
〔註145〕安徽省文物考古研究所，巢湖市文物管理所，巢湖漢墓〔M〕，北京：文物出版社，2007：146。
〔註146〕安徽省文物工作隊，蕪湖市文化局，蕪湖市賀家園西漢墓〔J〕，考古學報，1983：（3）：383～402。
〔註147〕安徽省文物考古研究所，潛山縣文物管理所，潛山縣彭嶺戰國西漢墓群〔A〕，中國考古學會，中國考古學年鑒（1993）〔C〕，北京：文物出版社，1995：154。
〔註148〕江西省文物考古研究所，南昌市博物館，南昌市新建區博物館，南昌市西漢海昏侯墓〔J〕，考古，2016（7）：45～62。
〔註149〕江西省博物館，南昌東郊西漢墓〔J〕，考古學報，1976（2）：171～186，彭明翰，中國出土玉器全集：江西〔M〕，北京：科學出版社，2005：55，57，61。
〔註150〕江西省文物管理委員會，江西南昌老福山西漢木槨墓〔J〕，考古，1965（6）：2～3。
〔註151〕四川省文物管理委員會，涪陵縣文化館，四川涪陵西漢土坑墓發掘簡報〔J〕，考古，1984（4）：338～344。
〔註152〕山東大學歷史文化學院，重慶涪陵點易墓地漢墓發掘簡報〔J〕，文物，2014（10）：12～24。
〔註153〕四川省文物考古研究所，綿陽市博物館，綿陽雙包山二號西漢木槨墓發掘簡報〔J〕，文物，1996（10）：13～29，四川省文物考古研究院，綿陽市博物館，綿陽雙包山漢墓〔M〕，北京：文物出版社，2006。

第三節　漢代玉璧的型式分析

漢代玉璧在漢的疆域範圍內有廣泛的發現，主要見於墓葬中，京畿地區的帝陵、宮殿及宗廟遺址中也多有發現，一般多出自祭祀遺跡中，各地的皇家祭祀遺址中也有少量發現。

玉璧的種類更為統一，主體仍為圓璧，出廓璧數量增加，而且造型也更為多樣；滇國在戰國時期流行使用有領璧，西漢時期仍有發現。因此玉璧的種類主要有圓璧、出廓璧、雙聯璧、有領璧 4 類。

一、圓璧

圓璧作為從新石器時代就開始流行的玉璧基礎種類，在漢代仍為主體器類。圓璧中雖然仍有小型圓璧的發現，但是大型圓璧較東周時期更為普遍。

1. 大型圓璧

這一時期大型圓璧的造型和紋樣更為豐富，根據玉璧的紋樣及琢刻方式可分為素面玉璧、動物紋樣玉璧、幾何紋樣玉璧、複合紋樣玉璧（環帶紋樣玉璧）4 種類型。

A 型　素面玉璧。西漢時期的素面玉璧數量更少，據不完全統計約有 30 餘件〔註 154〕，主要見於滿城漢墓、北京大葆臺漢墓、高郵天山 M2 等，發現數量最多的為河北滿城漢墓 M2，漆棺上鑲嵌 26 件素面玉璧，其餘地區只有零星發現。器形規整，外輪正圓，厚薄均勻，璧面素面無文。直徑 14、孔徑 2.5、厚 0.3 釐米（圖 42，1）。江蘇高郵神居山 M2，器形規整，外緣側面陰刻「上合」二字。直徑 12.5、孔徑 4.2、厚 0.6 釐米（圖 42，2）。

B 型　動物紋樣玉璧。數量較少，璧面紋樣以龍紋為主，以蟠虺龍紋最為常見，其次是夔龍紋。根據琢刻工藝可分為陰線琢刻紋樣、鏤空透雕紋樣兩亞型。

Ba 型　陰線刻。數量較少，器形規整，璧面琢刻夔龍紋、蟠螭紋、雙鷹紋，種類也較單一，而且多僅為單件。長沙財經專科學校出土，璧面雙面琢刻 4 組夔龍紋〔註 155〕（圖 42，3）。長沙望城坡漁陽墓，璧面內外緣以陰線弦紋為界，其內琢刻 4 組蟠螭紋。外緣由對稱的 4 個鑽孔（圖 42，4）。

〔註 154〕陳斯文，兩漢時期出土玉璧的初步研究〔D〕，西安：西北大學，2012：29。
〔註 155〕張昌平，郭偉民，中國出土玉器全集：湖北湖南（第 10 冊）〔M〕，北京：科學出版社，2005：229。

　　Bb 型　鏤空透雕。在戰國時期楚地較多見，到西漢時期得到發展。器形較小，直徑一般小於 10 釐米。璧面透雕紋樣多為龍紋、鳳紋、螭紋或龍鳳、龍螭、螭鳳等，並輔以雲紋等紋樣。構圖精妙，而且鏤空的技法也更為嫻熟。新出現的螭紋使用較多，在很多情況下替代龍紋，與鳳紋組合使用。如廣州南越王墓 E52，璧面鏤空琢刻雙螭雙鳳（圖 42，5）。有些在璧面正中還琢刻鞢形紋樣，如大葆臺漢墓 M1：94（圖 42，6）。大葆臺漢墓中玉璧 M1：95，璧面鏤空琢刻象紋圖案，在漢代非常少見（圖 42，7）。除了動物圖案之外，也有幾何紋樣，如雲紋，數量較少。廣州南越王墓中就出土 1 件鏤空透雕雲紋玉璧。

圖 42　漢代 A 型素面玉璧、B 型動物紋樣玉璧

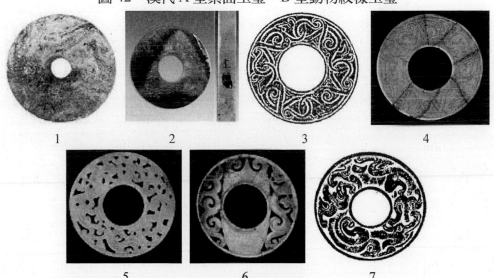

1、2.A 型素面玉璧（河北滿城漢墓 M1：5107、江蘇高郵神居山 M2）　3、4.Ba 型陰線刻動物紋樣玉璧（長沙財經專科學校、長沙望城坡漁陽墓）　5～7.Bb 型鏤空透雕動物紋樣玉璧（廣州南越王墓 E52、大葆臺漢墓 M1：94、大葆臺漢墓 M1：95）

　　C 型　幾何紋樣玉璧

　　幾何紋樣玉璧是漢代最為常見，數量最多的玉璧種類。根據璧面紋樣主要可分為穀紋玉璧、蒲紋玉璧、乳釘紋玉璧 3 亞型。

　　Ca 型　穀紋玉璧。穀紋玉璧是漢代幾何紋樣玉璧中的主要紋樣。有些研究文章中將陰線刻穀紋歸為渦紋，但是從穀紋的整體製作看，無論是稱為穀紋還是稱為渦紋的紋飾，表面皆以陰線刻畫旋轉線條，只是製作的手法上略有不同，所謂渦紋是表面略有突起的穀紋造型，在紋飾的表達上應屬於同一類紋飾，因此本書將其皆稱為穀紋。

在各個地區的玉璧中皆有發現，如江蘇高郵天山神居山 M1 出土，璧面內外緣以陰線弦紋勾邊，再加飾一周絢索紋，其內去地琢刻穀紋，穀紋外緣以陰線勾勒輪廓。直徑 22、孔徑 6.6、厚 0.8 釐米（圖 43，1）〔註 156〕。陝西西安未央區紅旗機械廠出土，璧面內外緣陰刻弦紋勾邊，其內陰線刻穀紋。直徑 16.4、孔徑 5.7、厚 0.4 釐米（圖 43，2）〔註 157〕。在西漢時期穀紋玉璧一般以寬蒲格紋打底，在蒲格上琢刻穀紋，因此穀紋玉璧的穀粒一般都略突出於璧面，有減地的效果。一般雙面都琢刻穀紋，也有的單面飾紋，如江蘇徐州北洞山楚王墓出土的玉璧（6080），就只有單面琢刻穀紋。有些玉璧的側面還刻有計數文字，如河北定縣中山簡王墓中出土的穀紋玉璧（12）側面就可有「百九十五」。

玉璧的中孔一般都較小，直徑多小於或等於璧面寬，有些中孔仍比較大，大於中孔直徑。如安徽天長三角圩西漢晚期 M1 中出土玉璧的中孔直徑就大於璧面寬。這類玉璧一般器形略小，鮮有大於 15 釐米的大型玉璧。

圖 43 　漢代 C 型幾何紋樣玉璧

1
2
3

4
5

1、2.Ca 型穀紋玉璧（江蘇揚州神居山 M1、陝西紅旗機械廠）　3、4.Cb 型蒲紋玉璧（江蘇揚州邗江甘泉「妾莫書」西漢墓、湖南長沙桐陰里東漢墓葬 M1）　5.Cc 型乳釘紋玉璧（江蘇高郵神居山 M2）

〔註 156〕揚州博物館，天長市博物館，漢廣陵國玉器〔M〕，北京：文物出版社，2003：51。
〔註 157〕西安市文物保護考古所，西安文物精華：玉器〔M〕，西安：世界圖書出版公司，2003：5。

Cb 型　蒲紋玉璧。蒲紋一般是在璧面上先以陰線刻畫出菱格紋，再以豎陰線界隔菱格紋，隨後將陰線磨寬，璧面劃刻齊整，似葦席蒲紋。蒲紋也在玉璧的製作中也單獨使用，在各地區的漢墓中都有發現，但是數量較少。江蘇揚州邗江甘泉「妾莫書」西漢墓，單面琢刻蒲紋。直徑 16.3、孔徑 2.5、厚 0.3 釐米〔註 158〕（（圖 43，3）。湖南長沙桐蔭里東漢時期墓葬 M1，雙面琢刻蒲紋，直徑 19.2、孔徑 2.75、厚 0.6～0.7 釐米〔註 159〕（（圖 43，4）。

Cc 型　乳釘紋玉璧。在璧面去地淺浮雕圓形乳釘紋，是漢代新出現的紋飾玉璧種類。最早的例子見於西漢中期晚段江蘇高郵神居山 M2 中，璧面排列整齊有序的乳釘紋，顆粒飽滿，但是在放大鏡下可以觀察到乳釘紋實際是六角形的，屬於乳釘紋的早期形態（圖 43，5）。乳釘紋玉璧在漢代比較少見，乳釘紋更多地用於東漢時期出廓璧。

D 型　複合紋樣玉璧。亦稱為分區玉璧、環帶紋樣玉璧。璧面多以絢索紋將璧面分為數重，以幾何紋樣和動物紋樣組合構圖，每種紋樣以環帶形式出現，一般以動物紋為主體紋樣，幾何紋為輔助紋樣，其中主體紋樣以雙身夔龍紋最為常見、其次為鳳鳥紋。

圖 44　漢代 D 型複合紋樣玉璧

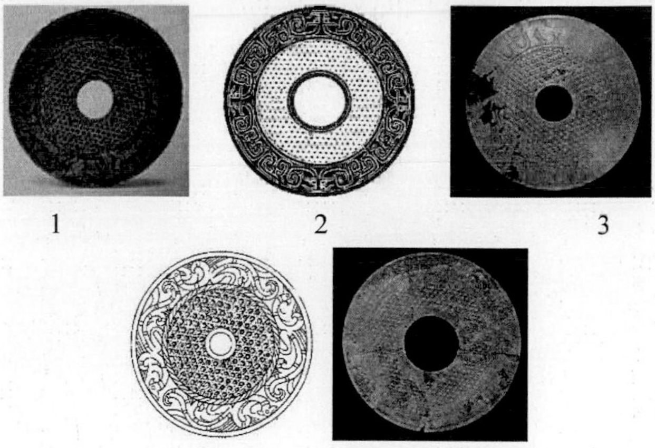

1.Da 型雙身夔龍紋玉璧（西安北郊大白楊漢墓）　2.Da 型龍尾加飾鳳鳥紋雙身夔龍紋玉璧（西安北郊棗園南嶺 M1）　3.Da 型簡化雙身夔龍紋玉璧（南越王墓）
4.Db 型鳳鳥紋玉璧（滿城漢墓 M2 竇綰墓）　5.Dc 型幾何紋樣玉璧（南越王墓）

〔註 158〕揚州博物館，天長市博物館，漢廣陵國玉器〔M〕，北京：文物出版社，2003：61。
〔註 159〕張昌平，郭偉民，中國出土玉器全集：湖北湖南（第 10 冊）〔M〕，北京：科學出版社，2005：229。

　　Da 型　雙身夔龍紋玉璧。璧面多以絢索紋分兩區，外區陰線琢刻 4 組雙身夔龍紋，內區陰線刻穀紋或蒲紋。這類玉璧在戰國晚期開始出現並流行，是漢代最主要的複合紋樣玉璧。在墓葬中大量出現。南越王墓中就出土了 20 餘件。在京畿及其他地區都有出土（圖 44，1〔註 160〕）。

　　外區雙身夔龍紋的尾部有時會添加鳳鳥紋、螭紋、蛇紋等輔助紋樣，身體與龍尾勾連纏繞，紋飾更為複雜多樣。如陝西西安北郊棗園南嶺漢墓，龍尾與小鳳鳥紋勾連相交，玉璧側邊琢刻「六百六十一」字樣（圖 44，2〔註 161〕）。

　　內區紋樣一般以穀紋、蒲紋為主，還有朵雲紋等，西安棗園南嶺 M1：36 雙身夔龍紋玉璧的內區為桃心朵雲紋。另外在玉璧的製作中有些比較精細，有些比較潦草，在璧面劃刻定位線，簡單用陰線勾勒龍紋輪廓。如廣州南越王墓〔註 162〕（圖 44，3）。

　　Db 型　鳳鳥紋玉璧。璧面內外緣以陰線弦紋勾邊，其內以絢索紋分為兩區，外區陰線琢刻數組鳳鳥紋，內區琢刻整齊蒲紋。在京畿地區、河南、河北、山東、安徽、廣東等地區都有發現，數量僅次於雙身夔龍紋璧（圖 44，4）。

　　Dc 型　幾何紋玉璧。僅見於廣州南越王墓，璧面以絢索紋分為兩區，外區琢刻勾連雲紋，內區琢刻蒲紋（圖 44，5）。

2. 小型圓璧

　　在西漢帝陵、祭祀遺址或遺跡中所見最多，成批出土。漢代墓葬中小型圓璧的數量更少，但是璧面的紋樣較大型圓璧更為多樣。

　　A 型　素面玉璧。是小型玉璧的主要種類，主要見於帝陵、雍城血池遺址、聯志村、盧家口等祭祀遺址或遺跡中，出土數量較多，如茂陵李夫人墓附近就出土玉璧 90 餘件。一般多與圭同出，器形不太規整，製作比較粗陋，在山東地區的幾處西漢墓葬中也有發現。出土玉璧的遺址集中於西漢時期，東漢時期尚未發現。應與這類玉璧專有的祭祀功能相關（圖 45，1）。

　　B 型　穀紋玉璧。僅見於山東滕州東鄭莊墓地 M81（圖 45，2）。

　　C 型　雲雷玉璧。僅見於山東滕州封山墓地 M54（圖 45，3）。

〔註 160〕西安市文物保護考古所，西安文物精華：玉器〔M〕，西安：世界圖書出版社，2004：5。

〔註 161〕陝西省考古研究院，西安北郊棗園南嶺西漢墓發掘簡報〔J〕，考古與文物，2017（9）：27。

〔註 162〕全洪，中國出土玉器全集：廣東廣西福建海南香港澳門臺灣（第 10 冊）〔M〕，北京：科學出版社，2005：53。

　　D 型　雲紋玉璧。僅見於山東滕州封山墓地 M36，璧面琢刻 4 組雲紋，雲紋間夾飾三角紋（圖 45，4）。

　　E 型　柿蒂紋玉璧。是漢代新出現的紋樣玉璧，應是受銅器、陶器中柿蒂紋影響。見於安徽天長三角圩 M1，器形較規整，正圓，內外緣陰刻弦紋勾邊，其內圍繞中孔琢刻一組 4 瓣柿蒂紋，紋飾間飾圓圈紋、卷雲紋（圖 45，5）。

　　F 型　扉棱玉璧。戰國中晚期楚地較為多見，漢代僅見於廣州南越王墓，不能排除是戰國遺物的可能性。器形較規整，內外緣皆琢刻寬扉棱，璧面內外緣陰線勾邊，其內均勻琢刻勾連雲紋（圖 45，6）。

圖 45　漢代小型圓璧

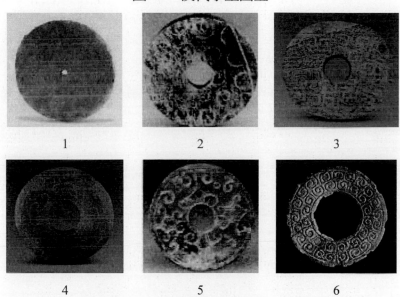

1.A 型素面玉璧（西安聯志村）　2.B 型穀紋玉璧（山東滕州東鄭莊墓地 M81）
3.C 型雲雷紋玉璧（山東滕州封山墓地 M54）　4.D 型雲紋玉璧（山東滕州封山墓地 M36）　5.E 型柿蒂紋玉璧（安徽天長三角圩 M1）　6.F 型扉棱玉璧（廣州南越王墓）

二、出廓璧

　　出廓璧雖然在漢代發現的數量有限，據不完全統計僅有 10 餘件，但是出廓璧是漢代的特色玉璧種類。戰國晚期出廓璧已經出現，但是製作，尤其是紋樣設計與琢刻皆不能與漢代相比。出廓璧的紋樣變化比較多樣，但是數量較少，每種類型多為單件。根據玉璧的出廓位置可分為 3 型：

1. 外緣出廓

玉璧的外輪廓出廓透雕紋樣，是出廓玉璧的主要形態。根據出廓位置還可分為 3 亞型。

A 型　兩側出廓。是出廓玉璧的最早形態，戰國晚期出現，至漢代兩側出廓的形態依然存在，兩側出廓的紋樣多為鳳鳥紋，也有龍紋。玉璧外廓兩側透雕紋樣。見於廣州南越王墓（D166），穀紋玉璧外緣兩側底部各琢刻一隻鳳鳥，S 形鳳鳥相背而立，低頭頷首，挺胸卷尾。璧面頂底部各鑽有 1 小孔〔註163〕（圖 46，1）。

圖 46　漢代外緣出廓玉璧

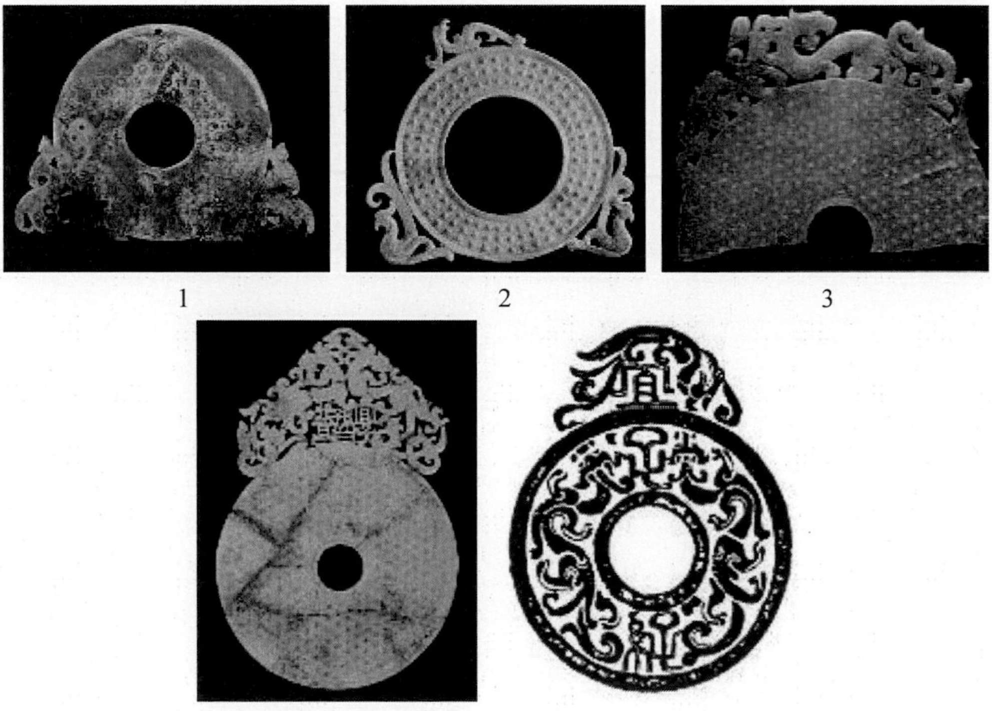

1·A 型外緣兩側出廓玉璧（廣州南越王墓）　2.B 型外緣頂部、兩側出廓玉璧（廣州南越王墓）　3～5.C 型頂部出廓玉璧（江蘇徐州獅子山楚墓、廣西合浦黃泥崗一號墓、江蘇揚州邗江甘泉老虎墩漢墓）

B 型　頂、側皆出廓。玉璧外廓頂部及兩側皆透雕紋樣。兩漢時期皆有發現，只是在西漢時期頂部與兩側出廓部分大小相近，不分主次；東漢時期所見

〔註163〕全洪，中國出土玉器全集：廣東廣西福建海南香港澳門臺灣（第 10 冊）〔M〕，北京：科學出版社，2005：70。

出廓璧的兩側出廓部分縮小，出廓紋樣以頂部為主。見於廣州南越王墓（圖 46，2）〔註 164〕、河北定縣中山穆王墓等。

C 型　頂部出廓。玉璧外緣頂部透雕紋樣。根據琢刻內容可分為 2 亞型。

Ca 型　琢刻動物紋樣。兩漢時期皆有發現，雖然西漢早期、中期至東漢時期頂部出廓有從低到高再到低的趨勢，但是由於數量較少，不能確定是否為時代差異。見於江蘇徐州獅子山楚墓（圖 46，3）、河北滿城漢墓 M1、河北定縣北莊中山簡王墓等。

Cb 型　琢刻動物紋及文字。新出現的出廓璧類型，發現並流行於東漢時期。見於廣西合浦黃泥崗墓葬 M1、江蘇揚州邗江甘泉老虎墩漢墓、咸陽周陵鄉新莊村東漢墓中。根據玉璧璧面的琢刻方式可再分為 2 次亞型：

Cb I 型　陰線刻璧面。廣西合浦黃泥崗墓葬 M1，璧面去地琢刻乳釘紋，頂部出廓鏤空透雕琢刻兩隻螭紋，相背而立，螭身下有「宜子孫益昌」5 個字。直徑 27、寬 18.3、厚 0.6 釐米〔註 165〕（圖 46，4）。

Cb II 型　鏤空透雕璧面。如江蘇揚州邗江甘泉老虎墩漢墓，璧面鏤空透雕雙螭紋，頂部出廓透雕彎身鳳鳥紋，出廓部分及璧面上透雕「宜子孫」3 個字。高 9、直徑 7、厚 0.4 釐米〔註 166〕（圖 46，5）。

2. 內外緣出廓

玉璧的內外緣皆鏤空透雕紋樣，戰國晚期就已出現，至東漢時期仍有發現，見於廣州南越王墓、河北定縣中山懷王墓（圖 47，1）〔註 167〕。

3. 內緣出廓

玉璧內緣出廓鏤空透雕紋樣。僅見於廣州南越王墓，玉璧內緣出廓透雕龍紋，璧面琢刻穀紋。直徑 8.8、厚 0.4 釐米（圖 47，2）〔註 168〕。

〔註 164〕南越王墓博物館，香港中文大學文物館，南越王墓玉器〔M〕，香港：兩木出版社，1991：圖版 135。

〔註 165〕全洪，中國出土玉器全集：廣東廣西福建海南香港澳門臺灣（第 10 冊）〔M〕，北京：科學出版社，2005：189。

〔註 166〕殷志強，張敏，中國出土玉器全集：江蘇上海（第 7 冊）〔M〕，北京：科學出版社，2005：161。

〔註 167〕古方，中國古玉圖典〔M〕，北京：文物出版社，2007：231。

〔註 168〕南越王墓博物館，香港中文大學文物館，南越王墓玉器〔M〕，香港：兩木出版社，1991：圖版 42。

圖 47　漢代內外緣出廓、內緣出廓玉璧

1　　　　　　　　　　　　　　　2

1.內外緣出廓玉璧（河北定縣中山懷王墓）　2.內緣出廓玉璧（廣州南越王墓）

三、有領璧

西漢時期有領璧仍見於雲南地區，是西周以來滇地本身玉璧製作與使用體系的沿用，但是在西漢中期階段以後，隨著與中原地區交流的不斷增加，玉璧種類出現中原的穀紋、夔龍紋玉璧等，逐漸為中原文化所通化。漢代有領璧主要見於西漢早中期階段的雲貴地區。雲南晉寧石寨山、江川李家山、昆明羊甫頭等墓地的西漢墓葬中。

有領璧璧面有寬有窄，璧面較寬的玉璧一般中孔較小。有領璧領較寬，呈方唇。璧面不琢刻紋樣，皆素面。如雲南江川李家山墓地 M47 出土，璧面較寬，直徑 20.6、孔徑 6.7 釐米〔註169〕（圖48，1）。雲南昆明市羊甫頭墓地 M113 出土，璧面較窄。直徑 9.5、孔徑 5 釐米〔註170〕（圖48，2）。

圖 48　漢代有領璧、牙璧、雙聯璧

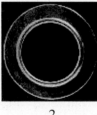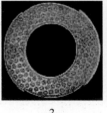

1　　　　　2　　　　　3　　　　　4

1、2.有領璧（雲南江川李家山墓地 M47、昆明羊甫頭墓地 M113）　3.牙璧（安徽天長三角圩漢墓）　4.雙聯璧（廣州南越王墓）

〔註169〕王麗明，中國出土玉器全集：雲南貴州（第 12 冊）〔M〕，北京：科學出版社，2005：42。

〔註170〕王麗明，中國出土玉器全集：雲南貴州（第 12 冊）〔M〕，北京：科學出版社，2005：108。

四、其他玉璧種類

漢代還發現有牙璧和雙聯璧，很少見，都僅發現 1 件。牙璧見於安徽天長三角圩漢墓中，璧面較窄，中孔較大，厚薄不勻。外緣等分琢刻出 4 個齒牙。璧面淺浮雕穀紋。玉璧側面刻有「上十二」銘文〔註171〕（圖 48，3）。

雙聯璧僅見於廣州南越王墓，雙璧相連，璧外上下有出廓鳳鳥紋、雲紋裝飾。璧面淺浮雕穀紋〔註172〕（圖 48，4）。

第四節 漢代玉璧的製作工藝

玉器的製作在商代開始就有專門的王室專用作坊進行，漢代玉器製作也歸屬專門的官署管理。漢代中央一級製玉一般由少府管轄，祭祀用玉與喪葬用玉分屬不同的部門負責。根據《漢書‧百官公卿表上》記載，少府屬官東園匠「主作陵內器物」，喪葬所用玉衣、玉璧等應由東園匠負責製作；少府屬官尚方「主作禁器物」，皇室專屬器物應皆由尚方負責，祭祀、禮儀用璧也由尚方提供。

漢代有些玉璧的側邊可有數字，如棗園南嶺漢墓中複合紋樣玉璧側面陰線刻數字「六百六十一」，定縣中山簡王墓中出土的穀紋玉璧側面陰刻「百九十五」，似為計數之用。從側面說明玉璧的製作是歸某一部門或作坊統一製作，刻字以計數。三角圩漢墓穀紋璧上刻有「上十二」，似為飾棺所用鑲嵌玉璧的計數及定位刻銘，可見喪葬玉璧的製作也是統一製作的，並非隨意取用。

一些較大的諸侯國也有玉器作坊，各諸侯國中出土玉璧部分應為本地玉作坊製作。徐州北洞山楚王墓中出土的玉衣片形狀特殊，不同於同時代其他諸侯王墓出土的玉衣片，可能為楚王室所轄玉器作坊製作，而且徐州白雲山西漢墓、喬家湖東漢墓中曾出土玉料，可能墓主人為玉作坊的玉工或其親屬。《漢書‧西南夷兩粵朝鮮傳》記載：南越王趙佗「謹北面因使者獻白璧一雙、翠鳥千、犀角十，紫貝五百……」所獻物產應皆為南越國獨有，因此白璧可能為南越國屬玉作坊所製。

漢代玉璧的主要種類為圓璧和出廓璧兩類，其餘有領璧、牙璧、雙聯璧的

〔註171〕楊立新，中國出土玉器全集：安徽（第 6 冊）〔M〕，北京：科學出版社，2005：135。

〔註172〕南越王墓博物館，香港中文大學文物館，南越王墓玉器〔M〕，香港：兩木出版社，1991：圖版 39。

數量較少。在圓璧中紋飾玉璧的數量占到大多數。出廓玉璧與紋飾玉璧的製作是漢代玉璧製作的主要種類。漢代紋飾玉璧的紋樣多樣，而且出廓玉璧數量增加，工藝精度與難度都較東周時期有了大幅度的提高。玉璧在這一階段的製作仍可分開坯成形、設計打稿、刻紋、修整成器四個步驟。

一、開坯成形

玉器的製作工藝自東周以來，隨著金屬工具的普遍使用，製作技術得到大的提升。從玉璧的器形看，器形十分規整，厚薄均勻，平整，漢代玉璧的器體普遍較大，多在 15 釐米左右，有些玉璧的直徑甚至有些超過 40 釐米，但是器物的外輪正圓，可見當時開坯成形的工藝已經非常成熟。玉璧的表面雖然沒有保留開坯成形的痕跡，但是滿城漢墓玉衣片的背面有些留有切痕，開片的切割痕一般寬 1～1.5 毫米，最窄的一條僅 0.35 毫米〔註173〕。從一個側面反映出當時的開坯成形工具非常先進，而且對其使用相當嫻熟。

二、設計、打稿

漢代玉璧器型較大，璧面紋樣比較複雜，大量使用龍、鳳、螭、熊等動物紋樣，尤其是出廓玉璧、鏤空透雕玉璧在紋樣構圖複雜、精巧，造型逼真、靈動，在刻紋之前應該有充分的設計打稿。由於設計痕跡很難保留下來，不過在穀紋、蒲紋玉璧上，尤其是蒲紋玉璧有些留有打稿的陰線，穀紋玉璧的璧面內外邊緣位置，有時會留有一些圓點或雙身夔龍紋玉璧上多保留有打稿定位的痕跡，尤其是一些只勾勒夔龍紋輪廓的玉璧，在龍首兩側、龍角、龍身、龍腿、龍尾等位置都用寬陰線打稿。蒲紋、穀紋玉璧多先以細陰線打菱格紋起稿（圖49）。

圖 49　漢代玉璧保留的打稿痕跡

左：南越王墓雙身夔龍紋璧打稿線　　右：揚州妾莫書墓蒲紋璧打稿線

〔註173〕中國社會科學院考古研究所，滿城漢墓發掘報告〔M〕，北京：文物出版社，1980：附錄一，金縷玉衣的復原。

三、刻紋

由於玉璧中琢刻紋飾比例增加，而且在紋飾製作中鏤空透雕、去地淺浮雕與陰線刻多組合使用，對於琢刻工藝有很高的要求。

陰線刻：陰線刻是漢代玉璧製作時最常用的技法。多用於表現平面紋樣，穀紋、動物紋樣，一般粗細陰線結合使用，來表現圖案的層次感。漢代的細如毛髮的游絲毛雕是漢代玉雕的獨特技法，在玉璧的製作中多用於表現動物羽紋、毛髮等細節。

去地淺浮雕：多用於璧面穀紋、乳丁紋的製作。陰線打稿後，將陰線磨寬，形成整齊的六邊形，再去掉六邊形外的其餘部分。還用於玉璧璧面動物紋樣的製作，將紋樣之外的部分磨掉。

鏤空透雕：先鑽孔定位，再拉線去掉紋樣之外的多餘部分，勾勒出紋樣的輪廓。多用於鏤空透雕玉璧和出廓璧中對動物紋、文字的表現。

在玉璧的紋樣琢刻中，這三種技法多組合使用，去地淺浮雕、鏤空透雕出動物紋樣或幾何紋樣輪廓後，以細陰線刻畫細部和輔助紋樣，如圓圈紋、二字紋、柳葉紋等。漢代玉璧紋樣線條流暢、乾淨利落，彎轉自然，在動物紋的塑造中惟妙惟肖、栩栩如生，體現出漢代刻紋的高超技藝。

四、成器

刻紋完成後，需要修整拋光才能成器。由於漢代玉璧製作中成形技術十分成熟，因此在成器中基本不需要修整這道工序，而更多的使用拋光技術，對玉璧進行精細加工。

首先要將開料和成形中的切痕和鑽痕去掉。漢代玉璧的中孔垂直，無鑽痕，外輪廓較圓，但是仔細觀察的話，會發現側面是由一段一段的小平面組成，這些痕跡應該不是製作痕跡，而是在成器過程中粗拋拋去鑽痕時留下的磨痕。

其次是要將刻紋中的刻痕、劃痕去掉。有些玉器上保留有刻紋時的部分痕跡，未拋光之前，在紋樣線條周圍有很多條短細劃痕，是紋樣劃刻過程中留下的，這些痕跡都需要去掉。

漢代玉璧器形規整，主體紋樣突出，地子平整，鏤空處平整流暢，璧面光潔如鏡，都是拋光二次加工的結果。

雖然漢代玉璧多歸專屬玉作坊製作，但是玉璧的改制使用現象比較多見，穀紋、蒲紋及雙身夔龍紋玉璧常被改制為其他用器。尤其是祭祀用玉、喪葬用

玉中，常用玉璧改製器物。如雍城血池遺址用玉璧改制的玉人、璜，聯志村遺址用玉璧改制的玉圭、豬、用大型圓璧改制祭祀用的小型圓璧等，徐州北洞山漢墓出土的部分玉衣片為穀紋或雙身夔龍紋玉璧改制等等。

先秦時期的改製器物多為斷器、殘器改制，漢代玉璧的改制雖然不能排除亦是殘器，但用玉璧改製器物比較多見，卻不見其他玉器的改製器物，而且從玉璧表面紋飾刻畫完整，拋光細緻，可能多用成器改制。這也是漢代玉璧，尤其是西漢玉璧製作與使用的一個特點。

第五節　漢代玉璧的使用

一、漢代玉璧出土遺跡類型

漢代發現玉璧的遺址類型比較多樣，主要見於帝陵、建築遺址和祭祀遺址的祭祀遺跡，以及漢代各地區的墓葬中。

1. 帝陵遺址

在西漢帝陵遺址範圍內，如陽陵、茂陵、平陵、杜陵等都出土了一些玉璧。景帝陽陵帝陵 18、19 號叢葬坑曾出土一批漢白玉璧〔註 174〕。茂陵遺址附近在平整土地時在出土了大型四神玉鋪首、琉璃璧各 1 件，璧出自鋪首下〔註 175〕。

帝陵遺址中有些玉璧出自祭祀坑或明顯是與一定的祭祀活動相關，歸入了祭祀遺跡中進行闡述。

2. 宮殿建築遺址

漢長安城未央宮二號建築遺址中出土了若干玉璧，遺址可能為皇后所居的椒房殿所在。

3. 祭祀遺址

西漢時期，在全國範圍內設立了許多祭祀天地、日月、山川、河流的國家祭祀場所，如雍城、長安南郊、東郊設立的舉行諸如郊祀等祭祀活動的重要的國家祭祀場，常有皇帝親祭，祭祀等級非常高。大部分的祭祀場所由祭祀官循例進行祭祀活動，祭祀等級及用器皆有規制〔註 176〕。在西安、華山、雍城、

〔註 174〕漢陽陵博物苑，漢陽陵博物苑〔M〕，北京：文物出版社，2006：55，62，63。
〔註 175〕王志傑，朱捷元，漢茂陵及其陪葬冢附近新發現的重要文物〔J〕，文物，1976
　　　　（7）：51～55。
〔註 176〕田天，秦漢國家祭祀史稿〔M〕，北京：生活‧讀書‧新知三聯書店，2015。

山東、甘肅等地的國家祭祀系統的祭祀遺址也曾出土玉璧。

山東煙台芝罘島陽主廟後殿前的長方形土坑中出土玉器 2 組 8 件，每組為璧 1、圭 1、觿 2。玉圭疊放於玉璧中央，觿分列於玉璧兩側，二組器形略小，距一組約 1 米左右。未見其他遺物。玉璧表面有朱砂痕跡[註177]。應為秦漢時期祭祀陽主的祭祀遺址遺存。

1979、1982 年山東青島榮成成山分別發現了 2 批玉器，第 1 組為璧 1、圭 2、璜 1，出自地表 2 米一下，出土時玉璧居中，圭置於兩側，璜疊放於璧上。第 2 組為璧 1、圭 2，玉璧居中，圭分置兩側。兩組玉器發現點之間曾發現過磚鋪臺階遺跡，在發現點西北方向還分布著秦漢時期的建築遺址。從玉器的器形來看，兩組玉器的時代有早晚差異，可能為秦漢時期祭祀日主活動的遺存。

位於華山腳下的華陰縣黃埔峪村，可能為西漢武帝時期祭祀華山的集靈宮遺址所在，曾出土玉璧 7 件[註178]。西安北郊盧家口附近集中出土玉璧、琮、圭、璋、璜、琥、玉人等 85 件[註179]。西安聯志村[註180]也集中放置的大量的玉璧，與圭、琮、觿、璜、玉人、玉豬等其他器類同出，共計 100 餘件。漢文帝時在長安城東郊設立顧城廟等一系列的祭祀場所[註181]，這批玉器可能與這些祭祀遺址相關。

甘肅禮縣鸞亭山遺址一共出土玉器 24 件，其中圭 20 件，璧 14 件。房址 F3 出土 3 組玉器，G4 出土 3 組玉器，另外還有一些散落分布的玉璧、圭。F3 出土第 1 組玉器為璧 1 圭 2，兩圭並列位於璧的南側，圭尖東向；第 2 組玉器為圭 1 璧 1，圭在璧上，圭尖指向東南；第 3 組為璧 2 圭 1，兩件玉璧上下疊

〔註177〕煙台博物館，煙台市芝罘島發現一批文物〔J〕，文物，1976（8）：93～94。

〔註178〕劉雲輝，陝西出土漢代玉器〔M〕，北京：文物出版社，2009：12。

〔註179〕1971 年在西安東郊聯志村徵集一批玉器，出土自一個方坑內，後藏於西安博物院。經後期整理統計，有玉人、玉璋、玉璜、玉琥、玉觿、玉琮等類共 130餘件。西安市文物管理委員會，玉器〔M〕，西安：陝西省旅遊出版社，1992，西安市文物保護考古所，西安文物精華：玉器〔M〕，西安：世界圖書出版西安分公司，2004，劉雲輝，陝西出土東周玉器〔M〕，北京，臺北：文物出版社，眾志美術出版社，2009。

〔註180〕1980 年在西安北郊盧家口村徵集到一批玉器，有玉璋、玉琮、玉人、玉環、玉圭、玉琥、玉豬、玉觿等共計件，後藏於陝西文物商店。王長啟，從古代玉禮器的發展與衰落看西安市北郊出土的秦國玉器〔A〕//楊伯達，出土玉器鑒定與研究〔C〕，北京：紫禁城出版社，2004，西安市文物保護考古所，西安文物精華·玉器〔M〕，西安：世界圖書出版西安分公司，2004，劉雲輝，陝西出土東周玉器〔M〕，北京，臺北：文物出版社，眾志美術出版社，2009。

〔註181〕劉振東，譚青枝，顧成廟與奉明園〔J〕，考古與文物，2019（5）：103～106。

置，圭貼下璧南側邊緣放置，圭尖東南向。G4 第 1 組玉器由上中下三層 8 件玉器疊置。上層為 1 白璧、1 白圭、1 青圭，中層為 1 白璧、2 白圭、1 青圭，下層為 1 白璧，中層和下層玉璧上留有朱砂；G4 第 2 組由白璧、白圭、青圭組成，璧下壓兩圭，白圭在青圭之上，白圭上撒鋪朱砂，再疊放玉璧；G4 第 3 組玉器與第 2 組種類相同，擺放不同，兩圭疊壓於玉璧上，圭尖東南向，白圭上見少許朱砂。G4 附近還發現了一些散落的玉璧、圭，應該是被擾動過的祭祀遺存。根據發掘者推斷鸑亭山遺址為西漢時期祭天的西畤所在〔註182〕。

4. 祭祀遺跡或祭祀坑

除了專門的祭祀遺址外，在帝陵遺址，主要見於西漢早中期，如景帝陽陵、武帝茂陵、昭帝平陵及宣帝杜陵遺址的帝陵叢葬坑、道路、寢殿等多種遺址中有發現。

漢景帝陽陵 2 號羅經石遺址東南側的祭祀坑中也曾發現數量較多的小型漢白玉圓璧，與圭同出〔註183〕。茂陵李夫人墓附近出土了一批漢白玉圭、璧，其中玉璧 90 件、玉圭 140 件〔註184〕。茂陵陵冢東南部的禮制建築白鶴館遺址附近，上世紀 60 年曾出土過數量較多的玉圭、玉璧〔註185〕。平陵帝陵與後陵之間道路兩側分別發現了排列成組的玉圭、璧，每組間間距約 2 米，每組都為玉圭、玉璧組合，中間放置 1 件玉璧，圍繞玉璧擺放 7、8 件玉圭，圭尖朝向玉璧〔註186〕。杜陵王皇后陵寢殿遺址中出土玉圭、璧各 1 件〔註187〕。

在帝陵遺址範圍內發現的玉璧皆為小型圓璧，一般為漢白石製成，素面無文。有些玉璧與小型玉圭同出，且有一定的使用組合，應多為帝陵舉行的祭祀活動保留的遺存。

5. 墓葬

墓葬所見玉璧是西漢時期玉璧的主要出土類型，在西漢轄域範圍內，各地區的墓葬中皆有發現。

〔註182〕 早期秦文化考古隊，2004 年甘肅禮縣鸑亭山遺址發掘主要收穫〔J〕，中國歷史文物，2005（5）：4～14，圖版一～八，梁雲，對鸑亭山祭祀遺址的初步認識〔J〕，中國歷史文物，2005（5）：15～31。

〔註183〕 漢陽陵考古陳列館，漢陽陵考古陳列館〔M〕，北京：文物出版社，2004。

〔註184〕 劉雲輝，陝西出土漢代玉器〔M〕，北京：文物出版社，2009。

〔註185〕 劉慶柱，李毓芳，西漢十一陵〔M〕，西安：陝西人民出版社，1987：50。

〔註186〕 咸陽博物館，漢平陵調查簡報〔J〕，考古與文物，1982（4）：45～49。

〔註187〕 中國社會科學院考古研究所，漢杜陵陵園遺址〔M〕，北京：科學出版社，1993：73。

二、漢代玉璧出土位置

玉璧的出土位置主要仍是針對墓葬所見玉璧而言的。西漢時期的墓葬形製相較周代有所變化，出現了磚石墓、崖墓等多種形製，而且出現多室墓，因此玉璧在墓葬中的出土位置也較周代更多樣。出自棺槨之外的玉璧數量增加，多見於耳室、側室或中室、前室等，而或槨室邊箱或頭箱，放置於棺槨的玉璧數量減少，而且放置位置集中於棺槨之上和內外棺間。玉璧更多的放置於墓主人身體附近。由於高等級的墓葬盜擾較多，因此多以未經盜擾的墓葬或墓室部分進行梳理。

1. 耳室或側室

玉璧出自耳室或側室。廣州南越王墓中西耳室出土玉璧 6 件，其中 3 件蒲紋璧與玻璃璧、玉環同出，3 件穀紋璧上下相疊與車馬器同出自一竹笥中；另外墓葬的東耳室、東西側室也出土了玉璧，但是為殉人佩繫之物。

2. 中室或前室

玉璧出自多室墓中的前室或中室。如河北滿城漢墓 M1 中山靖王墓的中室中部就出土 1 件玉璧，周邊放置的是燈及其他玉飾；M2 其妻竇綰墓的中室東南角也出土了玉璧 2 件，周邊放置的為骨片、銅儀仗飾等。廣州南越王墓的前室出土玉璧 3 件，發掘者認為是一套組玉佩。陝西咸陽杜家堡東漢墓 M1 中前室西北角的磚臺上發現玉璧 2 件，上下相疊，可能原盛奩在一漆木器中。

3. 墓室或後室

河北滿城漢墓 M1 的後室南部出土玉璧 1 件，M2 的後室西北角也出土 1 件玉璧，周邊放置長信宮燈、漆案飾件等。

4. 棺槨之上

長沙象鼻嘴 M1 中棺蓋板上出土玉璧 1 件。南越王墓槨蓋商出土 4 件玉璧，璧上還殘留有絲織品痕跡，原應放置於槨蓋四角。相似的情況還見於山東長清雙乳山 M1，出土的 1 件玉璧上留有漆繪雲氣紋，玉璧原當放置於棺蓋之上，因此黏附漆棺上的彩繪紋樣。江蘇高郵神居山 M1 的棺蓋中部亦放置 1 件玉璧。山東巨野紅土山昌邑王墓、臨沂劉疵墓中棺上也都放置有 1 件玉璧。

5. 頭箱或邊箱

湖北雲夢大墳頭漢墓 M1 的頭箱中出土 1 件玉璧，出土時璧上覆有環形皮革。南越王墓棺槨頭箱中出土玉璧 7 件，層疊放置於盛放珍珠的漆盒上，足

箱內還出土 2 件玉璧。

6. 內棺頭端外側

戰國楚墓中比較常見，西漢時期也有數例發現。如安徽巢湖北山頭 M1、放王崗 M1 中的頭端內外棺之間都出土了 1 件玉璧，不過都未發現組帶痕跡。

7. 玉衣上下

玉璧覆蓋於玉衣上，鋪墊於玉衣下。主要見於南越王墓，玉衣上覆蓋 10 件玉璧，玉衣下鋪墊 5 件，頭罩上也覆蓋 1 件玉璧。再如河北定縣中山懷王墓中玉衣外放置有 4 件玉璧。

8. 玉衣頂部

玉璧作為玉衣的一部分，連綴於玉衣的頭部頂端。見於南越王墓、滿城漢墓、徐州土山東漢墓 M1 等。

9. 頭部

玉璧出自墓主人頭部或頭端。河北石家莊小沿村趙王張耳墓頭旁出土玉璧 1 件，湖南長沙桐梓坡漢墓群出土玉璧 3 件，皆放置於頭部。另外永州鷂子山劉彊墓、長沙咸家湖曹㜗墓，江蘇徐州陶樓一號墓的頭部都出土玉璧。

10. 口中

玉璧以琀使用。僅見於山東滕州東鄭莊墓地，其中 M53、M129、M188、M189 墓墓主人口內各出土玉璧 1 件，為小型圓璧。

11. 胸腹部

玉璧出自墓主人胸腹部。如西安棗園南嶺漢墓中墓主人胸腹部出土玉璧 4 件，其中 1 件玉璧打為 25 塊，其中 6 塊放置於腹部。另外江蘇蘇州天寶墩 M27 號墓的墓主人胸部出有玉璧 1 件。儀徵煙袋山漢墓中男女墓主人胸部各放置玉璧、銅璧各 1 件。安徽天長縣三角圩漢墓中墓主人胸部放置玉璧 11 件。

12. 身體上下

玉璧放置於墓主人身體上下。如江蘇徐州子房山漢墓玉璧放置於墓主人身體上下。山東長清濟北王墓的墓主人腰腹部、背部共出土玉璧 5 件，巨野紅土山昌邑王墓中墓主人身體上下出土玉璧 27 件。如河北定縣中山懷王墓中墓主人下頜、身體右側、兩臂各出有 1 件玉璧。滿山漢墓 M1 墓主人胸部正中縱向放置 3 件玉璧，兩側放置 5 件，背部鋪墊 3 件，左右肩下各 1 件；M2 中墓主人胸部放置 11 件，背部鋪墊 4 件玉璧。

13. 足部

玉璧放置於墓主人足部。較為少見，僅見於南越王墓，足部下方出土 1 件雙聯璧。

三、漢代玉璧出土組合

玉璧在漢代組合出土或使用的情況主要見於祭祀遺址或遺存中，墓葬中組合使用的情況比較少見，組合出土更多見於組玉佩。玉璧在這一時期的使用中功能可能相對比較獨立。

1. 圭璧

主要見於漢代的祭祀遺址及遺跡中。西漢帝陵遺址、甘肅鸞亭山、山東成山等祭祀遺址或遺存中都有發現。西漢帝陵遺址中出土的玉璧基本都與玉圭同出，而且玉璧、玉圭皆為小型，素面，製作較為粗糙，應是專為祭祀製作的玉器。鸞亭山等祭祀遺址中出土的玉璧、玉圭為大型玉圭璧。兩者的擺放也有區別，可見兩者在使用中存在一定的差異（圖 47，左、中）。

圖 50　漢代玉璧使用組合

左：西漢平陵出土玉圭璧組合　中：鸞亭山遺址玉圭璧組合　右：成山遺址圭璧璜組合

2. 璧、圭、觽

見於煙台芝罘陽主廟祭祀遺跡，玉圭放置於玉璧中央，玉觽分列左右。

3. 璧、圭、璜

見於山東成山遺址 B 組祭祀組合，玉璧位於正中，其上放置玉璜，兩件玉圭分列玉璧左右（圖 47，右）。

4. 璧、珩（璜）、觽

是漢代組玉佩比較多見的組合形式，多輔以小型玉飾，一般分幾個層次，玉璧多位於頂部，為璧珩，玉觽位於下方，中央為單件或多件玉珩（璜），或玉璧。這類玉璧一般直徑小於 10 釐米。

5. 璧、珩（璜）

組玉佩組合形式，見於南越王墓。組玉佩可分為數層，由多件珩（璜）、璧組合而成，之間多輔以管珠或小玉飾。

6. 璧、三角形、菱形等玉片

玉璧與三角形、菱形等形狀的玉片同出，一般是漆棺的飾棺鑲嵌用玉。見於徐州獅子山、滿城漢墓、盱眙大雲山漢墓等。

四、漢代玉璧使用方式

漢代玉璧在墓葬中的擺放方式多樣，使用方式也較兩周時期更為多樣，主要集中於飾棺用璧和斂屍用璧。

1. 懸繫

玉璧懸繫使用。如江蘇徐州韓山西漢墓中出土的 1 件玉璧璧面上留有織物的十字形痕跡。江蘇高郵神居山 M2 中內棺外側玉璧上也留有織物痕，只是在懸繫之外，還用中孔還用鉚釘固定。

2. 鑲嵌

玉璧為鑲嵌使用。一般與三角形、菱形等各種形狀的玉片組合鑲嵌飾棺。如河北滿城漢墓 M2 的漆棺外壁鑲嵌玉璧 26 件，兩側擋板上的玉璧略大，側板與蓋板各嵌兩排 8 枚玉璧。鑲嵌時先將漆棺上刻鑿約 1 釐米深的璧形凹槽，隨後在槽內填灰泥（應為一種黏接劑），再將玉璧嵌於漆棺上。江蘇盱眙大雲山 M1、M2 中漆棺外壁髹漆，內壁嵌玉。內壁由三角形、菱形等形狀的玉片與玉璧構圖，玉片及玉璧間隙用金箔銀箔貼飾〔註 188〕。河南永城保安山 M3 中出土三角形、菱形等玉片及玉璧，可能也為鑲嵌之用〔註 189〕。徐州獅子山漢墓中出土也出土一些矩形、三角形玉片及素面玉璧，應亦為鑲嵌棺槨之用〔註 190〕。江蘇高郵神居山 M2 中出土了 1 件素面玉璧，側面刻有「上

〔註 188〕 南京博物院，盱眙縣文廣新局，江蘇盱眙縣大雲山江都王陵二號墓發掘簡報〔J〕，文物，2013（1）：25～66，南京博物院，盱眙縣文廣新局，江蘇盱眙縣大雲山西漢江都王一號墓〔J〕，考古，2013（11）：3～68，王煜，漢代鑲玉漆棺及相關問題討論〔J〕，考古，2017（11）：89～99。

〔註 189〕 河南省商丘市文物管理委員會，河南省文物考古研究所，芒碭山西漢梁王墓地〔M〕，北京：文物出版社，2001：78，王煜，漢代鑲玉漆棺及相關問題討論〔J〕，考古，2017（11）：89～99。

〔註 190〕 李春雷，江蘇徐州獅子山楚王陵出土鑲玉漆棺的推理復原研究〔J〕，考古與文物，1999（1）：55～71。

合」二字，可能為鑲嵌玉璧的序號。

也有的鑲嵌於漆面罩上以幎目，如海昏侯墓、尹灣 M6 中墓主人頭部就為嵌玉璧的漆面罩覆蓋。

3. 鉚釘

玉璧鉚釘使用。如江蘇高郵神居山 M2 中出土的玉璧中孔還存留有鎏金銅泡釘，出土時璧孔鉚釘，並以三股組帶懸繫於內棺外側〔註191〕。徐州北洞山楚王墓中出土的 2 件玉璧的璧孔中也留有鎏金銅泡釘，泡釘背面有天干地支和數字刻銘，應亦鉚釘於棺上。

4. 盛奩

將玉璧盛奩放置。這種情況在漢代所見較多，多放置於漆木器中，也有的放於竹笥中。如廣州南越王墓西耳室出土的玉璧 3 件放置於漆木器中，3 件放置於竹笥中。湖北光化五座墳漢墓 M3 中頭端木匣內出土 1 件玉璧。咸陽杜家堡東漢墓 M1 中出自西北角磚臺的 2 件玉璧可能原盛奩在漆木器中。

5. 放置

玉璧放置於棺槨之上、之間及墓主人身周、身下等位置。在祭祀遺址或遺跡中，玉璧也是根據一定的規制進行擺放。如鸞亭山、芝罘等祭祀遺址中玉璧與圭等其他玉器同出，並有擺放順序。

6. 縫綴

玉璧縫綴使用。多見於玉衣之上，玉璧與玉片一併編綴縫綴，玉璧一般位於頭頂位置。

7. 編織裱糊

將玉璧用織物編織裱糊使用。主要見於滿城漢墓中，先將玉璧用織物斜線交叉黏貼，再用織物從中孔纏繞編織，後在玉璧上裱糊厚織物，使其形成一個整片，將其再用織物包裹於墓主人身上。

8. 綁繫

將玉璧用絲帶連繫綁繫使用。見於南越王墓，墓主人玉衣上放置了 10 件玉璧，其中正中的 6 件以絲帶綁繫為十字形，是漢代斂屍用璧的一類使用方式。

〔註191〕殷志強，張敏，中國出土玉器全集：江蘇上海（第 7 冊）〔M〕，北京：科學
　　　　出版社，2005：111。

9. 佩戴

一般玉璧與其他玉器如珩（璜）、觿、小型玉佩、管珠等組成組玉佩使用。

五、漢代玉璧的使用制度

漢代玉璧主要見於墓葬及祭祀遺址、遺跡中，玉璧的發現更為集中於國家祭祀遺址和高等級的墓葬中，在經歷新石器時代、商周階段的發展之後，玉璧在漢代的使用制度逐漸成熟與完善，在出土玉璧中可窺端倪。

1. 祭祀用璧制度

西漢出土玉璧的祭祀遺址主要有祭祀陽主、祭日、祭天、祭山、祭祖等祭祀遺址。西漢長安附近祭祀遺址或遺跡出土的玉圭璧來看，皆為小型圭璧，形製、製作特點、玉料幾乎一致，有些係用紋飾玉璧改制，但是皆為專為祭祀製作的玉器。而其他地區的祭祀遺址如華陰集靈宮遺址、成山，包括鸞亭山遺址出土的玉璧大型圓璧居多，而且多為紋飾玉璧，與墓葬中所見玉璧無異，這一點可能是與祭祀對象不同、祭祀遺址的時代有關聯，但是也不能排除是與祭祀等級有關。

而且在祭祀遺址中西漢帝陵出土的祭祀用璧數量較多，甚至有數十件，其他祭祀遺址中的玉璧數量較少，一般一組祭祀組合僅有 1 件。這樣的差異可能也與祭祀等級相關。

在祭祀用玉中針對不同的祭祀對象，用玉組合併不相同。

祭日：成山遺址中使用了兩套組合，玉璧、圭和玉璧、圭、璜（珩）。

祭陽主：芝罘陽主廟祭祀遺存中使用的是璧、圭、觿的組合。

祭山：華陰集靈宮祭祀遺存中使用的是玉璧、圭。

祭天：鸞亭山遺址中使用了玉璧、圭和玉璧、圭、玉人組合。雍山血池遺址用的是玉璜、玉琮、玉人等組合。吳山遺址使用的也是玉璜、玉琮、玉人組合。

祭祖：西漢帝陵遺址的組合皆為玉璧、圭。

祭河：根據《漢書》記載，祭祀黃河所用的祭祀玉器為玉璧。

在祭祀用璧中可能存在祭祀等級與祭祀對象的區別，在祭祀用玉的製作、祭祀數量及祭祀組合上存在差異。

2. 服飾用璧制度

東周時期的服飾用璧制度逐漸集中於組玉佩的使用，在西漢早期組玉佩

仍然十分流行，而且組玉佩組合雖然多樣，但是基礎組合基本穩定並簡化，主要為璧、珩（璜）或璧、珩（璜）、觿兩類組合，多輔以管珠和小型玉飾。而且組玉佩的使用範圍較寬泛，現已發現的組玉佩見於諸侯王、列侯、外戚及官吏墓葬中。

西漢東郊動物園 M3 墓主人為竇氏外戚，出土兩組組玉佩，由璧、珩（璜）、觿組成，配以玉飾。西漢早中期南越王墓主墓室及殉人、殉葬夫人周圍都發現有組玉佩，玉佩多玉璧、珩（璜）組合，配以管珠或小型玉飾，是漢代出土組玉佩最多的墓葬。西漢早期安徽巢湖北山頭 M1 中棺內出土的璧、珩（璜）、玉飾等 30 餘件玉器發掘者認為是一組組玉佩，其中有玉璧 5 件。從玉璧的擺放位置及玉器的數量推斷，很可能為數組組玉佩，而且 4 件玉璧集中在墓主人頭、胸部位置，也不能排除部分玉璧為斂屍用璧的可能。組玉佩還在一些較低等級的墓葬中有所發現。

但是西漢中期，西周以來對玉器「首德次符」的界定、君子比德與玉的認識逐漸弱化，玉器的寓意更傾向於升仙、辟邪。受當時升仙思想的影響，佩玉的主要類型，或者說主要圖案逐漸演化為龍、鳳、螭，所用造型或圖案皆於天、仙相關。以組玉佩彰顯身份、等級的意義弱化。另外漢代佩玉製度逐漸形成以印綬體現等級的新標準。《後漢書・輿服志》對諸侯王、列侯及各級官吏所佩戴印綬的尺寸、質地、懸繫印的絲帶都有嚴格的規定，逐漸取代組玉佩成為服飾用玉中彰顯等級與身份的作用〔註192〕。西晉摯虞《決疑要注》中記載：「漢末喪亂，絕無玉佩。魏侍中王粲識舊佩，失復作之。」也可說明漢時組玉佩的衰沒。

漢代服飾用璧的特點：一是主要集中發現於西漢早期，中晚期僅有零星發現，東漢時期基本不見；二是組玉佩中使用玉璧的情況比較普遍，用璧組玉佩的組合比較固定，主要有玉璧、珩（璜）和玉璧、珩（璜）、觿兩種基礎組合，輔以小型玉飾及管珠；三是雖然也在諸侯王、列侯墓葬中有所發現，但是發現組玉佩的墓葬等級相對較低；四是組玉佩出自女性墓主人的比例較高。

3. 喪葬用璧制度

漢代喪葬制度逐步健全、完善，喪葬用璧也更為規範，喪葬的儀程可分為裝殮儀節、埋葬儀節、葬後祭祀儀節〔註193〕。從墓葬中玉璧的出土位置看，

〔註192〕曾東，先秦秦漢時期組玉佩和事佩研究〔D〕，武漢：武漢大學，2018：31～33。
〔註193〕高崇文，試論先秦兩漢喪葬禮俗的演變〔J〕，考古學報，2006（4）：447～472。

玉璧的放置和使用位置相對比較固定，主要出自主墓室，多見於棺槨及墓主人身體上下。現仍從喪、葬、祭三個程序進行考察。

喪儀用璧：

漢代在喪儀階段，也就是裝殮階段的禮俗較多的沿用了先秦時期的習俗，仍多見於墓主人頭部、胸腹部、身上身下等位置，只是玉璧的出土位置更為集中，主要見於墓主人身上及身下、玉衣上下。這一時期的喪儀用璧主要有用於面罩、玉衣、斂屍用璧及飾棺用璧幾個方面。

面罩頭套：漢代由東周時期的玉幎目發展演變出漆木面罩，海昏侯墓、尹灣 M6 號墓中墓主人頭部覆蓋嵌有玉璧的漆木面罩。尹灣 M6 的漆木面罩內上下各嵌鑲璧 1 件，頂為玉璧，底為琉璃璧。還有玉頭套，如徐州拖龍山 M1 中出土一件玉頭套，分為前後兩片，將玉片縫綴於織物之上，再套於頭部，使用方式與面罩無異，頂部為 1 件玉璧。面罩頭套中所用玉璧一般直徑小於 15 釐米，體量不大。

斂屍用璧：

斂屍用璧是漢代喪儀用璧的主要內容，漢代喪葬用玉逐步規範，諸侯王等高等級墓葬中多以玉衣為殮服。玉衣又稱為「玉匣」「玉柙」等。由東周時期的幎目、鱗施等發展而來，西漢文帝以後開始出現，但玉衣的使用尚沒有嚴格的等級區別，東漢時期玉衣分級使用制度確立，《後漢書·禮儀志》中詳細記載了東漢時期玉衣使用的規制，皇帝用金縷玉衣，諸侯王、列侯、始封貴人、公主等用銀縷玉衣，大貴人、長公主用銅縷玉衣。玉衣用長方形等各種玉片組合編綴而成，一般玉頭罩頂部為 1 件玉璧，玉璧的璧孔為供靈魂出入的璧門。玉璧在玉衣中既為實用組件，也為具有象徵意義的象徵物。

除了新出現的玉衣殮服外，漢代依然流行以玉璧斂屍。玉璧的大量放置於墓主人頭部、胸腹部、玉衣上下或玉衣內墓主人身上身下。擺放位置更為集中，主要放置於胸腹部上下，單獨放置於頭部、足部等位置的玉璧發現較少。

有玉衣殮服的在玉衣上下、玉衣內墓主人身體上下都有放置，沒有玉衣的則仍多放置於墓主人胸腹部上下。玉璧成排成列擺放，但是擺放形式並沒有慣例。有的十字形排列，如南越王墓；有的縱向一字排列，如天長三角圩 M1；有的橫向排列，如獅子山楚王陵陪葬墓；有的層疊堆放，如昌邑哀王墓；還有的數列擺放，如滿城漢墓。這些玉璧一般將體量最大的玉璧放置於中央，也就是胸腹部。以璧斂屍的形式更為多樣，除了西周以來的平置擺放、鋪墊之外，

這一時期的玉璧或以絲帶纏繞綁繫，或裱糊於織物之上，以斂屍。可見這一時期雖然在高等級墓葬中流行以璧斂屍，但是擺放位置、擺放方式和數量並沒有規制。

　　玉璧皆為大型圓璧，其中雙身夔龍紋、鳳紋等複合紋飾玉璧和穀紋玉璧占到大多數，玉璧的體量一般較大，尤其是放置於胸腹部的玉璧一般直徑都在 15 釐米以上，甚至有些超過 30 釐米。第一等級中玉璧棺內玉璧數量多超過 10 件，第二等級中不超過 10 件，第三、四等級中多為單件或數件。因此以玉璧殮葬主要見於諸侯王、列侯級墓葬中，較低的第三、四等級只能是玉璧隨葬，而非殮葬。諸侯王、列侯王后及夫人也皆使用玉璧殮葬，可見斂屍玉璧的使用雖然存在等級差異，但是性別差異不明顯，不過需要注意的是，已經發現的隨葬玉璧的墓葬以男性墓葬居多（表 29）。

表29　漢代典型墓葬斂屍用璧情況

墓葬等級	遺　址	時　代	性別	玉璧	放置位置
第一等級	廣州南越王墓	西漢早中之交	男	32	玉衣上下、玉衣內墓主人身上身下、玉衣頂、足下等
第一等級	滿城漢墓 M1	西漢中期	男	18	前胸13，後背18
第一等級	滿城漢墓 M2	西漢中期	女	15	前胸11，後背4
第一等級	徐州獅子山漢墓	西漢早期	男	24	不明
第一等級	河北獻縣 M36	西漢早期	女	3	棺內
第一等級	盱眙大雲山 M1	西漢中期	男	25	前室、內槨盜洞
第一等級	巨野昌紅土山漢墓	西漢中期	男	28	前胸17，後背10
第一等級	長清雙乳山 M1	西漢中期	男	4	胸部、後背
第一等級	定縣八角廊 M40	西漢中期	男	4	兩臂2，頸部1，身體右側（胸部）1
第一等級	永城窯山 M2	西漢晚期	女	37	墓室底部
第一等級	臨淄金陵鎮 M1	東漢早期	男	5	主室
第一等級	定縣北莊 M1	東漢中期	男	23	主室
第二等級	巢湖北山頭 M1	西漢早期	男	5	頭部4，胸部1
第二等級	南昌海昏侯墓	西漢中期	男	數件	身上

第二等級	西安鳳棲原張安世墓	西漢中期	男	9	棺內
第二等級	定縣 M43	東漢晚期	男	1	玉衣內
第二等級	青州馬家冢子	東漢晚期	男	9	後室 7
第二等級	洛陽機車廠漢墓	東漢晚期		1	棺床中部（身上身下）
第三等級	徐州碧螺山	西漢早期		2	身下
第三等級	黑頭山漢墓	西漢早期	男	1	頭部
第三等級	徐州獅子山陪葬墓	西漢中期	男	5	胸腹部 5
第三等級	徐州子房山 M3	西漢中期		9	身上身下
第三等級	永州鷂子山漢墓	西漢中期	男	1	頭部
第三等級	巢湖放王崗 M1	西漢中期	男	1	胸部
第三等級	天長三角圩 M1	西漢中期	男	7	頭部 4，腹部 1，身上 7
第三等級	萊西岱墅木槨墓 M1	西漢晚期		2	頭部 1，胸腹部 1
第三等級	萊西岱墅木槨墓 M2	西漢晚期		3	頭部 1，胸腹部 1
第四等級	徐州奎山 M11	西漢中期		2	胸腹部 1，身下 1
第四等級	西安西北醫療設備廠 M2	西漢中期		1	胸腹部
第四等級	尹灣 M6	西漢中期	男	1	腿側

飾棺用璧：

漢代飾棺用璧有較大的變化與發展，東周時期以組帶懸繫玉璧於棺外的方式仍有沿用，新出現在漆棺上鉚釘玉璧、鑲嵌玉璧玉片的裝飾手法，尤其是鑲嵌玉璧的手法在墓葬中比較多見。這些飾棺方式是在漆木棺製作時就已經完成的，在喪儀時直接將屍身裝殮，而非葬儀中由宗廟赴壙之時懸繫完成，因此漢代的飾棺用璧歸入喪儀中討論。

懸繫使用，見於江蘇徐州韓山、高郵神居山 M2 中。這種飾棺方式在戰國時期就已經出現，在楚地比較多見，漢代仍有沿用。

鉚釘使用，是漢代新出現的飾棺用璧方式，以鉚釘穿璧孔固定玉璧，而且可能數量並非 1 件，徐州北洞山楚王墓鉚釘飾棺璧的泡釘背面有天干地支和數字刻銘，應是用以標記玉璧位置的。

鑲嵌使用，也是漢代新出現的飾棺用璧方式，在諸侯王墓葬中發現較多，

是高等級墓葬中比較流行的喪葬習俗。用於鑲嵌的玉璧一般背面光素，不經加工，而且還多與三角形、長方形等形狀的玉片同出，可以作為判斷飾棺用玉的標準。

飾棺用璧所用皆為大型圓璧，玉璧的數量增加，戰國時期多在頭端棺槨外發現 1 件玉璧，漢代飾棺不限於頭端，棺內、棺外都發現以璧飾棺的情況，鑲嵌、鉚釘或懸繫，排列有序，多呈圖案，可以說這一時期的飾棺用璧才稱得上正在的飾棺璧，玉璧雖然包含著斂屍、導引升仙的功能與意義，但是裝飾性明顯增強。飾棺用璧與玉衣相近，也出現於西漢中期前後，飾棺的裝飾方式、位置、數量各不相同，可見並非形成規制。不過從已有發現看，多將玉璧鉚釘、鑲嵌固定於漆棺是比較常見的方式，由於缺乏東漢時期的資料，以玉璧飾棺多見於西漢時期。

漢代喪儀用璧特點：一是主要使用大型圓璧，而且體量較大，多超過 15 釐米，甚至 20 釐米；三是使用更為規範，主要見於面罩、玉衣頂部及斂屍用璧、飾棺用璧；三是喪葬用璧制度成熟，等級性更為明顯，出土玉璧的墓葬明顯較東周時期減少，但是單座墓葬中的玉璧數量增加。玉衣、斂屍用璧、飾棺用璧的使用等級集中在諸侯王、列侯級墓葬中；四是斂屍用璧的模式的更為多樣，鋪墊、放置、綁繫、裱糊，擺放方式也較為多樣，是漢代喪儀用璧不斷成熟的表現；五是無論是玉衣的使用、斂屍用璧數量的增加、飾棺用璧都體現出包裹性，用玉包裹身體，用玉包裹漆棺；六是喪儀用璧中斂屍用璧在兩漢時期皆有使用，但是飾棺用璧的情況多見於西漢時期。

葬儀用璧：在葬儀階段，也即啟殯埋葬階段的用璧情況。主要是發現於棺槨之上、槨內、頭箱邊箱足箱等的玉璧。

這一時期由於高等級墓葬的下葬方式出現了變化，先秦時期的豎穴木槨墓多使用「懸封」式窆棺形式，即在墓內搭建好槨室後，將木棺利用棺束懸棺下葬。漢代墓葬形製出現了很多變化，高等級墓葬中崖墓、黃腸題湊墓、磚室墓、石室墓的使用，使得窆棺形式逐漸轉化為橫向推進式，將木棺利用滑輪、滑板等從墓道或墓門橫向推入墓室。窆棺形式的變化使得先秦時期在下葬過程中及下葬後在棺槨之上進行的一些儀程也隨之變化，玉璧多放置於頭箱、邊箱，或側室、耳室等，先秦時期在棺槨之上、棺槨間放置玉璧的情況也比較少見了（表 30）。

表30　漢代棺槨之上、之間及邊箱出土玉璧情況

墓葬等級	遺　　址	時　　代	性　別	玉　璧	放置位置
第一等級	長沙象鼻嘴 M1	西漢早期	男	1	棺蓋
第一等級	廣州南越王墓	西漢早中之交	男	4	槨蓋
第一等級	巨野昌紅土山漢墓	西漢中期	男	28	棺蓋
第一等級	長清雙乳山 M1	西漢中期	男	1	棺蓋
第一等級	高郵神居山 M1	西漢中期宣帝	男	1	棺蓋
第二等級	臨沂劉疵墓	西漢早期	男	1	棺蓋北部
第一等級	滿城漢墓 M1	西漢中期	男	5	棺槨之間

　　出於棺槨之上的玉璧多見於棺蓋上，在長沙象鼻嘴 M1、巨野紅土山、長清雙乳山 M1、臨沂劉疵墓、高郵神居山 M1 等墓葬中皆有發現，有些表面留有絲織品痕跡，也有的黏有漆棺紋樣，可能為高等級墓葬中的一種葬俗，下葬時放置於棺上。也有的放置於槨蓋上，如南越王墓槨蓋四角上各放置 1 件玉璧。

　　除過棺槨蓋上，在棺槨之間也有發現，如滿城漢墓 M1 中棺槨之間出土玉璧 5 件，其中 1 件為出廓玉璧。還有的出自頭箱或邊箱，不多見。如湖北雲夢大墳頭漢墓 M1 的頭箱中出土 1 件玉璧，南越王墓棺槨頭箱中出土玉璧 7 件，足箱內還出土 2 件玉璧。由於多室墓的出現和使用，玉璧還出自墓室之外的側室、耳室、前室、中室等，也多為下葬時放置（表 31）。

表31　頭箱、邊箱、耳室等其他位置出土玉璧情況

墓葬等級	遺　址	時　代	性別	玉璧	放置位置
第一等級	廣州南越王墓	西漢早中之交	男	8	西耳室 6，東側室 2
第一等級	滿城漢墓 M1	西漢中期	男	2	中室 1，後室 1
第一等級	滿城漢墓 M2	西漢中期	女	3	中室 2，後室 1
第三等級	銅山小龜山漢墓	西漢中期	男	2	南室
第四等級	雲夢大墳頭 M1	西漢早期	男	1	頭箱

墓祭用玉：

商周時期重視廟祭而不重視墓祭，雖然從春秋時期開始，墓葬上開始起墳丘，戰國時期各諸侯王墓都設有高大的封土，建立陵園，而且封土之上開始出現陵堂，為秦漢時期的陵墓祭祀制度奠定了基礎。《後漢書·祭祀下》中記：「古不墓祭，漢諸陵皆有園寢，承秦所為也。」〔註194〕

以西漢帝陵為例來看，根據已有的勘探與發掘成果，西漢帝陵的主要形製要素有陵園、封土、墓穴、寢園、陵園、外藏坑、道路、陪葬墓等等，其中寢園為帝陵中最基本、最重要、使用時間最長的祭祀場所。陵廟為祭祀祖先的禮制性建築，與一併稱為寢廟園，是帝陵的專屬祭祀場所〔註195〕。各諸侯國也仿帝陵設立自己的陵園和祠堂等。

因此西漢時期墓祭遺存發現的比較多。在西漢景帝陽陵、武帝茂陵、昭帝平陵、宣帝杜陵等帝陵遺址內都有發現，漢景帝陽陵 2 號羅經石遺址為景帝帝廟德陽廟，遺址東南側的祭祀坑中也曾發現數量較多的小型漢白玉圓璧，與圭同出〔註196〕。杜陵王皇后陵寢殿遺址中出土玉圭、璧各 1 件〔註197〕。

出土遺址不限於寢殿、陵廟，在封土附近、禮制建築、道路等也有一些發現，如茂陵李夫人墓附近出土了一批漢白玉圭、璧。茂陵白鶴館遺址附近也曾出土過數量較多的玉圭、玉璧。平陵帝陵與後陵之間道路兩側分別發現了排列成組的玉圭、璧，應該都是與墓祭相關的遺存。

4. 用璧等級制度

西漢建立之初，沿用秦代的二十級官爵制度，並在其上加設王爵。封異姓諸侯為王。在平滅異姓諸侯王后，漢高祖盟誓「非劉姓不王，非有功不得侯」，將劉姓宗室為諸侯王，其子為侯，有功之臣為列侯。因此西漢時期的爵位制度大致可分為 3 個等級，王侯爵二級（諸侯王、列侯）、吏爵十一級（由五大夫至關內侯）、民爵八級（由公士至公乘）〔註198〕。各級爵制間有嚴格的區別，

〔註194〕 范曄，後漢書：祭祀下〔M〕，北京：中華書局，1965。

〔註195〕 焦南峰，西漢帝陵形製要素的分析與推定〔J〕，考古與文物，2013（5）：72
　　　　～81。

〔註196〕 漢陽陵考古陳列館，漢陽陵考古陳列館〔M〕，北京：文物出版社，2004。

〔註197〕 中國社會科學院考古研究所，漢杜陵陵園遺址〔M〕，北京：科學出版社，1993：
　　　　73。

〔註198〕 朱紹侯，軍功爵制在西漢的變化〔J〕，河南師大學報（社會科學版），1983（1）：
　　　　55～63，朱紹侯，簡論關內侯在漢代爵制中的地位〔J〕，史學月刊，1987（1）：
　　　　15～19。

民爵的賜予對象為編戶齊民，得爵不得超過八級；吏爵中六百石以上直至御史大夫等官吏為一等，四百石以下官吏，所謂「勤事吏」為另一等。

東漢時期仍有二十爵制，但是實際只有兩等爵制，皇子為王，功臣封侯。

漢代的墓葬等級根據爵制大致也可分為幾等，由於缺乏帝陵的資料，因此第一等級即為諸侯王及王后墓葬；第二等級為列侯、王子侯及王后墓葬；第三等級為六百石以上的高級官吏及夫人墓葬；第四等級為勤事吏等低級官吏墓葬；第五等級為一般平民。

第一等級墓葬為諸侯王及王后墓葬。主要見於廣州南越王墓，江蘇徐州獅子山、北洞山、龜山、高郵神居山 M2，河北小沿村趙王墓、滿城漢墓、獻縣 M36、定縣中山簡王、中山穆王墓，山東曲阜魯王墓、巨野紅土山昌邑王墓、長清雙乳山濟北王墓，河南永城梁王墓等，皆為漢代受封於各地的諸侯王及王后墓葬。第一等級中玉璧的隨葬比例較高，每座墓葬中都出土玉璧，而且玉璧的隨葬數量較多。未經盜擾的諸侯王墓中出土玉璧情況看，玉璧的隨葬數量都在 20 件以上，南越王墓中超過 70 件。長清濟北王劉寬墓雖未盜擾，但是僅出土 5 件玉璧，劉寬因詛咒皇帝被問罪，自刎而死，死後封國被廢黜，墓葬中隨葬玉璧的數量較少，而且沒有使用玉衣，應該都與其死因相關。

玉璧的種類有大型圓璧和出廓璧兩類，基本都為大型圓璧，體量較大。出廓璧主要見於第一等級墓葬中。

墓葬中服飾用璧發現較少，主要為喪葬用璧，並以喪儀用璧使用玉璧最頻繁。玉璧的出土位置比較固定，以斂屍用璧、飾棺用璧為主。主要見於主墓室中墓主人身體上下或棺槨之間。飾棺用璧在漢代得到發展，並且主要見於第一等級墓葬中，以鑲嵌、鉚釘等多種方式以玉璧飾棺，是這一時期飾棺用璧的新方式，飾棺用璧更為精緻、複雜。

墓葬中隨著窆棺方式的改變，葬儀用璧的數量減少，現有的發現幾乎都見於第一等級中。諸侯王墓在這一階段多仿帝陵開始設立陵園與寢殿，應該也同時存在定期的墓祭活動，需要進一步的考古資料予以證實。

已發現的諸侯王及王后墓葬在玉璧的使用中並沒有太多差異，但是從第一等級墓葬整體來看，由於已發現的第一等級墓葬以男性墓葬居多，因此似乎玉璧在使用中存在性別差異（表 32）。

表 32　漢代第一等級典型墓葬玉璧隨葬情況

等　級	遺　址	時　代	墓主人	玉璧情況	出土位置
第一等級	廣州南越王墓	西漢早中期之交	南越王趙眜	大型圓璧 69，出廓璧 4	殉人組玉佩組件 16，西耳室 6，東側室 2，主室槨蓋 4，頭箱 7，足箱 2，棺內 3，玉衣上下 15，玉衣足下 1，玉衣內墓主人身上下 14，頭罩上 1，玉衣頂 1，組玉佩組件 1
第一等級	河北滿城漢墓 M1	西漢中期	中山靖王劉勝	大型圓璧 25，出廓璧 1	中室 1，後室南部 1，棺槨之間 5，玉衣內墓主人身上身下 18，玉衣頂部 1
第一等級	河北滿城漢墓 M2	西漢中期	中山靖王王后竇綰	大型圓璧 44	後室西北角 1，飾棺 26，玉衣內墓主人身上身下 15，玉衣頂 1
第一等級	山東巨野紅土山	西漢中期	昌邑哀王劉髆	大型圓璧 28	墓主人身下 10，身上 17，棺上 1
第一等級	山東雙清雙乳山 M1	西漢中期	濟北王劉寬	大型圓璧 5	腹部、背部
第一等級	徐州獅子山漢墓	西漢早期	楚王劉戊或劉郢客	大型圓璧 29	不明
第一等級	河北獻縣 M36	西漢早期	河間王后或妃	大型圓璧 4	棺內
第一等級	盱眙大雲山 M1	西漢中期	江都王劉非	大型圓璧	前室、內槨盜洞
第一等級	巨野昌紅土山漢墓	西漢中期	昌邑哀王劉髆	大型圓璧 28	前胸 17，後背 10
第一等級	長清雙乳山 M1	西漢中期	濟北王劉寬	大型圓璧 5	胸部、後背
第一等級	定縣八角廊 M40	西漢中期	中山懷王劉修	大型圓璧 5	兩臂 2，頸部 1，身體右側（胸部）1
第一等級	永城窯山 M2	西漢晚期	梁荒王劉嘉王后	大型圓璧 37	墓室底部
第一等級	臨淄金陵鎮 M1	東漢早期	齊煬王劉石	大型圓璧 5，殘片若干	主室
第一等級	定縣北莊 M1	東漢中期	中山簡王劉焉	大型圓璧 23	主室
第一等級	定縣 M43	東漢晚期	中山穆王劉暢	大型圓璧 3	玉衣內

　　第二等級為列侯及其夫人墓葬，玉璧的隨葬也比較普遍，主要見於陝西西安鳳棲原漢墓 M8、長安茅坡村漢墓、咸陽楊家灣漢墓，廣西貴縣羅泊灣漢墓、賀縣金鐘 M1，南昌海昏侯，江蘇徐州陶樓 M1、漣水三里墩漢墓、揚州邗江老虎墩漢墓，湖南永州鷂子山劉彊墓，河北邢臺南曲煬侯墓、定縣 M43，山東濟南大覺寺 M2 等。由於盜擾比較嚴重，隨葬情況比較明確的墓葬並不多。

　　玉璧的種類主要為大型圓璧，還有個別出廓璧。玉璧的數量較第一等級有所減少，隨葬數量也在 10 件左右。玉璧多放置於棺內，墓主人身上。尚未發現飾棺用璧的例子，多為斂屍用璧。第二等級墓葬中玉璧隨葬暫未發現明顯的性別差異（表 33）。

表 33　漢代第二等級典型墓葬玉璧隨葬情況

等　級	遺　址	時　代	墓主人	玉璧情況	出土位置
第二等級	永州鷂子山漢墓	西漢中期	列侯劉彊	大型圓璧 1	頭部
第二等級	南昌海昏侯墓	西漢中期	海昏侯劉賀	數件	身上
第二等級	西安鳳棲原 M8	西漢中期	敬候張安世	大型圓璧 9	棺位置

　　第三等級為六百石以上的高等級的官吏，包括郡國中長史以上官吏，另外諸侯國有任命一千石以下官吏的權力，因此諸侯國中的高級官吏也多屬於這一等級。見於徐州楚王近臣、官吏墓葬如徐州後樓山、子房山、九里山、韓山漢墓，萊西岱墅木槨墓 M1、M2 等

　　這一等級玉璧的隨葬也較為普遍，只是玉璧的數量多在 5 件以下。玉璧種類仍以大型圓璧為主，主要為斂屍用璧，玉璧主要放置於頭部及胸腹部。另外組玉佩也多發現於這一級別。可以看到這一等級中郡縣官吏的玉璧隨葬情況基本與其身份相符，但是屬於各諸侯國高級官吏墓葬的玉璧隨葬數量較多，與第二等級列侯相當，如徐州子房山 M3，也從側面體現出當時諸侯國財力的雄厚和權力的相對獨立。再如安徽天長三角圩漢墓中就出土玉璧 11 件，墓主人為廣陵王劉胥的內臣，廣陵宦謁，具體職位無從考證，或因賞賜之故，墓葬中得以隨葬玉璧 11 件，與第二等級列侯相類。

　　雖然出土玉璧的男女性墓葬間沒有明顯差異，但是出土玉璧的墓葬仍以男性為多。另外出廓璧僅見於男性墓葬中，應該也是性別差異的表現（表34）。

表 34　漢代第三等級典型墓葬玉璧隨葬情況

等　級	遺　址	時　代	墓主人	玉璧情況	出土位置
第三等級	巢湖北山頭 M1	西漢早期	曲陽君胤	大型圓璧 5	頭部 4，胸部 1
第三等級	徐州碧螺山	西漢早期		大型圓璧 3	身下
第三等級	黑頭山漢墓	西漢早期	楚國宗室劉慎或其夫人	大型圓璧 3	頭部
第三等級	江陵鳳凰山 M168	西漢早期	五大夫	大型圓璧 1	棺內中部
第三等級	徐州子房山 M3	西漢中期	楚國高級官吏	大型圓璧 9	身上身下
第三等級	銅山小龜山	西漢中期	楚王祔葬墓	大型圓璧 9	棺內外、南室
第三等級	天長三角圩 M1	西漢中期	廣陵王劉胥內臣桓平	大型圓璧 11	頭部 4，腹部 1，身上 7
第三等級	巢湖放王崗 M1	西漢中期	當地縣令	大型圓璧 3	胸部
第三等級	萊西岱墅 M1	西漢晚期	膠東王近親或重臣	大型圓璧 2	頭部 1，胸腹部 1
第三等級	萊西岱墅 M2	西漢晚期	膠東王近親或重臣	大型圓璧 3	頭部 1，胸腹部 1

　　第四等級為四百石以下的低級官吏墓葬。墓葬中出土玉璧的情況明顯減少，在這一等級玉璧隨葬並不普遍。玉璧種類皆為大型圓璧，數量一般為單件（表 35）。

表 35　漢代第四等級典型墓葬玉璧隨葬情況

等　級	遺　址	時　代	墓主人	玉璧情況	出土位置
第四等級	徐州奎山 M11	西漢中期	楚王近臣或官吏	大型圓璧 2	胸腹部 1，身下 1
第四等級	西安西北醫療設備廠 M2	西漢中期		大型圓璧 1	胸腹部
第四等級	尹灣 M6	西漢中期	功曹史	大型圓璧 1	腿側
第四等級	常德南坪 M10	東漢晚期	臨湘右尉	大型圓璧 1	

　　漢代喪葬制度的發展與成熟，墓葬中玉璧使用的等級差異更為明顯。

　　一是隨葬玉璧的墓葬為諸侯王、列侯及各級官吏，鮮有見於一般平民的情況。

　　二是玉璧的使用向高等級墓葬中集中，諸侯王墓葬中應該以隨葬玉璧為

規制，即使經盜擾的墓葬中也多出土玉璧，而且從未盜擾的墓葬看，玉璧的隨葬數量在 20 件以上，有的甚至過 70 件；列侯墓葬中也多發現玉璧，但是數量一般在 10 件以下，兩者之間的差異拉大；第三等級高級官吏墓葬中也多隨葬玉璧，但多在 5 件以下；第四等級低級官吏墓葬中隨葬玉璧的情況就比較少見了，而且玉璧的數量多為單件。

三是隨葬類別，喪葬用璧在第一等級中飾棺用璧、斂屍用璧都有使用，第二等級以下則僅發現斂屍用璧。

四是玉璧的種類上，第一、二等級中所見玉璧多為複合紋飾玉璧，器形較大，其餘等級中則穀紋等幾何紋樣玉璧更為多見。根據對出土複合紋樣玉璧的不完全統計，諸侯王及列侯墓葬中複合玉璧的比例較高，占到出土複合紋樣玉璧遺址單位的 90%左右，第三、四等級官吏中發現數量很少〔註 199〕。

五是在玉璧的質地上也有些差異，第一、二等級中雖然發現一些玻璃璧、木璧、陶璧，但是整體仍以玉璧為主，占到絕大多數，第三，尤其是第四等級中滑石璧、玻璃璧等其他質地的璧數量比較多。

同一級別的墓葬中出土玉璧的男女性墓葬並沒有明顯差異，但是從出土玉璧的墓葬整體看，多數為男性墓葬，說明玉璧在隨葬中可能存在一些性別差異，更傾向於隨葬於男性墓葬中。

第六節　漢代玉璧的功能與用途

漢代是玉璧製作與使用的鼎盛時期，在經歷了新石器時代、商周時期的發展之後，玉璧在形製、製作、功能、用途等方面都不斷的成熟與完善。漢代生死觀念、宇宙觀念、魂魄觀念、升仙觀念的流行與傳播，都對玉璧的使用起著深刻的影響

在兩漢禮學以《士禮》為基礎，又增加了一些超出《士禮》之外的內容，《士禮》也即《儀禮》，其框架主要為冠、婚、喪、祭、鄉、相見六禮〔註 200〕。因此在這一時期玉璧的功能更為豐富，而且更為功能化，系統化，作為佩飾用玉的功能有所萎縮，更多地承擔著彰顯身份、等級、引導、溝通天人的角色與

〔註 199〕沈辰，文化傳承中的時尚——西漢玉璧功能以及文化寓意的再思考〔J〕，故宮博物院院刊，2019（6）：4～22。

〔註 200〕梁滿倉，論魏晉南北朝時期的五禮制度化〔J〕，中國史研究，2001（4）：27～52。

功能，這一時期的玉璧可以說是最為禮儀化的玉璧。玉璧在高等級貴族的禮儀與生活中，在生的世界與亡者的世界中都蘊含著重要的意義。

一、禮儀用器

漢代仍用周制，諸侯王、列侯循例定時親自或遣派使者朝覲天子，在朝覲時諸侯王、列侯等皆需持有瑞信，以彰顯身份、等級。《後漢書·百官志》中記載：「（大夫）掌奉王使至京都，奉璧賀正月，……列土、特進、朝侯賀正月執璧云」可見當時朝覲天子時，諸侯王等需持璧。《後漢書·禮儀志》記載了朝賀的議程，「每歲首正月，為大朝受賀。其儀：夜漏未盡七刻，鐘鳴，受賀。及贊，公、侯璧。」注引《決疑要注》曰：「古者朝會皆執贄，侯、伯執圭，子，男執璧，……漢魏粗依其制，正旦大會，諸侯執玉璧，薦以鹿皮。」此時朝覲所持之璧，除了瑞信的含義之外，增加了東周時期享玉的功能，以皮薦璧以進。《史記·平准書》記載了漢武帝時，以稀有的白鹿皮為幣，定價四十萬錢，要求「王侯宗室朝覲聘，必以皮幣薦璧，然後得行」〔註201〕。

正月朝賀，並非只有諸侯王、列侯，三公等也要參加，儀程與諸侯王、列侯相近。《漢舊儀》云：「正月朝賀，三公奉璧上殿，向御座北面，太常贊曰：『皇帝為君興』。三公伏，皇帝坐，乃進」。

玉璧除了朝覲用璧外，還用於納聘。《周禮·冬官·考工記》曰：「穀圭七寸，天子以聘女」，但是在漢代，實際用的是穀璧。《後漢書·皇后紀下》就記載了漢桓帝納后時，「悉依孝惠皇后納后故事，聘黃金二萬斤，納采雁、璧、乘馬、束帛，一如舊典。」〔註202〕集解引惠棟曰《漢雜事》：「以黃金二萬斤、馬十二匹、元（玄）𡚾穀璧，以章典禮。」

此外，皇帝徵召人才，也多用束帛、玉璧。漢武帝建元元年，設明堂，派使者「束帛加璧，安車以蒲裹輪，駕駟迎申公」〔註203〕。應是「問士以璧」的沿用。

玉璧還用於治喪，《史記·二王世家》中記載武帝王夫人亡，武帝派使者「太中大夫明奉璧一，賜夫人為齊王太后」〔註204〕。《後漢書·禮儀下》中記載：「諸侯王、傅、相、中尉、內史典喪事，大鴻臚奏諡，天子使者贈璧帛，

〔註201〕　司馬遷，史記：平准書〔M〕，北京：中華書局，1979。
〔註202〕　范曄，後漢書：皇后紀下（第10卷）〔M〕，北京：中華書局，2006：443。
〔註203〕　班固，漢書：申公（第88卷）〔M〕，北京：中華書局，2006：3608。
〔註204〕　司馬遷，史記：二王世家〔M〕，北京：中華書局，1982：2115。

載日命謚如禮。」〔註205〕長沙漁陽西漢墓中出土的 1 枚木楬中記：「陛下所以
贈物：青璧三、紺繒十一匹、薰繒九匹。」〔註206〕墓主人為長沙國某代王后，
墓中出土玉璧 23 件，其中可能包括天子所賜的 3 枚玉璧。

二、祭祀用器

　　漢代的祭祀體系在繼承秦的繼承上發展而來，文帝時以五帝為中心的國
家祭祀制度確立，郊祀祭五帝為最主要的祭祀活動，皇帝親郊雍五時。武帝時
的國家祭祀活動最為興盛，武帝設立了后土祠，郊祭中增加了祭地禮，開啟了
天地同祭的新格局，另外推立太一神為至上神，增立甘泉泰時、泰山兩個祭祀
中心，最終建立了漢的祭祀制度。漢代雖以五帝、太一為至上神，實際除此之
外，祭祀對象繁多、地理分布廣泛，各地皆有神祠。西漢末年，經數次更迭，
平帝元始五年確立長安南北郊為中心的祭祀制度，將天地、日月、山川、人鬼
等集中祭祀，及包括了泰時、雍時的重要祭祀活動，也包括了其他所有神祠的
功能，遂廢棄了各地神祠，長安南北郊成為國家的最高祭祀場所〔註207〕。東
漢時期仍在洛陽「建明堂，立辟雍，起靈臺，恢弘大道，被之八極……」，明
帝曾親執珪璧，主持祭祀〔註208〕。

　　漢代的祭祀禮儀由太常負責，祭玉的管理歸少府所轄，祭玉的加工製作是
由少府屬下的皇家手工製造部門尚方負責的〔註209〕。祭祀用玉是為祭祀專門
製作，由專人管理並使用的。皇帝經常親自主持郊祭。因此這一時期的祭祀用
器更為規範。祭祀中玉璧是其中重要的祭祀用器，在漢代的祭祀活動中，普遍
用璧。迄今發現的漢代祭祀遺址中，如禮縣鸞亭山、華陰集靈宮、芝罘陽主廟、
成山、帝陵等遺址的祭祀遺存中都發現玉璧。《史記·孝武本紀》中記載武帝
「郊見泰一雲陽，有司奉瑄玉嘉牲薦饗」，集解引孟康曰：「璧大六寸謂之瑄」
〔註210〕。東漢時明帝祭祀天地，「親執珪璧」。

〔註205〕范曄，後漢書：禮儀下〔M〕，北京：中華書局，2006：3152。
〔註206〕長沙市文物考古研究所，長沙簡牘博物館，湖南長沙望城坡西漢漁陽墓發掘
　　　　簡報〔J〕，文物，2010（4）：4～36，宋少華，長沙西漢漁陽墓相關問題芻議
　　　　〔J〕，文物，2010（4）：59～63。
〔註207〕田天，秦漢國家祭祀史稿〔M〕，北京：生活·讀書·新知三聯書店，2015。
〔註208〕范曄，後漢書：明帝紀〔M〕，北京：中華書局，2006。
〔註209〕王柏中，神靈世界秩序的構建與儀式的象徵——兩漢國家祭祀制度研究〔
　　　　M〕，北京：民族出版社，2005：233～263。
〔註210〕司馬遷，史記：孝武本紀〔M〕，北京：中華書局，1979。

西漢早中期，祭祀神祠遍布境內各地，祭祀對象繁多，祭祀活動頻繁。各遺址中與玉璧同出的組合各有差異，鷥亭山、集靈宮、帝陵遺址中多以圭璧組合；芝罘陽主廟為圭、璧、觿組合；成山為圭、璧、璜組合；可見不同的祭祀對象，可能所用的祭祀玉器組合不同，但是玉璧無論是山川、人鬼，還是祖先祭祀中都廣泛地使用。《史記·河渠書》中記載了武帝為治理黃河決堤泛濫，曾「自臨決河，沉白馬玉璧於河，令群臣從官自將軍已下皆負薪填決河。」〔註211〕《後漢書·祭祀志》中也記載了天子出行，祭祀河川一般也使用珪璧。「天子行有所之，出河，沈用白馬珪璧各一，……涉渭、灞、涇、雒、佗名水如此者，沈珪璧各一。……及行，沈祠佗川水，先驅投石，少府給珪璧。不滿百里者不沈。〔註212〕」

三、喪葬用器

喪葬制度在漢代更為成熟、規範，在裝殮儀節、埋葬儀節、葬後祭祀儀節中玉璧的使用已經有相對比較成熟的規制。兩漢時期在裝殮禮俗中的比較重要，也是變化比較大的是玉衣的使用，以玉衣作為殮服。在玉衣的使用中，玉衣頭套頂部一般為 1 件玉璧，可能為璧門，以供靈魂出入。玉衣內墓主人身上、身下也多放置多件玉璧，以斂屍，多集中於胸腹部上下。有些平鋪放置，有些玉璧以絲條綁繫成片，有些裱糊以成一體，再予以斂屍。玉璧的使用方式，尤其是在諸侯王、列侯一級貴族墓葬中的使用更為規範，而且等級性更強。異姓長沙王的墓葬如長沙象鼻嘴、陡壁山、望城坡三座王或王后墓葬中都沒有發現使用玉衣，但是出土了數量不等的玉璧，而在馬王堆漢墓長沙王丞相及其妻的墓葬中，連玉璧都沒有發現，僅發現了仿玉木璧，這種情況不僅僅是習俗的原因，更可能是受等級地位的約束，沒有資格隨葬玉璧。

漢代諸侯王、列侯、高等級官吏亡後，皇帝多有贈賜。《後漢書·禮儀下》中記載諸侯王、列侯、始封貴人、公主薨，贈印璽、玉衣；諸侯王、貴人、公主、公、將軍、特進皆有賜器。玉璧是其中一類重要的《漢書·霍光傳》記霍光薨，皇帝與太后親臨，並「賜金錢、……璧珠璣玉衣，……」〔註213〕。

喪葬用璧中除了見於玉衣，還見於溫明、鑲玉璧漆面罩、鑲璧漆棺等，學

〔註211〕司馬遷，史記：河渠書〔M〕，北京：中華書局，1979。
〔註212〕范曄，後漢書：祭祀志上〔M〕，北京：中華書局，2006。
〔註213〕班固，漢書：霍光傳〔M〕，北京：中華書局，2006。

界對溫明的認識尚有爭議〔註214〕，洛陽紗廠路 M2 中出土的一組玉璧為漢代玉溫明的形製提供了線索〔註215〕，從復原狀況看，溫明的形製與《漢書・霍光傳》顏注相近：「形如方漆桶，開一面，漆畫之，以鏡置其中，以懸屍上，大斂並蓋之。」

漢代帝陵制度建立並完善，在帝陵陵園中設有寢殿、便殿、帝廟，是供奉皇帝生前所用衣冠進行定時祭祀的場所。《漢書・韋玄成傳》記載：「……，日祭於寢，月祭於廟，時祭於便殿。」。漢景帝陽陵羅經石遺址就被認為是景帝帝廟——德陽廟，在其附近的祭祀坑中大量出土玉圭璧，可能為當時例行祭祀的遺存。另外景帝陽陵、武帝茂陵、昭帝平陵、宣帝杜陵中都曾發現出土玉圭璧的祭祀遺存，應該都為帝陵墓祭相關的遺存。

《後漢書・百官志》記載「帝、后、太子、諸侯王皆有寢園」。可見漢代諸侯王及王后墓也設有寢園，而且在徐州東洞山、永城梁王墓、滿城漢墓的墓葬山頭頂部多有祠廟〔註216〕，也應是對照陵廟而設，祭祀方式應該也參考帝陵依制進行。

四、財富貨幣

在漢代，玉璧仍與金銀、絲帛一樣，是重要的財富。《史記・留侯世家》中記載，張良向呂后推薦「南山四皓」輔佐太子，並獻策「今公誠能無愛金玉璧帛，令太子為書，卑辭安車，因使辯士固請，宜來」〔註217〕。可見在漢代玉璧的寶貴，即使是名士也不能脫俗。賈誼《新書》中記載了一則故事，其中提及白璧的價格，一者千金，一者五百。《後漢書・列女傳》中記載了曹操曾以黃金與玉璧從匈奴贖回了蔡邕的女兒蔡琰。曹丕《蔡伯喈女賦序》中曰「接玄璧於匈奴」，所用玉璧為玄璧，也即青玉璧。如此看來，當時非當白璧，玄璧亦是非常珍貴的財貨。

〔註214〕 裘錫圭，漆「面罩」應稱「秘器」〔J〕，文物，1987（7）：49，孫機，「溫明」不是「秘器」〔J〕，文物，1988（3）：94～95，韓國河，溫明、秘器與便房考〔J〕，文史哲，2003（4）：19～21，陳潔圖，「溫明」新考〔J〕，六盤山師範學院學報，2018（4）：11～16。
〔註215〕 桂娟，雙瑞：洛陽西漢大墓出土罕見葬器「玉溫明」係中原地區首次發現〔EB／OL〕，http://www.ha.xinhuanet.com/reporter/reporternews/2020-03/18/c_1125728536.htm，2020-03-18。
〔註216〕 劉尊志，徐州兩漢諸侯王墓研究〔J〕，考古學報，2011（1）：57～98。
〔註217〕 司馬遷，史記：留侯世家〔M〕，北京：中華書局，1979。

五、饋贈用器

玉璧自商代以來，就被當做珍貴的禮物，是貴族間賓贈、饋贈的重要器物。漢代亦然。其中白色玉璧在漢代尤其受到重視。

當初高祖劉邦為漢王時，赴項羽的鴻門之宴，就準備了「白璧一雙，欲獻項王」。南越王趙佗向漢文帝通問，亦使用了白玉璧。

六、佩飾

漢代作為佩飾的玉璧有所減少，東周時期流行的組玉佩，在西漢早期更為多見，如南越王墓後室加殉人墓中共出土組玉佩 8 組，而且玉佩的體量較大，製作精美。《漢書·雋不疑》記：武帝末年「不疑冠進賢冠，帶具劍，佩環玦，褒衣博帶，盛服至門，上謁」〔註218〕。可見至少在武帝時期，正式場合的服飾中仍有組玉佩。西漢中期以後，組玉佩發現較少。

七、陳設用器

西漢時期有些玉璧製作十分精美，而且體量較大，尤其是大型的出廓玉璧，如滿城漢墓雙龍出廓璧，很可能為日常實際用璧，懸繫或擺放陳設使用。在漢墓壁畫中常能見到懸繫使用玉璧的情況。如洛陽燒溝漢墓 M61 中出土的彩繪空心磚上就有以綬懸繫玉璧的圖案。四川巫山東漢墓葬中常出土圓形的青銅飾，其上多琢刻雙闕，闕間可有「天門」二字，其下為玉璧，以綬帶懸繫，馬王堆漢墓的彩繪中也有玉璧懸繫的圖案，雖僅為示意紋樣，但應也是日常用璧模式的反映。

八、建築裝飾用器

根據文獻記載，漢代宮殿以玉璧為飾。《史記·封禪書》記載建章宮前殿之南有「玉堂、璧門、大鳥之屬」。《漢書·郊祀志》中也有相類的記載，《三輔黃圖》也記：建章宮「宮之正門曰閶闔，高二十五丈，亦曰璧門」，其「南有玉堂、璧門」。何謂璧門？《漢武故事》中記：「椽首薄以璧為之，因曰璧門」，言其因正門建築裝飾有玉璧，故稱為璧門。武帝「興造甲乙之帳，落以隨珠和璧」。

《三輔黃圖》中還記載未央宮「黃金為璧帶，間以和氏珍玉，風至其聲玲

〔註218〕班固，漢書：雋不疑傳〔M〕，北京：中華書局，2006。

瓏然也」。《後漢書》中記載趙飛燕的妹妹所居昭陽舍,「而殿上髹漆,切皆銅沓黃金塗,白玉階,璧帶往往為黃金釭,函藍田璧、明珠、翠羽飾之……」。顏師古注曰:「璧帶,璧之橫木露出如帶者也。於璧帶之中,往往以金為釭,若車釭之形也。其釭中著玉璧、明珠、翠羽耳。」〔註219〕

第七節　漢代玉璧的分期與分區

一、漢代玉璧的分期

漢代時期玉璧的發展大致可分為西漢早期、西漢中晚期、東漢時期三個階段。

1. 西漢早期

西漢早期玉璧主要以大型圓璧為主,幾何紋樣玉璧中的穀紋璧最為多見,陰線刻穀紋玉璧數量增加,同時複合紋樣玉璧仍流行。大型圓璧的直徑多在 15 釐米以下,而且有些玉璧的中孔較大,肉好比在 1.5～2 左右。

玉璧的使用以服飾用璧、喪葬用璧、祭祀用璧為主,組玉佩仍流行,而且演化為玉璧、玉珩(璜)和玉璧、與珩(璜)、觿兩種比較固定的組合形式,組玉佩中多配以小型玉飾。喪葬用璧中以斂屍用璧為主,玉璧主要見於墓主人胸腹部及頭部,有部分玉璧出自棺槨蓋板或棺槨之間。

總體來講,西漢早期玉璧延續了戰國晚期的特點,主要器類、造型、紋樣及使用都與戰國晚期比較相近,西漢早期墓葬中也多有戰國時期的遺物。

2. 西漢中晚期

經過西漢早期數代帝王的與民生息、改革發展,西漢中期罷黜百家,獨尊儒術,在理論思想上整肅統一;推恩諸侯,加強了皇權;出師西域,討伐匈奴,收服南越,解決內憂外患,政權逐步平穩。在這樣的大背景下,玉璧的製作與使用也逐步形成自身的風格。

玉璧在這一時期無論是發現地點,還是數量都有了大幅的增加。主要的玉璧種類有圓璧與出廓璧兩類,大型圓璧為主。大型圓璧中的素面玉璧多見於飾棺用璧,流行的玉璧紋樣集中,幾何紋樣穀紋玉璧與複合紋樣玉璧成為漢代玉璧的最主要種類,穀紋玉璧多帶蒲紋地,東周及西漢早期比較多見的淺浮雕穀

〔註219〕班固,漢書:外戚傳下〔M〕,北京:中華書局,2006。

紋玉璧數量減少，穀紋以陰線刻為主。蒲紋玉璧的數量增加。出廓璧演變出多種型式，璧體增大，出廓部分紋樣更為複雜多樣。玉璧的體量增大，多數玉璧直徑大於 15 釐米，而且中孔較小，肉好比例基本都大於 2。

西漢中期前後，喪葬制度逐漸完備，豎穴式墓葬形製逐漸為橫穴式替代，體現在玉璧的使用上，主要有玉衣的出現並在諸侯王、列侯級墓葬中普遍使用，玉璧主要見於玉衣頭罩頂部；飾棺用璧的流行，既有實體玉璧的鑲嵌、懸繫，也有彩繪、絲帛中圖案玉璧的使用；斂屍用璧大量使用，用於墓主人身體上下、玉衣上下，成排成列；組玉佩數量較少，也即自西周發展而來的服飾用璧逐漸衰落；帝陵中陵寢、陵廟的設置，將墓祭與廟祭提及到同等重要的地位，帝陵陵園內普遍發現祭祀遺址或遺跡，小型玉璧作為祭祀的主要器類，多見於帝陵遺址。玉璧雖然器形較小、製作較粗陋，但是專為祭祀製作並使用。玉璧的等級差異明顯，玉衣、飾棺用璧多用於諸侯王、列侯級墓葬中，斂屍的用璧的數量、種類在各等級間有明顯差別。

西漢祭祀制度在西漢中期也得到了大的發展，形成了雍時、泰時、泰山三個祭祀中心以祭祀天地，除此之外，在各地設立神祠祭祀山川、神祇。玉璧作為祭祀用玉的主要器類，這一階段在各地的祭祀遺存中發現較多，並且可能已形成針對不同祭祀對象的祭祀用玉組合。

西漢晚期的玉璧數量有所減少，但是玉璧的種類及使用與中期一脈相承，因此可歸為同一階段。

3. 東漢時期

東漢時期國力遠不及西漢時期，東漢的服飾及喪葬制度多有簡省，漢明帝時「衣無制新，玩好不飾。塋陵損狹，不起寢廟，遵履前制」。帝陵帶頭實行薄葬。東漢後期宦官、外戚相爭，各地州牧、刺史等豪強崛起，中央政府的權利衰微，社會經濟凋敝，民不聊生。另一方面玉器符號化、圖案化，玉器作為祥瑞，以圖像的形式在墓葬壁畫、畫像磚、畫像石中出現，作為象徵物，替代了實物玉璧的部分功能。

在這樣的情況下，東漢玉璧的使用轉向衰落，玉璧發現地點、玉璧的數量相較西漢時期有大幅度的減少，尤其是東漢後期，只發現零星幾件玉璧。東漢早期階段玉璧的數量減少，但是玉璧的主要種類與西漢基本一致，穀紋璧、蒲紋璧、雙身夔龍紋璧、夔鳳紋璧都有發現，文字出廓璧相對比較流行。

二、漢代玉璧的分區

在漢代大一統的背景下，玉璧在各個地區呈現出較強的一致性。玉璧的分佈範圍廣闊，地點散佈漢之轄區；玉璧的流行種類較為統一，以穀紋璧與複合紋樣玉璧為最常見；同類玉璧的璧面紋樣構圖、製作工藝較為接近；與地區差異相比，玉璧的等級間的差異更為明顯，不同地區同等級墓葬玉璧的出土位置、使用方式等接近。因此漢代玉璧不做分區分析。

究其原因，主要有幾個方面：

一是漢代玉璧的使用制度成熟，禮儀用璧、祭祀用璧、喪葬用璧制度成熟。玉璧的使用有統一的、嚴格的等級制度與規範，由有司專門負責玉璧的製作與管理、制定玉璧的使用儀程。

二是雖然各諸侯國也進行部分玉器製作，但是從考古出土的玉璧來看，同類玉璧的製作工藝及構圖設計並沒有明顯的區別。可能在製作工藝或設計構圖上存在技術傳承，或存在設計模板。

三是當時由於已經使用了鐵質工具，提高了玉璧的製作效率，使得量化生產成為可能。玉璧側面多琢刻數字，多認為是計數之用，足見當時玉璧生產的數量。

第七章　相關問題探討

第一節　玉璧的起源問題探討

　　玉璧可以分為單孔璧與多孔聯璧兩大類，單孔璧還可分為圓璧、方璧、牙璧、有領璧等幾類。圓璧是玉璧中出現時間最早、最為常見、流傳時間最長的種類。因此對玉璧起源的討論一般以圓璧為中心。

一、玉璧的器物原型

　　學術界對玉璧的起源研究主要是針對器物原型的討論，主要有以下觀點：

　　環形石斧說：璧由環形石斧變化而來的假說。郭寶鈞〔註1〕、汪遵國〔註2〕、張明華〔註3〕、濱田耕作〔註4〕、林巳奈夫〔註5〕等主張。

　　紡輪及圓陶片說：玉璧是由石質紡輪演化而來。郭寶鈞〔註6〕、蔡運章〔註7〕、朱延平〔註8〕等主張。

〔註1〕 郭寶鈞，古玉新詮〔A〕，「中央」研究院歷史語言研究所集刊（第20本下冊）〔C〕，上海：商務印書館，1948。
〔註2〕 汪遵國，良渚「玉殮葬」述略〔J〕，文物，1984（2）。
〔註3〕 張明華，良渚文化玉璧研究〔J〕，故宮博物院，1995（2）
〔註4〕 濱田耕作，有竹齋古玉譜：支那古玉概說〔M〕，上海：中華書局，1940。
〔註5〕 林巳奈夫，殷代以前玉器文化〔J〕，博物館，1979（334）。轉引自郭青嶺，良渚文化玉璧研究綜述〔A〕，南宋錢幣博物館，良渚文化玉璧研究論文集〔C〕，1998。
〔註6〕 郭寶鈞，古玉新詮〔A〕，「中央」研究院歷史語言研究所集刊（第20本下冊）〔C〕，1949。
〔註7〕 蔡運章，屈家嶺文化的天體崇拜——兼談紡輪向玉璧的演變〔J〕，中原文物，1996（2）：47～49。
〔註8〕 朱延平，試論齊家文化玉璧之源〔J〕，文博，2019（3）：18～26。

璧形石斧和璧形玉珩說：張明華從良渚文化發現的玉璧溯源，認為玉璧的祖形為崧澤或更早階段文化中的璧形石斧和璧形玉珩〔註9〕。

環鐲說：璧是由環鐲演化而來〔註10〕。黃宣佩、殷志強、鄧淑蘋、王仁湘等都曾主張。

天平砝碼說：玉璧是由實用的天平砝碼演變而來。張勳燎主張〔註11〕

象天說：璧圓象天，天圓地方，玉璧仿天而衍生。周南泉〔註12〕等主張。

象目說：玉璧形狀仿人的眼睛，中孔酷似眼睛的瞳仁。雷廣臻〔註13〕主張。

黃道說：玉璧仿太陽運行軌跡，黃道。鄧淑蘋主張〔註14〕。

綜合已有的觀點，學術界對璧類器物原型假說主要分為兩大類，一類為實物原型，玉璧的原型是一類器形相近的器物，尤其演化而來，如環形石斧說、紡輪及圓陶片說等；另一類為象徵原型，這類原型源於自然，玉璧的產生是模仿或吸收了其象徵意義，如象天、象目、象黃道說等。

根據已有的考古研究資料及成果，考古學家已對我國發現的環刃石器進行了深入的研究與探討，認為環刃石器主要分布於吉林東部、遼東及遼西地區，流行的年代大致在新石器時代晚期與青銅時代，其中以遼東半島於家村遺址出土時代最早，距今約4000年前後〔註15〕。這一時代與我國玉璧的出現時間有比較大的時間差，環形或璧形石斧說需要重新考慮。而從現有的考古資料看，璧、匕形器（飾）、玦、珠、管是出現最早的幾類玉器，環出現的時間較璧晚。紡輪是具有性別傾向的器類，而從新石器時代玉璧的使用看，其性別差異不明顯，男女皆有隨葬。環鐲與紡輪說可能也待於商榷。包括幾種象徵原型

〔註9〕張明華，良渚玉璧研究〔A〕，南宋錢幣博物館，良渚文化玉璧研究論文集〔C〕，1998，190-

〔註10〕王仁湘，琮璧名實臆測〔J〕，文物，2006（8）：69～74。

〔註11〕張勳燎，古璧和春秋戰國以前的衡權（砝碼）〔J〕，四川大學學報（哲學社科版），1979（1）：86～97。

〔註12〕周南泉，論中國古代的玉璧——古玉研究之二〔J〕，故宮博物院院刊，1999（2）：76～88。

〔註13〕雷廣臻，玉玦、玉璧仿生原型探源〔J〕，遼寧師專學報（社會科學版），2008（4）：132～134。

〔註14〕鄧淑蘋，從漢代玉璧論璧在中國文化史上的意義〔J〕，故宮學術季刊，2013（3）：1～43，鄧淑蘋，璧的故事（上）〔J〕，大觀，2014（7）：24～37，鄧淑蘋，從黃道、太一到四靈〔J〕，故宮文物月刊，2015（390）。

〔註15〕雲翔，我國發現的環刃石器及相關問題〔J〕，考古，1986（6）：535～546。

假說，雖然是對玉璧原型很有意義的探討，但是尚不能勾勒出玉璧從一類器物逐步演化的過程，多為器形的簡單比照。一類器物的產生並非完全偶然，尤其是進入新石器時代，從各地考古學文化研究中可以看到，人群不斷增加、掌握的技術不斷提高、聚落層次逐步複雜，用珍稀礦產資源製作的玉璧的出現與發展應與當時的社會發展、文化交流息息相關，尤其是其所承擔的信仰、等級、身份等意義，使得玉璧的起源研究也複雜起來。

二、玉璧的起源地點與區域

我國迄今最早發現的玉璧的地區為東北北部地區，以饒河小南山遺址為代表，玉璧的時代可至距今 9000 年前後。在距今 9000～7000 年間，玉璧僅見於東北北部地區，作為玉璧的最早發現地點，可能也為我國玉璧的起源地點。

從形製看，小型圓璧的出現時間較早，可能為玉璧的起源種類。小南山遺址 2015～2017 年出土的玉璧形態較 1971 年採集、1991 年徵集的玉璧環更為原始，玉璧較小，直徑多在 3～4 釐米左右，而且中孔也多為桯鑽，與珠的形態和製作方式區別不大。器形不甚規整，外緣不圓，磨製成形，中孔較小，多為桯鑽，位置多不在正中〔註16〕。玉璧表面多留有製作痕跡，拋光較粗糙，當為玉璧較為原始的形態。但是透閃石玉的加工製作需要一定的技術要求，因此小南山遺址所見玉璧可能並非璧類器物的最原始狀態。

距今 7000 年前後玉璧的器形開始逐漸變大，直徑多大於 5 釐米，但是器形不規則，各種形態皆有，可能為依料而作、依形而作。圓形的製作，尤其是大型圓形器物的製作需要比較高的技術水平。各種不規整形狀玉璧的出現，距今 7000～6000 年間，不規則玉璧、方璧比較流行，體現出單孔璧製作不斷改進的過程，為大型圓璧的出現做了技術積累。單孔璧在 7000～5000 年間流行不規則玉璧、方璧、大型圓璧等多種形態的玉璧，在 5500 年前後不規則玉璧基本不見。

小型圓璧的起源應當與舊石器時代就存在的玉石飾品相關，玦、匕形飾當然，這類的裝飾品並非人人都可擁有，玉料作為更難獲取及更難加工的原材料，伴隨社會複雜化的不斷提高，這類珍稀資源被賦予了更為豐富的意義，可能承擔了與原始宗教或原始權力分配有關的意義。有學者指出玉

〔註16〕關於早期小型玉璧的形態，承蒙李有騫先生相告，特此鳴謝！

器的起源和早期發展應該與漁獵經濟有密切的關係，並與原始薩滿教或巫教信仰有關[註17]。

鄧聰曾指出中國玉器的起源很可能要追溯到舊石器時代的晚期，很有必要從舊大陸北部的舊石器時代文化中去搜索[註18]。

東北亞地區迄今最早的美石飾物見於舊石器時代晚期距今 38000 年的西伯利亞南部阿爾泰丹尼索瓦（Denisova）洞穴，是 1 件綠泥石手鐲，另外洞穴中還出土了骨質的璧環形飾物[註19]。手鐲為寬環形，環面較寬，內壁平直，外壁為弧形，打磨細緻光潔，從製作工藝看，已經相當成熟。骨質的璧環形飾物為片狀，較小，多小於 3 釐米，器形不規則，器面鑽有小孔，孔洞不圓，其中 1 件為雙聯形，中央間隔為刻畫而出（圖 48）。

迄今最早的透閃石玉璧類器物見於舊石器時代晚期，東西伯利亞地區 Mal'ta 文化的 Mal'ta 和 Buret' 遺址，距今 23000～21000 年[註20]。兩個遺址出土小型圓璧，外緣為不規則圓形，中孔很小，內外緣均較陡直[註21]（圖49）。

距今 8000 年前後的 Kitoy 文化中也出土過一些大理岩璧。圓璧發現的數量非常少。距今 6000～5000 年前後的 Glazkovskaya 文化中發現數量比較多的透閃石圓形璧環類器物。而兩個文化間的 Isakovskaya 文化和 Serovskaya 文化中發現的主要是透閃石的工具，沒有發現璧環類器物[註22]。

[註17] 郭大順，玉器的起源與漁獵文化[J]，北方文物，1996（4）：14～21，郭大順，以玉示目看西遼河流域與外貝加爾湖地區史前文化關係——兼談紅山文化玉料的來源[A]，楊伯達，中國玉文化玉學論叢四編[C]，北京：紫禁城出版社，2007。

[註18] 鄧聰，玉器起源的一點認識[A]，楊伯達，中國玉文化玉學論叢[C]，北京：紫禁城出版社，2002：196～216。

[註19] A, P, Derevianko, The Upper Paleolithic in Africa and Eurasia and the Origin of Anatomically Modern Humans [M], Novosibirsk: Institute of Archaeology and Ethnography SB RAS Press,2011.

[註20] Sergei A, Komissarov ,The Ancient Jades of Asia in the Light of Investigations by the Russian Archaeologists [A]，鄧聰，東亞玉器（Ⅰ）[C]，香港：中國藝術研究中心，1998：250～279。

[註21] 王強，鄧聰，欒豐實，海岱地區與東北亞史前玉器文化交流——以野店遺址所出璧環類玉器為例[J]，考古，2018（7）：107～120。

[註22] Sergei A, Komissarov, The Ancient Jades of Asia in the Light of Investigations by the Russian Archaeologists [A]，鄧聰，東亞玉器（Ⅰ）[C]，香港：中國藝術研究中心，1998：250～279。

圖51　Denisova洞穴舊石器時代晚期早段出土綠泥石手鐲及骨質璧形器

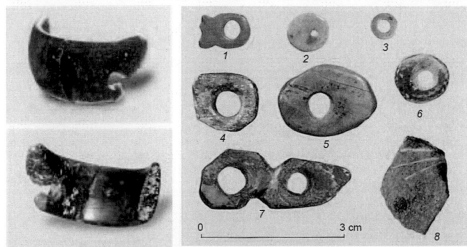

圖52　西伯利亞舊石器時代晚期出土軟玉及美石飾物

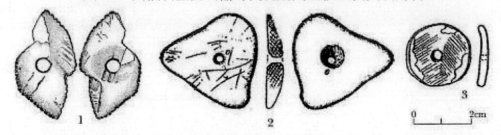

1.Malaya Syya遺址出土蛇紋岩璧形飾　2.布列齊透閃石璧形飾　3.Mal'ta璧形飾

　　可見，從舊石器晚期開始至新石器時代，甚至青銅時代，利用貝加爾湖地區的透閃石礦優勢，東西伯利亞地區形成一個透閃石用玉製玉的文化圈，白色的小型圓璧、玉環是其中的特色器類。

　　東西伯利亞地區玉璧環的製作存在一個技術傳統——中孔軸心旋截技術，這一技術體系曾影響我國新石器時代的玉璧環製作，可以比較明確是利用這一製作體系的遺址是哈民忙哈遺址，野店遺址中有個別玉璧可能也與這一技術體系相關。

　　俄羅斯東西伯利亞距今34000年左右的Malaya Syya遺址中曾出土一件「似螺旋槳」式的璧狀器物，器物邊緣切割成鋸齒狀；距今23000～21000前後的Mal'ta遺址中出土一件近三角形的璧狀物〔註23〕。這類器物俄羅斯學者

〔註23〕Sergei A, Komissarov, The Ancient Jades of Asia in the Light of Investigations by the Russian Archaeologists〔A〕，鄧聰，東亞玉器（Ⅰ）〔C〕，香港：中國藝術研究中心，1998：250～279。

認為與天文曆法測量相關，可能為天文測量儀。這一觀點與吳大澂對牙璧的定名與功能推斷不謀而合，是巧合還是確實有所關聯，尚需要進一步的發現與研究。但是，Malaya Syya 遺址中出土的螺旋槳鋸齒狀器物與四平山出土的 1 件牙璧器形十分相近，四平山遺址的同類器邊緣無鋸齒。Mal'ta 遺址中出土的三角形璧狀器與膠縣三里河遺址大汶口文化中期出土的 1 件牙璧十分相近，因為未琢刻出齒牙，之前有學者認為是一件未完成的牙璧，由此看來可能未必（圖 50）。

圖 53 中國早期玉璧中與西伯利亞地區所見玉璧的相近器形

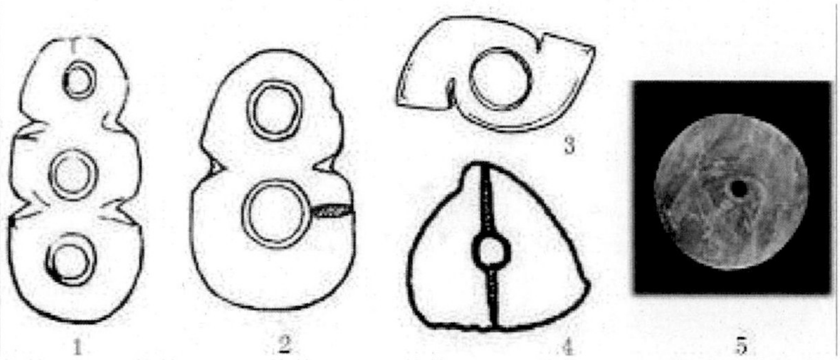

1.亞布力遺址出土三聯璧　2.李家崗遺址出土雙聯璧　3.四平山遺址出土牙璧
4.野店遺址出土牙璧　5.小南山遺址出土玉璧

在玉料的來源問題討論時，有「吉黑──貝加爾湖繫玉料」的概念，東北北部地區、燕遼地區紅山文化玉器的部分白色玉料，就有學者提出所用的可能是貝加爾湖地區的玉料。玉料的流通，可能不限於這一時期，陝北石峁遺址中採集、徵集、發掘出土的在這一區域存在頻繁的交流，也從另一個方面反映出玉器的製作方式及玉器本身也應該存在交流的可能性。

郭大順認為玉器起源於游動的採集和漁獵族群，而東北北部地區及貝加爾湖地區至今日仍保留有以採集、狩獵為生的部族。比較相近的生存模式也為玉器的認同與使用提供了條件〔註24〕。

無論是從東北亞地區的現有環境、生存模式，還是從有限的考古資料觀察，兩個區域在應該存在一定的聯繫。但是這些聯繫的起始時間、緊密程度、在哪些方面存在交流等等問題都需要進一步的，更充分的考古資料來補充研究。

〔註24〕郭大順，玉器的起源與漁獵文化〔J〕，北方文物，1996（4）：14～21，郭大順，以玉示目看西遼河流域與外貝加爾湖地區史前文化關係──兼談紅山文化玉料的來源〔A〕，楊伯達，中國玉文化玉學論叢四編〔C〕，北京：紫禁城出版社，2007。

第二節　玉璧形器的定名

在璧形器的劃分上，學界一直有不同的觀點。璧形器中最主要的三個概念「璧、環、瑗」皆源自《爾雅》的記載，是根據璧面寬窄對璧形器的進一步劃分。

對於璧形器的劃分存在兩個問題，第一，是否確實存在三種器類？第二，如果確實存在，什麼時間開始有所區分？

1. 璧、環、瑗是否存在，或者說有區分意義

如果說文獻的記載是對禮制制度性的規範的梳理，難免會有些系統化、理想化，並不一定是現實中能落實使用的規範。那麼考古資料則是相對更為直接、準確的參考資料。

從考古發現來看，甲骨文卜辭中就有較多的關於玉璧的記載，商代的玉璧種類主要有圓璧、牙璧、有領璧三大類，但是從甲骨文中看只能單獨區分出牙璧。西周時期青銅器銘文中就涉及到玉瑗、環，東周中山王墓中出土了墨書自名玉環，可見這三類器物是當時確實存在的璧形器類，而且人們在使用中會加以區分，很可能不同璧形器種類承擔不同的功用或價值。《荀子》中記載「問士以璧，召人以瑗，絕人以玦，反絕以環」就是對三類璧形器部分專屬功能的界定。《左傳·襄公二十六年》有臣屬名喚蘧瑗，字伯玉，可能與玉器相關，但是《三禮》《左傳》中均未見瑗。

古代確實存在璧、瑗、環三種器類。那麼如何區分？

對三個種類的區分首先是三個概念的解讀，「肉倍好，謂之璧；好倍肉，謂之瑗；肉好若一，謂之環。」三個概念中都涉及到好與肉的關係，也就是說，要解讀區分三種器類，最主要是釐清好與肉的界定。好的界定是中孔直徑還是中孔半徑？肉是指總璧寬還是單側璧寬？通過對中山國自名玉環的璧寬、中孔直徑的測量，中孔直徑與總璧寬的比值大概在 0.7～1.24 之間，且比較集中於 1～1.2 的比值，也就是說總璧寬與中孔直徑相類（表 36）。即肉指總璧寬，好為中孔直徑。這一數據與《爾雅》的記載「肉好若一謂之環」大致相符。那麼所謂即是中孔直徑與總璧寬相近，也即單側璧寬與中孔半徑相近的一類璧形器。

表36 戰國中山王墓出土墨書玉環肉、好徑測量數量（根據孫慶偉所測
數據改編〔註25〕）

器物編號	墨書文字	中孔直徑（cm）	總璧寬（cm）	孔徑總璧寬比
XK：111	它玉環	4.9	4.2	1.17
XK：116	它玉環	4.4	4.2	1.05
XK：118	它玉環	4.1	3.3	1.24
XK：119	它玉環	3.4	2.8	1.21
XK：120	它環	2.1	2.7	0.78
XK：184	它玉環	2.3	3.3	0.70

根據以上比對看來，《爾雅》的記載在璧形器物的區分上是具有參考意義的。以此類推，肉倍好謂之璧，那麼璧的總璧寬是中孔直徑的兩倍，也即單側璧寬與中孔直徑相近；好倍肉謂之瑗，那麼瑗的中孔直徑是總璧寬的兩倍，也即總璧寬與中孔半徑相近。

則玉璧有廣義與狹義兩個概念，廣義的玉璧是指所有的璧形器，具有扁平圓形，中有孔的玉器造型。即《說文解字》中所記：「瑗，大孔璧也。」「環，璧也。肉好若一謂之環」，玉璧、瑗、環皆為璧形器。

狹義的玉璧的需要區分璧、瑗、環三個概念。璧，是中孔直徑與單側璧寬相近的璧形器；環為中孔直徑與總璧寬相近，也即中孔半徑與單側璧寬相近的璧形器；而瑗為中孔半徑與總璧寬相近的璧形器。

2.那麼這三種器物的區分是從什麼時候開始的？在考古資料中是否能以這樣的標準來區分的？

我們按照之前的討論確定璧、環、瑗的肉好比例，璧為總璧寬：中孔直徑=2；環為總璧寬：中孔直徑=1；瑗為總璧寬：中孔直徑=0.5。暫以這個標準來考量各時期考古發現的璧形器。另外對於比值大致在2與1之間的璧形器，歸入璧；比值在1與0.5之間的璧形器歸入環。

玉璧從距今9000年前後出現，玉璧的器形的基本確定經歷了近5000年的時間。在這一時期，玉璧的中孔直徑與總璧寬比例並不明確，因為基本製作與使用玉璧的遺址中，玉璧的中孔直徑是大概固定的。良渚文化的玉璧器形較大，以反山墓地M23為例，出土的54件玉璧直徑在13～20釐米之間，中孔直徑大約都在4～5釐米的範圍內，而且較厚的玉璧由於磨損，孔外徑略大一

〔註25〕孫慶偉，周代墓葬所見用玉製度研究〔D〕，北京：北京大學，2003。

點〔註26〕。陶寺墓地共出土玉璧 84 件，玉璧的器形變化較大，直徑從 6～22 釐米不等，不過多數玉璧在 10～15 釐米之間，中孔都比較大，玉璧總壁寬與中孔直徑的比值 1～1.8 之間，以 1～1.3 為最多〔註27〕。陝西新石器時代所見玉璧的直徑多在 10～15 釐米之間，孔徑集中在 6.2～6.8 釐米左右，即使是璜聯璧、牙璧，甚至琮的中孔大小也大致在這個範圍內，一般不超過 7 釐米。這種情況應該與各遺址所使用的鑽孔工具的尺寸相關，這一階段應該並不考慮肉、好比例的關係。

　　商代玉璧中孔直徑與壁寬之間的關係也不是很緊密，從金沙遺址出土玉璧看，玉璧的直徑變化範圍較大，多在 8～26 之間，10～12 釐米的玉璧較多一些，但是中孔直徑一般都在 5.5～6.5 之間，相對比較固定的。無論是圓璧、牙璧、有領璧，璧面寬窄，中孔的大小相差不大。肉好的比例相差比較大，從肉與好的比例範圍也很寬，在 0.5～3.8 之間，一般以 0.7～1.8 之間為最多見〔註28〕。

　　西周時期玉璧以周原遺址所見玉璧為例，玉璧的數量並不多，小型圓璧的中孔較小。大型圓璧中玉璧的直徑多在 8～12 釐米之間，孔徑的範圍較寬，在 1.1～7.7 之間，相對比較集中於 4～6.5 之間。肉好比例的範圍也較寬，在 0.34～1.88 間，較多的在 1～1.6 之間分布。可見玉璧在這一階段璧面變化較多。

　　東周時期這種情況發生了很大的改變，以戰國時期荊楚地區出土玉器來看，戰國早期熊家冢墓地出土璧形器的中孔的尺寸變化較大，可以說每一件玉璧的直徑都不一樣，相對應的中孔直徑也都不一樣，而且差別比較大，但是玉璧的肉好比例比較集中分為 2 段。大部分的玉璧肉好比集中在 1～1.5 之間，個別能到 1.7、1.8，直徑多數在 8～12 釐米，也有個別超過 15 釐米，也有的為小型圓璧，直徑在 5 釐米或以下。還有一類璧形器的肉好比例集中在 0.7～0.8 之間，器形較小，直徑在 12 釐米以下。戰國晚期階段新出現了一類玉璧，器形比較大，多數直徑超過 15 釐米，一般肉好比例超過 2，在 2.2～3.8 之間，不過出土數量較少。戰國中期荊楚地區還有一類璧面特別窄的璧形器，肉好比例在 0.4～0.2 之間，數量也不多。

〔註26〕浙江省文物考古研究所，反山（上）〔M〕，北京：文物出版社，2005：313～328。
〔註27〕中國社會科學院考古研究所，山西省臨汾市文物局，襄汾陶寺——1978～1985 年考古發掘報告（第二冊）〔M〕，北京：文物出版社，2015：693～706。
〔註28〕成都文物考古研究所，金沙玉器〔M〕，北京：科學出版社，2006：46～60。

　　西漢時期以陝西出土的部分玉璧形器為例，在《陝西出土漢代玉器》中收錄的璧形器有 65 件，其中可統計肉好比例的有 64 件。璧形器的中孔直徑不統一，範圍較寬，每一件都不一樣。肉好比例集中在幾個區間，其中肉好比值在 1 以上的占到璧形器中的大多數，約 90%。其中值得關注的是肉好比例超過 2 的璧形器數量增加，占到總數的三分之二，這類玉璧的器形比較大，直徑多大於 15 釐米；比值在 1～2 之間的璧形器數量減少，只占到璧形器的不到三分之一，器形相對較小，直徑在 15 釐米以下。個別璧形器的肉好比值在 0.7～0.8 及 0.5 以下。

　　馬王堆漢墓 M1 中有 23 件木質璧放置於竹笥中，璧面或素面或塗金粉或銀粉，墓葬中的遣冊記載「木白璧生璧一笥」，這些木璧應是仿玉璧而製，因此形製可做參照，木璧的直徑皆大於 15 釐米，肉好比例皆在 2 以上，符合文獻所記玉璧標準。

　　從以上數據大致可看出在西周之前，玉璧形器的中孔大小是受到鑽孔工具直徑的限制，無論玉璧大或小，中孔的直徑變化不大，而且璧面較厚的玉璧，中孔直徑略大一點，應也是與玉料在鑽製過程中的損耗相關的。東周時期的玉璧形器中孔大小開始有很大的變化，每件玉璧的中孔直徑都不一樣，而且變化的範圍比較寬，基本沒有了早期玉璧中孔直徑的集中區間，而是根據每件玉璧的大小而進行鑽孔，玉璧的肉好比例開始出現一定的規律，最集中的有兩個區間，1 以上及 0.7～0.8 之間，另外還有兩個區間，肉好比例超過 2 和肉好比例小於 0.5，只是數量較少。西漢時期玉璧的肉好比例多數在 2 以上，甚至超過 8，也就意味著器形越來越大，中孔越來越小。肉好比值在 0.7～0.8 之間及 0.5 以下的玉璧數量更少。

　　玉璧的形態、對玉璧的認識也是處於不斷的變化和整合中，對玉璧形器的區分源自西周，在東周時期有比較明顯的差異，在玉璧形器內部，應該存在根據肉好比例而進行劃分的器類，所謂璧、環、瑗應該是存在的。但是肉好比值比較寬泛，大致在 1 以上的可能為璧類器物；0.7～0.8 之間的大致多為環類器物，比值小於 0.5 的大致為瑗類器物。這些比值一般適用於大型圓璧，即直徑大於 5 釐米的璧形器，直徑小於 5 釐米的小型圓璧中孔變化較多，並不適用這個標準。西漢時期肉好比例更為規範，大部分璧形器的比值在 2 以上，也就是說玉璧在璧形器中占到絕大多數，肉好比例更為符合《爾雅》的記載，肉倍好為璧，這一點與《爾雅》成書於戰漢時期也是契合的。環、瑗類器物仍存在，數量減少，而且器形較小。

第三節　玉璧的形製演變

在玉璧的形製演變中，玉璧中首先出現的器形為圓璧，距今 9000 年左右出現時器形較小，直徑多小於 5 釐米。隨後在距今 7500 年前後器形逐漸變大，在玉璧體量變大的過程中，玉璧的基本形狀出現變化，圓形基本形態被打破，方形、方圓形、長方形、不規則形璧、牙璧陸續出現，而且出現了多孔聯璧。

經過距今 5500 年至 3900 年間的發展與整合，玉璧的形製確定為單孔璧，聯璧等逐漸衰落退出，雖然後段仍有零星發現，但是多為早期遺物，戰國晚期和漢代又出現了雙聯璧，數量極少，而且與早期雙聯璧的造型及製作理念中有質的區別，不能視為早期雙聯璧的延續。玉璧的基本形態最終確定為圓形，不規則形、方形、方圓形、長方形等形狀的玉璧逐漸消失。玉璧的主要種類為圓璧、牙璧、有領璧、璜聯璧 4 類。在其後數千年的發展過程中，各類玉璧的基本形態基本沒有再發生大的變化。

商代玉璧的主要器類為圓璧、有領璧兩類，牙璧仍有但數量不多，璜聯璧消失，新出現有領牙璧。有領璧在商代得到很大的發展，是商代最具代表性的器類。

西周時期玉璧主要器類擯棄了有領璧與牙璧，重新以圓璧為主，璧面開始琢刻紋樣。有領璧與牙璧在西南、東南地區仍有使用，影響範圍有限。圓璧中大型圓璧與小型圓璧的功能出現明顯分化，小型圓璧的數量逐漸減少。

東周時期玉璧仍以大小型圓璧為主，其中大型圓璧占到絕大多數。水晶、瑪瑙、玉髓、滑石等質地玉石環的使用，替代了部分之前小型圓璧的功能，小型玉璧數量較少。新出現出廓璧，雙聯璧等。紋飾玉璧比較常見，玉璧的紋樣豐富，以蟠虺龍紋、雲紋、穀紋最為常見。從春秋中期至戰國時期，玉璧數量有逐漸增加的趨勢，尤其是進入戰國時期，玉璧的出土數量陡增。

漢代玉璧種類雖然仍比較豐富，但是絕大多數玉璧為大型圓璧，較先秦時期所佔比例更高。器形變大，直徑以 14～25 釐米居多，而且玉璧的形製與玉環、瑗類器物最終區分開來，玉璧的肉好比例基本大於 2，有些甚至在 8 以上。大型圓璧中穀紋玉璧、複合紋樣玉璧中的雙身夔龍紋玉璧是最為常見的玉璧。小型圓璧與大型圓璧的功能自西周開始就不斷的分離，在漢代小型圓璧僅保留了璧的形狀，其使用上與大型圓璧基本沒有一致性，已經徹底轉化為佩飾。學界多以系璧相稱，《說文解字》中釋「玤」：「石之次玉者。以為系璧。」段玉裁注曰：「系璧，蓋為小璧繫帶間，懸左右佩物也。」這類玉璧似乎能與組玉佩中的玉璧相對應，只是組玉佩中的玉璧往往製作精美、玉質瑩潤，並非石之次玉，因此並不能

完全對應。不過從漢代出土的玉璧形器看，組玉佩所用玉璧一般直徑在 10 釐米以下，中孔較大，肉好比一般小於 2，也可能可以歸為一類具有專門用途的玉璧種類。但是祭祀用璧中的小型圓璧不包括排除之列，因為這一階段專為祭祀製作的玉璧、玉圭等的器形小且薄，而且多用漢白石，體現出示意性、象徵性的特點，是象徵性的玉圭璧，也是祭祀用玉開始出現的轉變。

從新石器時代至漢代玉璧的形製有幾次比較重要的演變：

第一次為距今 7000～5500 年，玉璧器形變大，直徑超過 5 釐米。在此過程中，方圓形、長方形、不規則形、牙璧等多種形狀玉璧，多孔璧出現。

第二次為距今 4500～3900 年，玉璧的主要形態確定為圓形單孔，雙聯、三聯玉璧衰落，不規則形、方形、長方形等其他形狀玉璧衰落。玉璧的種類主要有圓璧、有領璧、牙璧、璜聯璧等 4 類，其中圓璧為玉導。

第三次為西周時期，玉璧的主要種類確定為圓璧，牙璧、有領璧、璜聯璧等衰落。

第四次為漢代，玉璧與玉環、瑗類器物區分開來，玉璧的肉好比例基本大於 2，有些甚至在 8 以上。

經過這幾次的演變，玉璧的種類越來越簡單，大型圓璧逐漸成為主要玉璧種類，多孔璧及其他造型的單孔璧，如牙璧、璜聯璧、有領璧等消失；玉璧由素面玉璧為主體到紋飾玉璧為主體；玉璧的形製變化逐步由器物形態的差異，轉變為玉璧璧面紋樣的差異、製作玉璧紋樣的工藝的差異。

第四節　玉璧製作工藝的發展脈絡

新石器時代玉璧出現伊始，玉璧較小，可能借鑒管珠等其他器物的製作方式，新石器時代嫺熟的石器加工方法為玉器的製作提供了技術條件，早期玉璧製作最主要的方式是打製、琢製、劃刻、磨製。

隨後線切割、管鑽技術應用於玉璧製作。觀察到最早的成熟線切割技術是在距今 8000 年左右的興隆窪文化中，線切割被廣泛使用於興隆窪文化玉玦的製作中。紅山文化和良渚文化玉璧上都曾發現線切割痕跡，尤其是良渚文化中，玉璧的體量較大，有些直徑超過 30 釐米，線切割的使用打破玉料的局限性，玉璧的坯料不用局限於原形籽料，而且玉料的剖切效率提高，為玉璧的量化出現提供了技術支持。管鑽的出現也是玉璧製作中又一次技術進步，在興隆窪——查海文

化時期，管鑽技術已經出現，管鑽為玉璧器形規範提供技術條件。這兩種製作技術充分發揮其作用，還有賴於一種旋轉工具的使用。對這類工具的認識尚在研究當中，但毫無疑問，無論是切割還是鑽孔，利用旋轉工具後的效率可以大大提高。

在新舊石器製作技術的結合下，玉璧的製作逐步形成了三大體系，以燕遼地區紅山文化晚期、海岱地區大汶口中晚期為代表的中孔管鑽磨製成形體系，以東北北部地區哈民忙哈遺址玉璧為代表的中孔軸心旋截磨製成形體系，以長江下游地區良渚文化玉璧為代表的剖切管鑽成形體系。玉璧不同技術體系是不同的技術傳統，也體現出不同文化對玉的認識，是一種文化差異的表現，與技術優勢與技術的掌握程度關聯較少。

在新石器時代晚期龍山文化時期，屬於本地技術體系的中孔管鑽磨製成形體系和剖切管鑽成形體系在晉西南、陝北地區玉璧製作中同時出現，並最終統一至切割管鑽成形製作體系，這一技術演變也直接促成了玉璧的定型。玉璧剖切成坯，管鑽成形並修整，中孔管鑽成形，圓璧整合至切割成坯厚薄均勻的形態，圓璧、有領璧、牙璧等器形在其後再未發生大的改變。

新石器時代發展成熟的玉璧製作體系一直沿用至商、西周時期，玉璧的製作再次發生大的改變，是金屬砣具的出現與使用。砣具的形製、砣具的出現時期，學界一直有所爭議，根據比較認可的觀點，金屬砣具的出現應該在春秋時期。這一點也與考古發現相對應。東周玉璧器形十分規整，近正圓，邊緣垂直、齊整、厚薄均勻，紋樣琢刻中淺浮雕地面平整，陰線刻線條流暢且乾淨利落，淺浮雕雖然繁密複雜，都體現出當時玉璧製作工藝的進步與成熟。

金屬砣具的使用不僅大大提高了製玉的效率，更提高了製玉的技術水平，也一定程度上促成了東周時期及漢代玉璧的大量出現，紋飾玉璧的比例大幅提高，並且紋樣更為豐富複雜。東周及漢代玉璧製作的高水準，很大程度得益於新的製玉工具的出現與使用。

第五節　玉璧的使用習俗與制度

一、使用組合

新石器時代至夏紀年時期玉璧的使用存在一定的組合，但不固定，各地區各考古學文化中玉璧的常見組合不同。東北北部地區多流行璧匕組合，玉璧在墓葬中多與玉匕、珠等同出。紅山文化中璧多與鐲同出，一般只見於女性墓葬

和二次葬。長江下游地區主要流行璧、鉞組合，凌家灘遺址墓葬中玉璧多與鉞、璜、環同出。福泉山遺址良渚文化墓地中玉璧多與鉞、琮同出，6座隨葬玉璧的墓葬中有4座為璧、鉞組合，3座為璧、鉞、琮組合。海岱地區、晉西南地區、陝北地區各遺址中出土玉器的組合為玉璧多與鉞或鏟伴出。陶寺墓地中前三類墓葬的隨葬組合多以璧、鉞為基礎組合，清涼寺墓地的多座墓葬的玉器隨葬組合為璧鉞、璧鉞刀為組合。甘青地區宗日遺址與齊家文化早期基本同時，曾發現有璧刀的組合形式，由於齊家文化玉器多為採集、徵集，所以玉器的組合併不十分明晰。璧琮組合多見於齊家文化東部及中部地區（涇渭上游、洮河大夏河流域），如天水師趙村遺址M8、靜寧縣採集的「靜寧七寶」都見璧與琮的組合。另外，小型圓璧多與璜、管等組合成串飾，主要流行於長江下游地區。大汶口文化中也多見小型圓璧組合串飾。

商代大型圓璧有列璧的現象，成組使用，應該是當時的一種使用習俗。玉璧在墓葬中，尤其是高等級貴族墓葬中最常見的組合為玉璧、戈、柄形器。另外在商文化以外區域，如金沙遺址中玉璧與牙璋的出土數量相當，可能存在祭祀中存在一種使用組合；閩粵地區有領璧多與牙璋同出；湖湘地區的青銅器窖藏中璧多與璜、玦、管珠等同出，可能也存在一定的祭祀用玉組合。

西周時期墓葬中玉璧、戈、柄形器組合仍比較流行，同時玉戈與玉璧也是比較固定的組合，一般放置於墓主人胸腹部或棺蓋之上，大小型圓璧皆有。在扶風案板坪遺址的一座灰坑中出土一組玉璧、玉琮組合，出土時玉琮套於玉璧之中。可能存在一定的專屬意義。另外這一時期各類串飾、組玉佩十分流行，小型圓璧多作為總束，與管珠等一併同出。

東周時期玉璧的使用中出現比較固定的祭祀組合，玉璧、圭、璜、玦，玉璧、圭（戈）。玉圭（戈）璧組合同時也在墓葬中出現，這一組合從商代有已經出現，一直沿用。另外東周時期出現玉璧與龍形佩、珩等的組玉佩組合。

玉璧在漢代的使用組合體現在祭祀用璧和喪葬用璧上，祭祀中根據不同祭祀對象存在不同的祭祀用玉組合，以圭璧組合最為常見，或以圭、璧為基礎的圭、璧、璜，圭、璧、觿等組合。喪葬用璧中玉璧多列置、平鋪等多件出現以斂屍。

新石器時代至漢代，玉璧的使用組合逐漸簡化、固定。

二、等級差異和等級制度

玉璧從出現伊始就在墓葬中存在隨葬差異。小南山遺址74件玉璧發現於

41 座墓葬中，1991 年發現的 M1 隨葬玉璧 45 件。紅山文化、良渚文化、齊家文化等文化中存在玉璧殮葬的情況。

商代等級越高的墓葬隨葬玉璧的數量越多、種類越豐富。第一等級王陵級墓葬中有些僅盜洞出土玉璧的數量就多達十數件。屬於第二等級的婦好墓中出土玉璧 59 件，包括了商代全部玉璧種類，商代晚期僅見的 1 件璜聯璧也出自婦好墓中。第三等級中玉璧的出土數量明顯減少，多為數件。第三等級以下的小型墓葬中很少出土玉器，尤其是玉戈、璧等器物。雖然這一階段玉璧使用的等級差異已經比較明顯，但是同等級間玉璧的隨葬數量較隨意，未有明顯的規律，應尚未形成等級制度。

西周中期墓葬中以列鼎、棺槨制度為主要標誌的喪葬等級制度基本形成，與此同時，西周用玉等級制度逐漸形成。諸侯、大夫、士、庶民四個等級間用璧差異明顯，第一等級墓葬中普遍隨葬玉璧，數量多超過 1 件；服飾用璧中髮飾、耳飾、項飾用璧，喪葬用璧中喪儀、葬儀、墓祭階段用璧皆有發現；以大型圓璧為主；玉璧放置的位置比較多，在棺槨上、棺槨之間、墓主人頭部、胸腹部等皆有放置；伴出玉器多為玉戈、柄形器、覆面、組玉佩、串飾等高等級玉器；同等墓葬間存在一定的等級差異，晉、虢等姬姓直屬宗室的墓葬中出土玉璧的數量較一般諸侯多；第二等級玉璧隨葬比例沒有第一等級高。墓葬中的隨葬玉璧數量多為 1 件，鮮有多件，而且小型圓璧的數量較多，與大型圓璧平分秋色，伴出玉器也有戈、柄形器、組玉佩、串飾等，但是多不共出於單座墓葬中，第三等級中僅有少數墓葬隨葬玉璧，且多只在一個位置放置玉璧。玉璧伴出的玉器種類和數量都較第一、二等級銳減，種類為玉戈、柄形器、串飾、動物形佩飾等。第四等級為庶人及以下階層，基本不隨葬玉璧。

東周時期第一、二等級與三、四等級的用璧差異更為明顯。這一時期腰飾組玉佩多見於第一、二等級，喪葬用璧有不斷增加的趨勢，但是這種趨勢也僅限於第一、二等級墓葬，西周時期只有第一等級才享有的玉殮葬，即在身體多個部位覆蓋或鋪墊玉璧的習俗在東周時期部分第二等級墓葬中流行。由於東周時期的高等級墓葬多有盜擾，尤其是第一等級的墓葬，無法還原原始的埋葬狀態，因此導致第一、二等級間的差異不明顯。而且加之東周時的期各諸侯國，尤其是實力、財力雄厚的諸侯大國多根據本國的等級制度進行埋葬，這樣也增加了諸侯國間同等級墓葬的差異。

漢代用璧等級制度發展成熟，喪葬用璧中飾棺用璧、斂屍用規範化、制度

化，因此表現出的等級差異更為明顯。隨葬玉璧的墓葬為諸侯王、列侯及各級官吏，鮮有見於一般平民的情況。各等級間的差異加大，諸侯王墓葬以隨葬玉璧為規制，玉璧的數量一般在 20 件以上，有的甚至過 70 件；列侯墓葬一般在 10 件以下；第三等級高級官吏墓葬中多在 5 件以下；第四等級低級官吏墓葬中隨葬玉璧的情況就比較少見了，且多為單件。而且在第一等級中飾棺用璧、斂屍用璧都有使用，第二等級以下則僅發現斂屍用璧。第一、二等級中所見玉璧多為複合紋飾玉璧，器形較大，其餘等級中則穀紋等幾何紋樣玉璧更為多見。另外，第一、二等級中玉璧占到絕大多數，第三，尤其是第四等級中滑石璧、玻璃璧等其他質地的璧數量比較多。

三、性別差異

新石器時代至商代墓葬有些性別不明確，不過玉璧在男女性墓葬中都有發現，不是具有性別指示性的玉器。

西周玉璧在使用中服飾用璧主要見於第一等級的女性墓葬中，男性墓葬的服飾用璧僅見髮飾用璧、特殊類型的組玉佩中。喪葬用璧男女性墓葬通用，性別差異較小。

東周時期服飾用璧僅餘腰飾用璧，主要見於第一、二等級墓葬中，沒有明顯的性別差異，同等級的男女性墓葬中都有發現。喪葬用璧多出自男性墓葬，但是從同時期同諸侯國的男女性玉璧隨葬情況看，無明顯性別差異，反而女性墓葬的隨葬數量略多。

漢代同一級別的墓葬中出土玉璧的男女性墓葬並沒有明顯差異，但是從出土玉璧的墓葬整體看，多數為男性墓葬，說明玉璧在隨葬中可能存在一些性別差異，更傾向於隨葬於男性墓葬中。

可見玉璧在新石器時代至漢代在使用中的性別差異不明顯。

第六節　玉璧功能的發展演變

一、玉璧的出土位置與玉璧功能的關聯

玉璧的出土位置與組合，尤其是玉璧在墓葬中的出土位置，對於判斷玉璧的功能有著重要的作用。

出自墓主人身體附近和棺內的玉璧，一般認為應為喪儀階段用璧，是在盛

斂屍身時放置的玉璧。出自胸腹部、身下等的玉璧多與斂屍用璧相關。出自頸部或下頜處的玉璧一般與項飾用璧相關聯，若周邊同出管珠或小型玉飾，則可以更為確定。出自頭部的玉璧在功能判斷上有些難度，或為髮飾、或為覆面、或為斂屍用璧，如何判斷則需要結合伴出其他器物和玉璧的放置位置。髮飾多與小玉飾、動物形飾等同出；覆面多與小玉片同出；斂屍用璧的器形較大，一般放置於面部或頂部，也或壓於頭下，放置位置相對比較固定。出自腰部或腹部的玉璧可能為斂屍用璧，也可能為組玉佩組件。

出土於填土、棺槨之上、棺槨間的玉璧可能與葬儀階段用璧有關，是在裝殮屍身後和下葬時放置的玉璧。

在墓葬周圍發現的玉璧則可能與下葬前後的墓祭相關。

二、新石器時代至漢代玉璧基礎功能的轉化

出自對天地、日月、星辰的觀察，對美的追求、對自然的敬畏，古人選擇了以玉為載體，以扁平圓形為造型，產生了玉璧。

玉石的珍稀性和對加工技術的高要求，決定了玉璧並不具有普遍性，玉璧最早應該是掌握在擁有製作玉璧或使用玉璧的人手中。對於新石器時代玉器的功能多認為是通神工具，甚至為神服上的飾物或神器。掌握玉璧的人擁有更高的身份與地位或財富，但是隨著這種功能的固定，玉璧就變為一種標誌器物，只有具有特殊身份和地位的人才能擁有掌握祭祀等相關禮儀的權力和能力，正因為擁有和掌握這種特殊的能力，才能在生後有大型墓穴，才能擁有比聚落中的一般人更多的器物。

因此在新石器時代至夏紀年時期不同的觀念與意義不斷附著在玉璧上，玉璧的功能逐步複雜化，兼具美石、身份地位象徵、財富、神器等多重功能，但是這些功能在這一時期都並不太明確，玉璧功能的完善存在一個不斷發展的過程。

商代玉璧的功能是對新石器時代玉璧功能的延續，「殷人尊神，率民以事神，先鬼而後禮」，商人的觀念中，至上神帝的信仰已經形成，只有人王才可與之溝通。因此用玉祭祀的對象主要為在商人歷史上佔有重要地位的先公先王，如成湯大乙、大甲、祖乙三示〔註29〕。因此玉璧作為祭器的功能最為突

〔註29〕王宇信，殷人寶玉、用玉及對玉文化研究的幾點啟示〔J〕，中國史研究，2000　（1）：3～18。

出，也最為明確。另外殷人以玉為寶，商王及高等級貴族大量聚斂財寶，玉器、玉璧隨葬的等級差異趨於明顯。在墓葬中的擺放也出現一定的規律。這些變化為西周時期用璧制度的形成拉開了序幕。

西周以分封制度對西周疆域進行了有效的管理，建立封建制度來規範、管理國家，穩定並鞏固了周王朝的統治；建立宗法制度來約束諸侯與周王之間的隸屬關係，規範政治權力和財產的繼承。在這樣的背景下，規範的、禮的概念深入玉的使用，西周玉禮在西周中期基本形成，玉璧作為重要的禮器，在祭玉、瑞玉、佩玉、葬玉中承載西周的玉禮制度。玉璧在這一時期的基礎功能為禮器。

東周時期對禮制空前重視，對禮的外在形式不斷規範，呈現出系統化、理念化的態勢。玉璧的功能有對西周以來傳統玉禮的延續，如在祭祀、禮儀、佩飾方面的使用，也有新的拓展與深化，如盟誓用器、陳設用器。東周時期新的貴族階層興起，打破了原先世襲的貴族體系，因此玉璧的使用在東周時期呈現出廣泛化的態勢，玉璧在第一至第四等級皆有發現。玉璧在作為禮器之外，藝術性、觀賞性的功能加強，貴族對藝術的欣賞與追求，通過玉器精美的紋飾及精湛的製作工藝得以體現。

漢代玉璧的功能更為多樣化，西周以來對玉器「首德次符」的界定、君子比德與玉的認識逐漸弱化，玉器的寓意更傾向於升仙、辟邪。漢代的禮儀、祭祀制度開始走向模式化和形式化，玉璧作為禮儀、祭祀、喪葬用器的功能看似加強，實則簡化，玉璧在高等級墓葬中集中使用，與其說是彰顯身份與等級，倒不如說是這些高等級的貴族擁有更多的升仙、昇天的媒介與機會，擁有更多驅邪、庇佑平安的憑信。這一時期的玉璧既以實體的形式出現，又以圖像的形式在漢代的帛畫、壁畫、畫像磚石、建築裝飾中運用，璧作為天門、璧門的象徵物，是通往天國的門戶、入口。這一階段的玉璧與其說是禮器，倒不如說是一個綜合的象徵物、一個媒介，是禮儀、財富的象徵、天國的象徵、通天升仙的媒介，體現的是漢代人們對天國、對永生的嚮往。玉璧受到玉料的局限，受到身份、等級、財富等的局限，而圖案化、符號化的璧則可以有更寬的受眾。

因此玉璧在新石器時代至漢代，玉璧的功能不斷的得到擴展，各個時代的觀念與思想附著在玉璧上，使得其內涵得到不斷的延伸。但是玉璧的基礎功能的演變存在一定的規律，有著祭器——禮器——象徵物的轉化。

三、各時期的流行觀念對玉璧功能的影響

　　新石器時代至夏紀年時期由於沒有文獻記載，玉璧所體現的觀念不能得到證明，因此本書對玉璧所體現的觀念考察從商代開始。

　　商人以玉、以貝為寶，具有強烈的寶玉、重玉意識。商王多以貝賞賜臣屬，但是尚未見賞賜以玉，可見玉在當時更為珍貴。玉作為祭祀先王先祖的主要祭器，具有溝通至上神帝的功能，因此當時重玉、斂玉之風日盛。武王滅商之後，「俘商舊玉億有百萬」，足以見商王室重玉、藏玉的程度。受商人重寶重玉觀念的影響，身份越高越尊貴的貴族所擁有、聚斂的玉就越多，因此持玉、佩玉的多寡、種類逐漸成為身份、等級的象徵。玉璧在墓葬中的隨葬等級差異逐漸明顯，玉璧作為身份等級象徵的功能得到加強，為西周時期玉璧禮儀用器的功能形成奠定了基礎。

　　周人在立國之前就比較重視禮，有一定的禮儀。西周建國伊始，「以藩屏周」，採用分封制度對疆域進行了有效的管理，穩定並鞏固了周王朝的統治，建立封建制度來規範、管理國家。建立宗法制度來約束諸侯與周王之間的隸屬關係，規範政治權力和財產的繼承〔註30〕。基於這樣的政治體系，在西周的疆域範圍內，其玉文化面貌相較商代更為統一。

　　周文化在西周中期發生過顯著變化，從墓葬資料中列鼎制度、棺槨制度為主要標誌的喪葬等級制度基本形成；青銅器演化在西周禮制的發展以共王時期未分界，經歷了前後兩個階段；西周金文中也顯示出周禮多數是在穆王前後完備〔註31〕。這些改變與確立，在用玉方面也有表現，用玉逐漸形成一定的制度。至遲到西周中期，西周玉禮基本形成，祭玉、瑞玉、佩玉、葬玉並重，玉禮的發展達到了一個更高的階段〔註32〕。

　　東周時期玉璧，仍受到上至周王、諸侯國君，下至大夫、士一級貴族的重視與使用，不僅在常規的禮儀活動中作為展示身份、等級的瑞信使用，在祭祀活動中溝通天人先祖，還在貴族的社會生活與交往中經常使用，是賓贈、盟誓

〔註30〕 李峰著，徐峰譯，湯惠生校，西周的滅亡——中國早期國家的地理和政治危機〔M〕，上海：上海古籍出版社，2016：119～121。

〔註31〕 北京大學歷史系考古教研室商周組，商周考古〔M〕，北京：文物出版社，1979：215，曹瑋，從青銅器的演化試論西周前後期之交的禮制變化〔A〕，周秦文化研究編委會，周秦文化研究〔C〕，西安：陝西人民出版社，1998：443～456，劉雨，西周金文中「周禮」〔A〕燕京研究院，燕京學報（新三期）〔C〕，北京：北京大學出版社，1997：55～112。

〔註32〕 何宏波，先秦玉禮研究〔D〕，鄭州：鄭州大學，2001：145～146。

重要器物。東周時期魂魄觀念、重財觀念、君子觀念、美的觀念的闡釋與昇華，對於玉璧的製作及使用產生了深刻的影響。

魂魄觀念在東周時期就已經產生。《左傳》中曾記載了一段關於魂魄的論述，趙景子曾問子產「伯有猶能為鬼乎？」，論述有三層意思，首先人是有魂魄的，身體為魄，陽氣為魂；其次人魂魄的強健與否取決於所取用物精的多少；再次魂魄強健之人即使死去，魂魄依然可以存著。

何謂魂？是為「氣」「精」。《管子・正形》：「氣者，身之充也。」《管子・內業》：「凡人之生也，天出其精，地出其形，合此以為人。」《莊子・知北遊》：「人之生，氣之聚也。聚則為生，散則為死。」《荀子・王制》：「水火有氣而無生，草木有生而無知，禽獸有知而無義，人有氣、有生，有知亦且有義。」。

因此東周時期事死如生，喪葬用璧中對斂屍用璧的格外重視，飾棺用璧的出現與使用，都是對永生靈魂的引導與聚斂。

東周時期思想活躍，諸子學派百家爭鳴，士級以上貴族對藝術的追求、對美的展示要求提高，而且由於製玉工具的改進，對紋飾的琢刻成為可能，因此東周玉璧中紋飾玉璧比例大幅度提高，紋樣的構圖、設計與琢刻都體現出更高的審美要求。

另外東周時期受軍功和才能獲得官爵的新的貴族階層形成，被打破的世襲貴族體系需要新的政治平衡。因此在這一時期儒家思想體系將「君子」內涵由君王與貴族的專用名稱，君之子的階層概念轉換為所有有才有德之人的代名詞，道德規範，人生品行的標準。不論出身為何，有才德便可成為君子，無才能即使身為貴族也不能成為君子。在君子觀念的影響下，「君子比德與玉」「君子無故玉不去身」，玉璧成為佩戴、陳設的常用器類。

東周時期靈魂不死的魂魄觀念在西漢時期受黃老思想的影響，演變為升仙、昇天的觀念。西漢中期，董仲舒建立了一套以讖諱迷信為主要內容的神學思想體系，神仙方術是其中的重要內容，因此神仙思想在西漢時期盛極一時，「上自帝王，下至寓民，莫不沉溺其中」。在西漢神仙思想的影響，玉璧作為禮儀瑞信的意義為升仙、昇天所取代，器物仍為玉璧，仍在棺、墓主人身上出現，但是其所蘊含的意義已經全然不同了。

由於神仙思想、升仙觀念的流行，玉璧逐漸演化為通天的信物、通天的天門，是一種象徵和媒介。傳統意義上的實物玉璧已經不能滿足嚮往升仙、昇天的需求，因此圖案璧在這一時期盛行。璧的圖像在帛畫、畫像磚石、壁畫、建

築等等中頻繁出現。玉璧周圍多有龍、鳳等瑞獸神鳥，為靈魂通向天國導引。而玉璧圖案化、符號化的轉變，使得其作為禮器，禮儀化、等級化的意義逐漸弱化。

東漢時期讖諱迷信、陰陽五行學說備受推崇，進而道教、巫術流行，祈禳、壓勝、巫蠱活動盛行，受這些觀念的影響，玉器中多附加辟邪去殃、昭示祥瑞的功能，新出現了剛卯、嚴卯、翁仲、司南佩等辟邪壓勝器物，玉璧喪葬用璧、禮儀用璧的功能仍有所保留，但已經是制度化的使用，玉璧所蘊含的升仙通天的意義弱化，至東漢晚期玉璧的數量非常少見。

在漢以後，宋、明的復古仿古風潮更體現出現實主義的流行與普及，在現實主義、商品化、金錢觀念的影響下，玉璧所蘊含的禮儀意義被擯棄、擠壓，僅保留了趨利避禍、平安吉祥的意義。

第七節　玉璧承載形式的轉變

新石器時代至夏紀年時期璧的表現形式多以透閃石玉及蛇紋石化大理岩、大理岩等美石為載體。對玉石料的選擇與遺址和就近的玉料資源相關，如紅山文化、大汶口文化的透閃石玉料主要來源為遼寧岫岩。不過一般情況下大型聚落高等級墓葬中透閃石玉料的出現比例較高。如石峁遺址周邊沒有玉石礦分布，但是石峁遺址的玉璧透閃石玉的比例很高。

商、西周時期璧的表現形式仍以透閃石玉及美石為載體。

東周時期璧的質地除了玉璧外，還有玻璃璧、滑石璧、陶璧、瓷璧、銅璧等，以玻璃璧為最多。其他質地的璧應該為仿玉璧而製，其功能與玉璧近同，一般見於較低的第三等級墓葬中，也見於第一、二等級墓葬的陪葬墓中。而且其他質地的璧

漢代璧的表現形式多樣。除了大量的玉璧的製作與使用外，仿玉璧而製的木璧、陶璧、玻璃璧、玳瑁璧等都有發現，南越王王墓足箱中就出土 139 件陶璧，西耳室中還發現玻璃璧。馬王堆漢墓 M1 出土了木璧 32 件，其中 23 件盛放於 1 件竹笥中，4 件為塗金粉穀紋璧、11 件為塗銀粉穀紋璧，素面璧 8 件，應為同墓出土的竹笥中提到隨葬「木白璧生璧一笥」，塗銀粉仿白璧。江蘇儀徵螃蟹地 M2 中還出土了玳瑁璧〔註33〕。東漢時期的滑石璧雖然器形與玉璧

〔註33〕儀徵博物館，儀徵出土文物集粹〔M〕，北京：文物出版社，2008：94。

相同，但是出現了與玉璧不同的星雲紋，與星雲紋銅鏡的紋樣相近。四川巫山東漢墓中木棺上鉚釘有鎏金銅璧。

除了實體媒介外，還有以帛畫、壁畫、畫像石、畫像磚、建築圖案等的圖像為媒介。漢代的壁畫、畫像磚石中大量存在璧類圖案，主要圖案有戲璧、穿璧、套璧、聯璧（連璧）、單璧或多璧紋。

第八節　玉璧在玉器中的地位變化

在新石器時代至夏紀年時期，玉璧雖然屬於玉器中非常重要的器類，但是從在墓葬中的隨葬位置及組合看，玉璧並非身份、等級或族群等最具代表性的玉器。

璧雖然是紅山文化玉器中非常重要的種類，但是並不是反映墓葬級別最具標誌性的器物。以牛河梁墓地為例，斜口筒形器、勾雲形器同出的墓葬是該墓地規格最高的一類墓葬，當然這類墓葬中也多隨葬有璧。在出土玉器的墓葬中規模、等級相對低一些的小型墓葬中，多隨葬璧、環類器物，而這些墓葬中勾雲形器與斜口筒形器都不見。

良渚文化中反山 M12 出土玉器 700 餘件，玉琮 6 件，卻沒有出土 1 件玉璧；瑤山遺址是出土玉器 2500 餘件，出土玉器幾乎涵蓋了良渚文化玉器的所有種類，但未發現 1 件玉璧。良渚文化早期大墓中以鉞為為中心，中期形成了以鉞為中心和以琮為中心的不同用玉體系，晚期中以璧鉞為中心和以璜為中心的兩個類別墓主合葬大墓的出現是其中的顯著特點〔註 34〕。而且代表性的神人獸面紋，一般也見於鉞、琮之上，甚至冠形飾、鐲等器物上，鮮見於玉璧。良渚文化玉器中，鉞是中心玉器，璜玦是各遺址中出土數量最多、最普遍的玉器，琮是其中最具特色的玉器，玉璧在其中的地位就顯得沒有那麼突出了。

在大汶口文化、龍山文化中鉞、鏟、刀等端刃器在玉器組合中有著重要的地位，玉料的選擇、加工工藝都代表著各考古學文化中的最高技術水平。鉞、多孔刀等器物表面有些留有綁繫附柄使用的痕跡，有些還留有朱砂痕，而且多出自男性高等級墓葬中，是其中最具代表性的器物。陝北地區石峁、蘆山峁、

〔註34〕徐世煉，長江下游地區史前時期用玉習俗初步研究〔D〕，北京：北京大學，
　　　　2004：46～47。

新華遺址中雖然玉璧的數量和種類十分豐富，但是最能體現其文化特色的仍為鉞、鏟、牙璋、多孔刀類端刃器物。齊家文化中雖然鉞類器物不占主導，但是玉琮、多孔刀在其中佔據著舉足輕重的位置。後石家河文化中玉器的發現數量超過 600 件，但是玉石璧環僅 10 餘件，而且分布零散，多為石環。

至商代，玉璧在玉器中仍不佔據最重要的位置。在商代早期階段，玉戈、柄形器是玉器中最為常見也是數量最多的器類，也是墓葬中最常見的組合。商代晚期戈、柄形器仍為主要器類，但是佩飾類，尤其是動物造型玉飾數量陡增，多占到各遺址出土玉器數量的一半以上甚至更多。

在西周玉器中，玉璧的數量並不多，玉戈（圭）、柄形器仍是高等級墓葬中的常見組合，尤其是玉戈（圭）在各等級的墓葬中使用非常普遍。另外新出現的覆面、組玉佩等組合也成為反映等級、身份的新的標誌器物。玉璧雖然是西周玉器中的重要器類，但是無論是從使用的普遍性，還是等級性，都不是最重要的器物。

玉璧在玉器中地位的轉變出現在東周時期，這一階段玉璧與玉圭一道成為玉器中最為重要的器類，在祭祀、禮聘、喪葬用玉方面都體現出特殊的地位。祭祀用玉中玉璧、玉圭多組合使用，禮儀用器中也多以圭、璧來體現身份、等級，喪葬用玉中玉圭、玉璧的隨葬數量最多，而且擺放位置在棺槨、墓主人身周。玉璧在禮儀、賓贈、祭祀、盟誓、喪葬、服飾、陳設等方面皆與使用，功能較西周時期更為多樣。

對於這樣的改變可能是基於以下幾點原因：

一是東周時期周王室衰沒，各諸侯國征戰不休，原有西周禮儀制度崩壞，因軍功、才幹提升的貴族階層打破了原有世襲貴族制度，為保持自身的地位，保證新的政治格局，各諸侯國對禮制空前的重視。

二是現有對周代用玉製度的記載主要出自三禮，《周禮》中將玉璧與圭、璋、琮、璜、琥歸為六器，彰顯身份等級的六瑞也為圭、璧，既是對用玉製度梳理，同時也是對用玉製度的規範，將玉圭、玉璧提升到禮儀制度中最有代表性器物的地位。

三是三禮的成書年代一般認為在戰國時期。從考古資料來看，當時璋、琮的發現較少，尤其是璋，在西周時期的對應器形就存在爭議，是《周禮》中對古代用玉製度的追溯。東周時期流行一類虎形玉佩，多用於組玉佩中；同時組

玉佩中還存在一類龍形佩，有的器身墨書「它玉虎」、「琥」〔註35〕，是否能對應為禮器尚待考證。璜類器物在東周時期也多為組玉佩配件。因此《周禮》中所記六器，其實在東周時期主要只有圭、璧兩類。雖然三禮的記載過於理想化、系統化，但應保留部分當時的禮儀制度。

　　漢代玉璧成為禮儀用玉中的最主要器物。漢代禮儀制度仍沿用周制，諸侯王、列侯、三公朝覲時仍持有瑞信，但是所持之物僅保留玉璧，不再使用玉圭。玉圭僅用於祭祀，這種轉變自東周時期就已經開始，漢代確立。也就是說至漢代，先秦時期所謂的禮儀用玉的主要器類，僅保留了玉璧。漢代雖然仍有玉琮，但是器形簡省，與玉琮的原始形態大相徑庭，新又出現玉璋，但是出現的時間比較短，而且這些器物都不再用於彰顯身份與地位，而只用於祭祀。

〔註35〕河北省文物研究所，罍墓——戰國中山國國王之墓〔M〕，北京：文物出版社，1996。

結　語

在 9000 餘年的發展歷史中，玉璧作為一種延續發展的玉器種類，在中國古代玉文化中有著獨特的地位，是古代玉器發展的實踐者與見證者，可以說玉璧的演變史就是古代玉文化發展的縮影。玉璧承載了近萬年來人們對自然、社會、人倫的觀察，體現了古人的宇宙觀、生死觀、等級觀、價值觀等意識觀念。

也許正是這種始於對自然的觀察與模仿，最自然、最原始的觀察，恰恰也是最具有生命力的，最容易為持有不同信仰、觀念的人們所接納與傳承。玉璧中所蘊含的意義經近萬年的發展演變，數次轉變，終得以延續，玉璧的發展正是中華文明不斷融合、變化進而發展、延續的一個展現。

因此對玉璧的發展史的研究不僅僅是對玉璧形態、製作工藝、使用功能的考察，更是對其所蘊含的觀念意識的觀察與研究。

本書通過對新石器時代至漢代玉璧的梳理與研究，對這一階段玉璧的發展脈絡進行以下歸納：

1. 玉璧的形製發展演變：

玉璧在距今 9000 年前後以小型圓璧的形態出現，直徑小於 5 釐米。

在經歷了距今 7500～3900 年間整合發展後，在距今 3900 年前後，玉璧定型於單孔璧，主要器類有圓璧、牙璧、璜聯璧、有領璧，聯璧、方璧、方圓璧等逐漸衰落。這幾類玉璧在其後數千年的發展中基本形態都沒有變化。

西周時期，玉璧的主要種類確定為圓璧，牙璧、有領璧、璜聯璧等衰落。玉璧開始出現璧、環、瑗的差別。

漢代，玉璧以大型圓璧為主，玉璧與玉環、瑗類器物最終區分開來。

經過這幾次的演變，玉璧的種類越來越簡單，玉璧由素面玉璧為主體到紋飾玉璧為主體；玉璧的形製變化逐步由器物形態的差異，轉變為玉璧璧面紋樣的差異、製作玉璧紋樣的工藝差異。

2. 玉璧的製作工藝演變

新石器時代嫻熟的石器加工方法為玉器的製作提供了技術條件，早期玉璧製作最主要的方式是打製、琢製、劃刻、磨製。

玉璧的製作工藝存在兩次大的提升，一次為片切割、線切割、管鑽技術的應用於玉璧製作，為玉璧的量化出現、器形規範提供了技術條件，這兩種製作技術充分發揮其作用，應該還有賴於旋轉工具的輔助。距今 5500 年前後，玉璧的製作逐步形成了三大體系，以燕遼地區紅山文化晚期、海岱地區大汶口中晚期玉璧為代表的中孔管鑽磨製成形體系，以東北北部地區哈民忙哈遺址玉璧為代表的中孔軸心旋截磨製成形體系，以長江下游地區良渚文化玉璧為代表的剖切管鑽成形體系。距今 3900 年前後，最終整合統一至切割管鑽成形製作體系，這一技術演變也直接促成了玉璧的定型。玉璧剖切成坯，管鑽成形並修整，中孔管鑽成形。

第二次製作工藝的變革是在春秋時期，鐵質砣具的出現並使用，提高了製玉的效率和技術水平，也一定程度上促成了東周時期紋飾玉璧的大量出現。東周玉璧器形規整，邊緣垂直、齊整，紋樣琢刻中淺浮雕地面平整，陰線刻線條流暢且乾淨利落，淺浮雕雖然繁密複雜，但密而不亂，都體現出當時玉璧製作工藝的進步與成熟。

3. 玉璧的使用及功能

玉璧的出土位置、擺放方式與器物組合對於玉璧功能的判斷有著重要的指示性。新石器時代玉璧的出土位置多樣，使用組合也不固定，各地區考古學文化有著不同的玉璧的使用組合，如紅山文化中璧多與鐲同出，海岱、晉西南地區遺址中玉璧多與鉞、鏟等同出，良渚文化中玉璧多與鉞、琮同出。而且擺放方式多有不同，有縫綴、佩繫、放置、栽立等。不同的器物組合、擺放方式、出土位置就可能代表著不同的功能。這就意味著新石器時代玉璧的功能也呈現出多樣化的特徵，與此同時，玉璧的功能還存在複合性的特點，並不單一。如良渚文化放置於墓主人胸部的大型玉璧，為殮葬玉璧，同時也是身份地位的象徵。大汶口文化中套於墓主人手腕的玉璧，是佩飾的同時，更應該是身份、地位的象徵。另外玉璧從出現伊始就在墓葬中存在隨葬差異，紅山文化、良渚

文化、齊家文化等都有以璧殮葬的現象。可見在這一階段玉璧應該還存在一定的等級差異，只是這種差異並不普遍。因此在新石器時代至夏紀年時期，玉璧複合著神器、祭器、禮器、葬器、佩飾等的部分功能，是當時神權、軍權、王權的象徵物。

殷人尊神敬鬼，商代玉璧作為祭器的功能最為突出、明確。至西周時期用璧制度，包括服飾用璧、喪葬用璧、用璧等級制度逐步形成。玉璧在朝覲、祭祀、喪葬、賓贈中承載西周的禮儀制度，玉璧在此時的基礎功能為禮器。

漢代喪葬用璧、祭祀用璧制度，用璧等級制度發展成熟，服飾用璧逐漸消沒。禮儀、祭祀、喪葬用璧有專門部門負責製作、管理。祭祀用璧根據祭祀對象存在不同組合。喪葬用璧中飾棺用璧、斂屍用璧規範化、制度化，因此等級差異更為明顯。由於秦漢陵墓祭祀制度的改變，喪葬中墓祭階段開始較多使用玉璧。玉璧作為彰顯身份等級的功能簡化，而作為通天的媒介、天國的象徵更為人所接受。玉璧的基礎功能向象徵物轉化。

另外在新石器時代至漢代，喪葬用璧中的性別差異不明顯。

4. 新石器時代至漢代玉璧分期

通過對新石器時代及漢代出土玉璧的梳理，可將玉璧的發展期劃分為三個階段：

第一階段為新石器時代階段：玉璧的起源及定型期，規範玉璧的形製。

這一時期是玉璧從出現到確定基礎形製的階段。在長達五千年的發展時間段內，我國各個地區的不同考古學文化中產生出特徵各異的玉文化傳統，這些玉文化在不同的時間與空間中交匯、融合，玉璧在文化的交流中起著重要作用。在這一階段各考古學文化中玉璧的形製、製作工藝及使用功能都有一些差異，在不同發展階段存在多個製作與使用中心。在經歷了起源、整合與定型三個階段的發展，玉璧扁平圓形，中央有孔的形製確定。之後出現的新器形皆是在這一形製上的衍生變化。雖然這一階段玉璧在形製上逐漸趨同，但是由於考古學文化內涵的差異，玉璧在新石器時代階段各考古學文化中的使用及功能存在多樣化的形式。

第二階段為商代至東周時期：玉璧的延伸發展階段，規範玉璧的功能。

這一時期主要是對玉璧功能的完善。商代的主要璧類為圓璧和有領璧、牙璧，牙璧與有領璧在商代非常流行，璜聯璧基本不見。兩周時期玉璧主要器類摒棄了有領璧與牙璧，重新以圓璧為主，新出現出廓璧，雙聯璧等。紋飾玉璧

比較常見，玉璧的紋樣豐富，以蟠虺龍紋、雲紋、穀紋最為常見。玉璧數量有逐漸增加的趨勢，尤其是進入戰國時期，玉璧的出土數量陡增。鐵製工具的使用，使得玉器的製作效率和工藝得到迅速提高，紋飾玉璧的大量出現，紋樣多樣，構圖或繁縟、複雜，或明朗、齊整，線條流暢、利落，透雕鏤空工藝的使用，使得玉璧造型更加靈動通透。拋光技法的成熟與精湛在玉璧的製作中體現得淋漓盡致，尤其是戰國時期的玉璧，璧面光潔平整，呈現鏡面光澤。玉璧的使用與功能在這一階段得以規範和制度化，用璧制度逐步形成，玉璧的主要功能以禮儀用器、喪葬用器、祭祀用器及佩飾為主。

第三階段為漢代：玉璧的鼎盛發展階段，玉璧的形製及功能完備。

除過少量來自周邊國家貿易及進貢外，漢代玉璧主要由中央所屬的少府下轄官署、各諸侯國國屬玉作坊製作。因此玉璧的形製及製作體現出土較強的一致性。玉璧的種類雖然比較豐富，但是大型圓璧占主體。器形變大，玉璧的肉好比例基本大於 2，在形製與玉環、瑗類器物最終區分開來。穀紋玉璧、雙身夔龍紋玉璧是最為常見的玉璧種類。璧的質地和表現形式多樣。除了大量實物玉璧，仿玉璧而製的木璧、陶璧、玻璃璧、玳瑁璧等外，還在壁畫、帛畫、畫像磚石上流行圖案璧。漢代經歷了春秋戰國時期的百家爭鳴，在大一統的政權下，對於儒家經典、對於禮的推崇達到一個高峰。在此基礎上，玉被賦予了各種各樣禮的意義與觀念，玉璧作為禮器的重要代表，是這一階段使用最為廣泛的禮器，是玉器研究的重要內容。玉璧的功能逐漸完備，玉璧在禮儀、喪葬中的使用制度化；玉璧作為陳設、佩戴的功能得到加強。玉璧的面貌在所轄範圍內比較統一，雖然並非統一的玉作坊製作，但是玉璧從形製、製作方式、紋樣造型、使用方式等諸多方面都表現出比較強的一致性。小型圓璧與大型圓璧的功能自西周開始就不斷的分離，在漢代小型圓璧僅保留了璧的形狀，在使用上，已經徹底轉化為佩飾。值得一提的是，小型圓璧還多用於祭祀，祭祀用璧的器形小且薄，而且多用漢白石，體現出示意性、象徵性的特點，是祭祀用玉開始出現的轉變。

5. 玉璧所蘊含文明因素（象徵意義）的發展演變

玉璧的發展歷程伴隨著我國政治體制的形成與演變，文明的起源與發展、王國的興衰乃至帝國的建立，無獨有偶，玉璧的發展階段也正與中國文明的起源、王國、帝國階段相吻合。

在產生伊始，玉璧或許是美的追求、自然的觀察的結果，因此在玉璧的早

期發展中，玉璧形態較小，可能多為佩繫之用，如小南山、白城雙塔等遺址所見。但是隨著社會經濟基礎的改變，農業經濟的建立和發展，內向型的經濟形態激發了對等級區分的要求，玉璧的功能在突出區分地位、彰顯身份等級中得到強化。器形開始變大，以適應更深層次的功能要求，擁有者也更向公共權力的擁有者手中集中。如在良渚、紅山文化等用璧的考古學文化中隨葬玉璧的墓葬往往在墓葬形製、隨葬品的數量、質地、質量等多個方面表現出不同。

新石器時代社會結構鬆散，玉璧散落於各部落或酋邦中，有些接納玉璧的形態與意義，有些則選擇了其他的象徵物，每個不同的酋邦對玉璧賦予了不同的功能與意義。因此反映在考古學文化中，新石器時代並非所有地區都製作與使用玉璧，不同階段有著不同的用璧中心，用璧中心也並非一成不變，而是隨著接納與選擇，有所改變。

隨著文明的不斷演進、權力的集中，酋邦、方國的政權形式向國家演進。這也正可以解釋，為什麼在新石器時代至夏紀年時期的交匯階段，玉璧的種類開始簡化、製作工藝開始整合併趨同。玉璧雖然仍存在數個製作與使用中心，但是玉璧的在各中心中的種類、形製、製作工藝、使用方式開始趨同，玉文化間的差異在消弭，其中所蘊含的對於玉璧的價值、信仰等文化、觀念的整合與認同，都是在鋪墊與促成統一國家政權的產生。

在國家形態下，同一文化區域的範圍有了大的擴張，表現在玉璧上，雖然地域差異較大，但是商文化、周文化區域的玉璧呈現出較多的一致性，形製、製作與使用功能基本相同，地區差異雖仍存在，但是大同而小異。

統治者對於權力的表現形式有了更高的要求，玉璧作為被選擇的權力象徵，在少數人手中集結，根據不同的身份與地位，玉璧開始出現等級化。無論是商人的重玉崇寶，還是周人重禮崇禮的觀念都是更明晰地區分權力與身份地位的反映，在這種要求下，用璧制度逐漸產生並不斷細化，服飾用璧、喪葬用璧、禮儀用璧、祭祀用璧等制度的產生與完善，都是權力集中的需求與表現。通過朝聘所執、祭祀所獻、喪葬所用、儀式及日常所佩的玉璧形式與種類，無時無刻不在提醒，權力的至高無上與等級的不可逾越。

進入漢帝國階段，在大一統中央集權的政治體制下，罷黜百家，獨尊儒術，思想統一、觀念統一，玉璧所表現出的地區差異更不明顯，即使分屬不同的製作機構、不同的工匠進行製作，所呈現出玉璧也沒有太多的變化。

統治者對於權力的要求更為細化與規範，玉璧逐漸成為權力階層的專屬

器物。這一階段用璧制度從製作、使用及管理都開始規範化、禮儀化,而且也更為細化,以喪葬用璧為例,國家制度就明確規定了不同身份等級所使用的不同的喪葬體系,從斂、葬、祭三個方面都制度了相應的規制,必須依制而行,逾制則會受到嚴厲的懲戒。甚至於在玉璧紋飾的使用上,都有著一定的要求,如複合紋飾玉璧就大部分見於第一、二等級的墓葬中。因此在這一時期玉璧的等級制度更為明晰,每個等級間的差異加大,我們可以通過墓葬中所出的玉璧種類與數量有效地推斷出墓主人的身份等級。同時玉璧被賦予了升仙、昇天的意義,這類器物為統治者所壟斷,自然而然地也擁有了昇天的捷徑。

玉璧使用的制度化、等級化,為滿足不同等級對璧的要求,各種質地的璧數量增加,尤其是圖像玉璧的出現並大量使用,也正是這種需要的反映。

從以上看來,玉璧是我國文明發展演變、政權形式轉變的見證者,不過與其說是見證者,倒不如說是變革者或適應者。

玉璧在出現伊始是順應了古人對美的追求與自然的觀察,但是隨著社會結構的複雜化,玉璧接納賦更多的功能與意義以適應權力擁有者的需求。有的酋邦、方國崇尚自然神靈,玉璧為溝通天人的神器;有的重視祭祀、軍事,玉璧就為軍權、神權的象徵物;有的重視軍權、王權,玉璧則演變為軍權、王權的象徵。商人重祭,玉璧作為祭器的功能就更為突出;周人重禮,玉璧的基礎功能就變為禮器;東周時期君子觀念的流行,玉璧就成為了君子無故玉不去身的組玉佩組件;西漢神仙觀念盛行,玉璧就轉化為通天的璧門;東漢讖諱學說的興起,玉璧則增加了辟邪平安的意義。在歷史的長河中,玉璧就像一位機靈的魔術師,不停在變身。也許也正是因為玉璧的不斷調整,才使其得以延續的發展。

另外玉璧在產生時對天的觀察,蘊含著古人的宇宙觀念,寄託著對自然的崇敬,對美的欣賞,正是這種最樸素的觀念得以在近萬年的時空中延續。玉璧圓潤的構造,與儒家所崇尚的中庸思想不謀而合,與道家陰陽觀念不衝突等等,也許正是玉璧的造型特點、其所蘊含的意義,才使得各個階段的人群選擇了玉璧,讓其擁有了變革調整的機會和可能性,而這些可能才是玉璧在近萬年的發展歷程中,在古人對玉器種類不斷的摒棄、創新的過程中,流傳下來並且歷久彌新的真正原因吧。

6. 餘論

在本書的寫作中,由於限於資料的局限、作者知識結構及對資料的把控能

力等等原因，在一些研究方向和內容上未能涉及或展開。

　　如在對玉璧起源的探討中涉及到東北北部地區與東北亞舊石器文化之間關係問題，兩者相隔數萬年，相隔數千公里，之間的缺環較多。另外新的考古發現不斷地更新我們對已有資料的認識，小南山遺址發現的玉璧並非玉璧的最原始形態，因此只有在新的資料補充之後，對玉璧的起源問題的討論可能才會更有效。而且玉璧的各個器類如有領璧、璜聯璧、牙璧、璜聯璧等都有著各自的起源及發展脈絡，限於篇幅都未能展開。

　　再如新石器時代至夏紀年時期各時期玉文化間玉璧的交流與互動、玉璧的發展脈絡等問題為了保證論文主線的清晰，沒有做延伸與討論。

　　有如在對玉璧使用的討論中，玉璧的同一個放置位置可能有不同的使用方式或功能，如出土於胸腹部的玉璧，就可能是屬於喪葬用璧中的斂屍用璧，也可能為服飾用璧中的組玉佩組件。發現於頭部的小型圓璧，可能為髮飾用璧，也可能為玉覆面，也可能為項飾組件等等。而且玉璧的出土位置可能在埋藏過程中也有過一定的位移，如放置於胸部的三件玉璧，可能會滑落至身側，但是出土於身側的玉璧與出土於胸部的玉璧在功能推斷上會有較大的區別。出土自腰腹部的玉璧，或可能為斂屍用璧，也可能為組玉佩組件。因受到考古資料的限制，本書在玉璧的使用研究中，多描述出土情況，復原推斷較少。

　　對於玉璧的璧面紋樣、圖像璧圖案的解析與釋讀，是玉璧研究的又一個重要方面，需要專文闡述，作者由於缺乏藝術史、美術史的知識架構，對於這部分內容並沒有展開做深入研究。

　　當然，這些問題只是文章的局限性與不足的一些方面，作者對新石器時代至漢代玉璧的梳理研究，只是玉璧研究的冰山一角，對玉璧的研究需要不斷地拓展與延伸。但是正是由於這些思考，作者在寫作過程中受到啟發，為今後更進一步的學習與研究提供了線索與方向。

參考文獻

一、學術期刊

1. 周南泉，論中國古代的玉璧——古玉研究之二〔J〕，故宮博物院院刊，1999（2）：76～88。

2. 葉康寧，葉寅生，說「璧」〔J〕，文物世界，2010（6）：48～50。

3. 宿晨，中國歷代玉璧形製舉例〔J〕，收藏家，2007（9）：27～32。

4. 邱向軍，簡析中國古代玉璧的發展與演變〔J〕，絲綢之路，2013（4）：60～62。

5. 欒豐實，牙璧研究〔J〕，文物，2005（7）：69～81。

6. 吉開將人，中國與東南亞的「T」字形環〔J〕，四川文物，1999（2）：81～96。

7. 朱乃誠，殷墟婦好墓出土有領玉璧與有領玉環研究〔J〕，江漢考古，2017（3）：109～118。

8. 楊美莉，黃河上、中游的玉圍圈〔J〕，故宮學術季刊，2001（2）：69～104。

9. 高江濤，陶寺遺址出土多璜聯璧初探〔J〕，南方文物，2016（4）：8～97。

10. 吳曉桐，多璜聯璧的起源、演變與傳播〔J〕，江漢考古，2019（6）：87～97。

11. 鄭建明，馬翠蘭，新石器時代小型玉璧研究〔J〕，北方文物，2008（3）：10～17。

12. 鄧淑蘋，新石器時代的玉璧——由考古實例談古玉鑒定〔J〕，故宮文物月刊，1985（9）：80～89。

13. 張明華，良渚玉璧研究〔J〕，故宮博物院院刊，1995（2）：71～81。

14. 楊美莉，黑雲壓城城欲摧，甲光向日金鱗開——古代西北地區環形玉石器系列之二——陶寺、石峁類型文化的環形器〔J〕，故宮文物，1994（12）：16～25。

15. 楊美莉，大漠孤煙直，長河落日圓——古代西北地區的環形玉、石器系列之一——齊家文化風格的環形器〔J〕，故宮文物，1994（11）：66～79。

16. 鄧淑蘋，故宮博物院所藏新石器時代玉器研究之一——璧與牙璧〔J〕，故宮學術季刊，1987（1）：1～57。

17. 王強，鄧聰，欒豐實，海岱地區與東北亞新石器時代玉器文化交流——以野店遺址所出璧環類玉器為例〔J〕，考古，2018（7）：107～120。

18. 周宇傑，夏家店下層文化玉器的初步研究〔J〕，遼寧師範大學學報（社會科學版），2017（1）：52～55。

19. 雍穎，試探山東地區出土的新石器時代玉器分期與特徵〔J〕，遼海文物學刊，1996（1）：100～111。

20. 岡村秀典，陝晉地區龍山文化的玉器〔J〕，故宮學術季刊，2001（2）：105～114。

21. 謝端琚，黃河上游新石器時代文化玉器研究〔J〕，故宮學術季刊，2001（2）：1～34。

22. 羅豐，黃河中游新石器時代的玉器——以館藏寧夏地區玉器為中心〔J〕，故宮學術季刊，2001（2）：35～68。

23. 楊建芳，先秦兩漢的飾紋玉石璧〔J〕，中國文物世界，1987（12）：31～37。

24. 楊建芳，龍鳳紋玉璧之演變〔J〕，中國文物世界，1991（1）：126～134。

25. 盧兆蔭，剔透玲瓏玉寶璧——漢玉漫談〔J〕，文物天地，1993（3）：16～19。

26. 石榮傳，從兩漢諸侯王墓出土玉器看漢玉藝術風格〔J〕，文物春秋，2004（1）：38～41。

27. 王仁湘，琮璧名實臆測〔J〕，文物，2006（8）：69～74。

28. 朱延平，試論齊家文化玉璧之源〔J〕，文博，2019（3）：18～26。

29. 雷廣臻，玉玦、玉璧仿生原型探源〔J〕，遼寧師專學報（社會科學版），2008（4）：132～134。

30. 李歐，紅山文化玉璧信息資源整理研究〔J〕，吉林廣播電視大學學報，
    2003（2）：36～43。

31. 蔡運章，屈家嶺文化的天體崇拜──兼談紡輪向玉璧的演變〔J〕，中原文
    物，1996（2）：47～49。

32. 張勳燎，古璧和春秋戰國以前的衡權（砝碼）〔J〕，四川大學學報（哲學
    社科版），1979（1）：86～97。

33. 張明華，說璧〔J〕，收藏家，2007（11）：75～80。

34. 幸曉峰，三星堆遺址出土石璧的祭祀功能和音樂聲學特徵（上）〔J〕，中
    華文化論壇，2004（4）：7～13。

35. 幸曉峰，三星堆遺址出土石璧的祭祀功能和音樂聲學特徵（下）〔J〕，中
    華文化論壇，2005（2）：15～20。

36. 幸曉峰，劉志華，孫瑋，等，甘肅武威皇娘娘臺遺址出土玉石璧音樂聲學
    性能初步研究〔J〕，中國歷史文物，2008（4）：39～48。

37. 幸曉峰，黄建秋，沉博，等，良渚文化反山遺址出土玉璧音樂聲學特徵的
    初步探討〔J〕，中華文化論壇，2008（2）：103～107。

38. 鄭建明，新石器時代玉璧源流、功能考〔J〕，華夏考古，2007（1）：80～
    87。

39. 王明達，良渚文化玉璧功能考述〔J〕，中國錢幣，1998（2）：33～35。

40. 周世榮，淺談良渚文化玉璧的功能〔J〕，中國錢幣，1998（2）：41～43。

41. 郭青嶺，良渚文化玉璧功能論點綜述〔J〕，新石器時代研究，2002：381
    ～384。

42. 黄建秋，幸曉峰，良渚文化玉璧功能新探〔J〕，東南文化，2008（6）：58
    ～63。

43. 夏寒，論良渚文化玉璧的功能〔J〕，南方文物，2001（3）：42～46。

44. 付麗琛，孫國軍，淺析紅山文化玉璧的功能〔J〕，赤峰學院學報（漢文哲
    學社會科學版），2015（6）：6～8。

45. 劉尊志，漢代墓葬中的玉璧殮葬〔J〕，華夏考古，2018（6）：100～110，
    117。

46. 柳志青，玉璧曾是圓盤鋸──發現新石器時代機床玉製刀具之二〔J〕，浙
    江國土資源，2004（9）：55～57。

47. 劉森森，玉璧為一種上古貨幣論〔J〕，銀行與企業，1999（9）：41～45。

48. 屠燕浩，試論良渚玉璧在貨幣文化中的地位〔J〕，中國錢幣，1998（2）：44～48。

49. 陳江風，漢畫像中的玉璧與喪葬觀念〔J〕，中原文物，1994（4）：67～70。

50. 任義玲，漢代畫像中的玉璧及其蘊含的象徵意義〔J〕，中州今古，2000（4）：51～54。

51. 呂品，「蓋天說」與漢畫中的懸璧圖〔J〕，中原文物，1993（2）：1～9。

52. 牛天偉，略論「天門懸璧」圖中璧的象徵意義〔J〕，四川文物，2009（1）：92～94。

53. 孫狄，漢畫像石雙龍穿璧圖形的象徵意義〔J〕，美術教育研究，2012（1）：32～33。

54. 姚琛，仰韶文化玉璧及懸璧紋樣研究〔J〕，開封教育學院學報，2013（8）：283～284。

55. 盧兆蔭，略論漢代禮儀用玉的繼承與發展〔J〕，文物，1998（3）：43～48。

56. 黃鳳春，試論包山 2 號楚墓飾棺連璧制度〔J〕，考古，2001（11）：60～65。

57. 石榮傳，陳傑，兩周葬玉及葬玉製度之考古學研究〔J〕，中原文物，2011（5）：25～31。

58. 聞廣，中國古玉地質考古學研究的續進展〔J〕，故宮學術季刊，1993（1）：101～102。

59. 夏鼐，漢代的玉器──漢代玉器中傳統的延續和變化〔J〕，考古學報，1983（2）：131～132。

60. 夏鼐，商代玉器的分類、定名和用途〔J〕，考古，1983（5）：456～458。

61. 鄧淑蘋，圭璧考〔J〕，故宮學術季刊，1993（3）：56～57。

62. 嚴文明，中國文明起源的探索〔J〕，中原文物，1996（1）：10～16。

63. 楊晶，中國新石器時代玉器概述〔J〕，華夏考古，1993（3）：88～93。

64. 劉國祥，黑龍江新石器時代玉器研究〔J〕，中國歷史博物館館刊，2000（1）：72～96。

65. 吉林大學邊疆考古研究中心，吉林省文物考古研究所，吉林白城雙塔遺址新石器時代遺存〔J〕，考古學報，2013（4）：501～538。

66. 佳木斯市文物管理站，饒河縣文物管理所，黑龍江饒河縣小南山新石器時代墓葬〔J〕，考古，1996（3）：97～99。

67. 吉林省博物館，吉林鎮賚縣聚寶山新石器時代遺址〔J〕，考古，1998（6）：39～41，46。

68. 李景冰，鎮賚聚寶山砂場遺址調查〔J〕，博物館研究，1993（1）。

69. 劉國祥，吉林新石器時代玉器試探〔J〕，北方文物，2001（4）：6～16。

70. 黑龍江省文物考古研究所，黑龍江尚志縣亞布力新石器時代遺址清理簡報〔J〕，北方文物，1988（1）：2～7，2。

71. 吉林省文物考古研究所，白城地區博物館，長嶺縣文化局，吉林長嶺縣腰井子新石器時代遺址〔J〕，考古，1992（8）：673～688。

72. 武威克，劉煥新，常志強，黑龍江省刀背山新石器時代遺存〔J〕，北方文物，1987（3）：2～5。

73. 杜爾伯特蒙古族自治縣博物館，黑龍江杜爾伯特李家崗新石器時代墓葬清理簡報〔J〕，北方文物，1991（2）：9～12。

74. 吉林省文物考古研究所，吉林東豐縣西斷梁山新石器時代遺址發掘〔J〕，考古，1991（4）：300～312，345。

75. 于鳳閣，依安縣烏裕爾河大橋新石器時代遺址調查〔J〕，黑龍江文物叢刊，1982（2）：56～59。

76. 李文信，依蘭倭肯哈達的洞穴〔J〕，考古學報，1954（7）：61～75。

77. 馬利民，項守先，傅維光，黑龍江省齊齊哈爾市滕家崗子三座新石器時代墓葬的清理〔J〕，北方文物，2005（1）：1～4。

78. 王國范，吉林通榆新石器時代遺址調查〔J〕，黑龍江文物叢刊，1984（4）：50～59。

79. 趙賓福，薛振華，遼寧朝陽小東山紅山文化遺存的分期研究〔J〕，東北史地，2011（6）：18～26。

80. 楊虎，遼西地區新石器——銅石並用時代考古文化序列與分期〔J〕，文物，1994（5）：37～52。

81. 張星德，紅山文化分期初探〔J〕，考古，1991（8）：727～736。

82. 索秀芬，李少兵，紅山文化研究〔J〕，考古學報，2007（10）：303～326。

83. 方殿春，劉葆華，遼寧阜新縣胡頭溝紅山文化玉器墓的發現〔J〕，文物，1984（6）：1～5。

84. 內蒙古自治區昭烏達盟文物工作站，內蒙古昭烏達盟石羊石虎山新石器時代墓葬〔J〕，考古，1963（10）：523～525。

85. 內蒙古文物考古研究所，內蒙古赤峰市二道井子遺址的發掘〔J〕，考古，2010（8）：13～26。

86. 遼寧省文物幹部培訓班，遼寧北票縣豐下遺址 1972 年春發掘簡報〔J〕，1976（3）：197～210。

87. 高廣仁，邵望平，中華文明發祥地之一——海岱歷史文化區〔J〕，新石器時代研究，1984（1）：6～25。

88. 王青，試論山東龍山文化郭家村類型〔J〕，考古，1995（1）：50～62。

89. 連雲港市博物館，江蘇灌雲大伊山新石器時代遺址第一次發掘報告〔J〕，東南文化，1988（2）：37～46。

90. 吳汝祚，試論大汶口文化的分期〔J〕，考古學報，1982（3）：261～281。

91. 中國社會科學院考古研究所，曲阜縣文物管理委員會，山東曲阜考古調查試掘簡報〔J〕，考古，1965（12）：599～613。

92. 江蘇文物工作隊，江蘇邳縣劉林新石器時代遺址第一次發掘〔J〕，考古學報，1962（1）：81～102。

93. 南京博物院，江蘇邳縣劉林新石器時代遺址第二次發掘〔J〕，考古學報，1965（2）：9～47。

94. 南京博物院，江蘇邳縣四戶鎮大墩子遺址探掘報告〔J〕，考古學報，1964（2）：9～56。

95. 章丘市博物館，山東章丘市焦家遺址調查〔J〕，1998（6）：20～38。

96. 山東大學考古學與博物館學系，濟南市章丘區城子崖遺址博物館，濟南市章丘區焦家新石器時代遺址〔J〕，考古，2018（7）：29～43。

97. 山東省考古所，山東省博物館，莒縣文管所，山東莒縣陵陽河大汶口文化墓葬發掘簡報〔J〕，新石器時代研究，1987（3）：62～82。

98. 王思禮，山東安丘景芝鎮新石器時代墓葬發掘〔J〕，考古學報，1959（4）：17～29。

99. 山東省文物考古研究所，東營市博物館，山東廣饒縣傅家遺址的發掘〔J〕，考古，2002（9）：36～44。

100. 楊波，山東五蓮縣丹土遺址出土的玉器〔J〕，故宮文物月刊（總 158），1996：84～95。

101. 遼寧省博物館，旅順博物館，長海縣文化館，長海縣廣鹿島大長山島貝丘遺址〔J〕，考古學報，1981（1）：63～109。

102. 遼寧省文物考古研究所，吉林大學考古學系，旅順博物館，遼寧省瓦房店市長興島三堂村新石器時代遺址〔J〕，考古，1992（2）：107～121，174。

103. 岡村秀典著，姜寶蓮譯，中國史前時期玉器的生產與流通〔J〕，考古與文物，1995（6）：78～87。

104. 劉敦願，日照兩城鎮龍山文化遺址調查〔J〕，考古學報，1958（1）：25～42。

105. 劉敦願，記兩城鎮遺址發現的兩件石器〔J〕，考古，1972（4）：56～57。

106. 日照市圖書館，臨沂地區文管會，山東日照龍山文化遺址調查〔J〕，1986（8）：680～702。

107. 劉敦願，有關日照兩城鎮玉坑玉器的資料〔J〕，考古，1988（2）：121～123。

108. 中國社會科學院考古研究所山東隊，滕縣博物館，山東滕縣古遺址調查簡報〔J〕，考古，1980（1）：32～44。

109. 鄭岩，徐新華，山東安丘老峒峪遺址再調查〔J〕，考古，1992（9）：778～790。

110. 王洪明，山東省海陽縣新石器時代遺址調查〔J〕，考古，1985（12）：1057～1067。

111. 四川省博物館，巫山大溪遺址第三次發掘〔J〕，考古學報，1981（4）：461～490。

112. 湖北省文物考古研究所，長江三峽工程壩區白獅灣遺址發掘報告〔J〕，江漢考古，1999（1）：1～10。

113. 信陽地區文管會，淮濱縣文化館，河南淮濱發現新石器時代墓葬〔J〕，考古，1981（1）：1～4。

114. 石河聯合考古隊，石河遺址群1987年考古發掘的主要收穫〔J〕，江漢考古，1989（2）：1～4。

115. 石河考古隊，湖北省石河遺址群1987年發掘簡報〔J〕，文物，1990（8）：98～101。

116. 王勁，後石家河文化定名的思考〔J〕，江漢考古，2007（1）：60～72。

117. 湖北省文物考古研究所，中國社會科學院考古研究所，湖北石家河羅家柏嶺新石器時代遺址〔J〕，考古學報，1994（2）：191～229。

118. 湖南省文物考古研究所，澧縣文物管理處，澧縣孫家崗新石器時代墓群

發掘簡報〔J〕，文物，2000（12）：35～42，62。

119. 趙亞峰，湖南澧縣孫家崗遺址 2017 年度田野發掘工作完工〔J〕，文物鑒定與鑒賞，2018（4）：65。

120. 湖南省文物考古研究所，澧縣文物管理處，湖南澧縣孫家崗遺址 2016 年發掘簡報〔J〕，江漢考古，2018（3）：15～40。

121. 常州市博物館，1985 年江蘇常州圩墩遺址的發掘〔J〕，考古學報，2001（1）：73～110。

122. 江蘇江陰南樓遺址聯合考古隊，江蘇江陰南樓新石器時代遺址發掘簡報〔J〕，文物，2007（7）：4～19。

123. 江蘇省考古研究所，無錫市錫山區文物管理委員會，江蘇無錫鴻山邱承墩新石器時代遺址發掘簡報〔J〕，文物，2009（11）：4～21。

124. 吳榮清，江蘇句容丁沙地遺址試掘鑽探簡報〔J〕，東南文化，1990（1～2）：241～254。

125. 安徽省文物工作隊，潛山薛家崗新石器時代遺址〔J〕，考古學報，1982（3）：283～324。

126. 田名利，略論皖西南地區的新石器時代玉器〔J〕，江漢考古，2002（1）：58～66。

127. 蘇州博物館，崑山市文化局，千燈鎮人民政府，江蘇崑山市少卿山遺址的發掘〔J〕，考古，2000（4）：32～49。

128. 孫維昌，上海市金山縣查山和亭林遺址試掘〔J〕，南方文物，1997（3）：3～23。

129. 上海博物館考古研究部，上海金山區亭林遺址 1988、1990 年良渚文化墓葬的發掘〔J〕，考古，2002（10）：49～63。

130. 浙江省文物考古研究所，桐廬博物館，浙江桐廬小青龍新石器時代遺址發掘簡報〔J〕，文物，2013（11）：4～15。

131. 浙江省文物考古研究所，餘杭市文物管理委員會，浙江餘杭匯觀山良渚文化祭壇與墓地發掘簡報〔J〕，文物，1997（7）：4～19。

132. 上海市文物保管委員會，上海福泉山良渚文化墓葬〔J〕，文物，1984（2）：1～5。

133. 上海市文物保管委員會，上海青浦福泉山良渚文化墓地〔J〕，文物，1986（10）：1～25。

134. 南京博物館，江蘇吳縣草鞋山遺址〔J〕，文物資料叢刊，1980（3）。

135. 南京博物院，江蘇武進寺墩遺址的試掘〔J〕，考古，1981（3）：193～200。

136. 南京博物院，1982 年江蘇常州武進寺墩遺址的發掘〔J〕，考古，1984（2）：109～129。

137. 常州市博物館，江蘇武進寺墩遺址的新石器時代遺物〔J〕，文物，1984（2）：17～22，5，99。

138. 洛陽博物館，洛陽銼李遺址試掘簡報〔J〕，考古，1978（1）：5～17。

139. 鄭州市博物館，榮陽點軍臺遺址 1980 年發掘報告〔J〕，中原文物，1982（4）：1～21。

140. 中國社會科學院考古研究所河南一隊，河南汝州中山寨遺址〔J〕，考古學報，1991（1）：57～89。

141. 河南省文化局文物工作隊，河南南召二郎崗新石器時代遺址〔J〕，文物，1959（7）：55～59。

142. 劉式今，河南省禹縣穀水河遺址發掘簡報〔J〕，河南文博通訊，1977（2）：44～56。

143. 河南省文物研究所，澠池仰韶村 1980～1981 年發掘報告〔J〕，新石器時代研究，1985（3）：38～58。

144. 寶雞市考古工作隊，陝西扶風案板遺址（下河區）發掘簡報〔J〕，考古與文物，2003（5）：3～14。

145. 王煒林，廟底溝文化與璧的起源〔J〕，考古與文物，2015（6）：30～34。

146. 陝西省考古研究院，西北大學文化遺產學院，延安市文物研究所，等，陝西延安市蘆山峁新石器時代遺址〔J〕，考古，2019（7）：29～45。

147. 高天麟，張岱海，高煒，龍山文化陶寺類型的年代與分期〔J〕，新石器時代研究，1984（3）：22～31，110。

148. 高天麟，關於廟底溝二期文化及相關的幾個問題——兼與卜工同志商榷〔J〕，文物，1992（3）：46～54。

149. 卜工，廟底溝二期文化的幾個問題〔J〕，文物，1990（2）：38～47。

150. 羅新，田建文，陶寺文化再研究〔J〕，中原文物，1991（2）：17～21。

151. 羅新，田建文，廟底溝二期文化研究〔J〕，文物季刊，1994（2）：67～77。

152. 張素琳，試論垣曲古城東關廟底溝二期文化遺存〔J〕，文物季刊，1995（4）：38～48。

153. 李百勤，張惠祥，坡頭玉器〔J〕，文物世界，2003（增刊）。

154. 山西省臨汾行署文化局，中國社會科學院考古研究所山西工作隊，山西臨汾下靳村陶寺文化墓地發掘報告〔J〕，考古學報，1999（4）：459～486。

155. 下靳考古隊，山西臨汾下靳墓地發掘簡報〔J〕，文物，1998（1）：4～13。

156. 山西省考古研究所，興縣文物旅遊局，2015 年山西興縣碧村遺址發掘簡報〔J〕，考古與文物，2016（4）：25～87。

157. 山西省考古研究所，山西大學歷史文化學院考古系，興縣文物旅遊局，2016 年山西興縣碧村遺址發掘簡報〔J〕，中原文物，2017（6）：4～17。

158. 王曉毅，山西呂梁興縣碧村遺址出土玉器管窺〔J〕，故宮博物院院刊，2018（3）：71～80。

159. 中國社會科學院考古研究所山西工作隊，山西襄汾縣大柴遺址發掘簡報〔J〕，考古，1987（7）：595。

160. 中國歷史博物館考古部，山西省考古研究所，1988～1989 年山西垣曲古城南關商代城址發掘簡報〔J〕，文物，1997（10）：12～29。

161. 甘肅省博物館，甘肅武威皇娘娘臺遺址發掘報告〔J〕，考古學報，1960（2）：53～71，143～148。

162. 甘肅省博物館，武威皇娘娘臺遺址第四次發掘〔J〕，考古學報，1978（4）：421～448，517～528。

163. 葉茂林，何克洲，青海民和縣喇家遺址出土齊家文化玉器〔J〕，考古，2002（12）：89～90。

164. 中國社會科學院考古所，青海省文物考古研究所，青海民和縣喇家遺址 2000 年發掘簡報〔J〕，考古，2002（12）：12～25。

165. 中國社會科學院考古研究所，青海省文物考古研究所，青海民和喇家遺址發現齊家文化祭壇和干欄式建築〔J〕，考古，2004（6）：3～6。

166. 南京博物院，江蘇海安青墩遺址〔J〕，考古學報，1983（2）：147～190，275～282。

167. 吉林大學邊疆考古研究中心，吉林省文物考古研究所，吉林大安市後套木嘎遺址 AⅢ區發掘簡報〔J〕，考古，2016（9）：3～24。

168. 徐飛，鄧聰，葉曉紅，新石器時代玉器大型鑽孔技術實驗研究〔J〕，中原文物，2018（2）：57～64。

169. 張之恒，環砥石與穿孔技術〔J〕，華夏考古，2001（4）：84～87。

170. 蘇州博物館，常熟博物館，江蘇常熟羅墩遺址發掘簡報〔J〕，文物，1999
　　（7）：19。

171. 江蘇高城墩考古隊，江陰高城墩遺址發掘簡報〔J〕，文物，2001（5）：4
　　～21。

172. 王明達，反山良渚文化墓地初論〔J〕，文物，1989（12）：48～52。

173. 楊芸芸，武威皇娘娘臺遺址出土玉石璧研究〔J〕，隴東學院學報，2015
　　（7）：74～78。

174. 浙江省文物考古研究所反山考古隊，浙江餘杭反山良渚墓地發掘簡報〔
　　J〕，文物，1988（1）：1～31，97～101。

175. 汪遵國，良渚「玉殮葬」述略〔J〕，文物，1984（2）：23～36。

176. 林巳奈夫，殷代以前玉器文化〔J〕，博物館，1979（334）；林巳奈夫，紀
　　仲慶，殷代以前的玉器文化〔J〕，文博通訊，1983（4）。

177. 雲翔，我國發現的環刃石器及相關問題〔J〕，考古，1986（6）：535～546。

178. 郭大順，玉器的起源與漁獵文化〔J〕，北方文物，1996（4）：14～21。

179. 夏鼐，所謂玉璇璣不會是天文儀器〔J〕，考古學報，1984（4）：403～412。

180. 張雪蓮，金英熙，賈笑冰，遼寧長海小珠山遺址考古學文化的年代序列〔
　　J〕，考古，2016（5）：110～120。

181. 中國社會科學院考古研究所河南第二隊，1984年春河南偃師尸鄉溝商城
　　小城發掘簡報〔J〕，考古，1985（4）：322～335。

182. 中國社會科學院考古研究所河南第二工作隊，河南偃師商城小城發掘簡
　　報〔J〕，考古，1999（2）：1～11。

183. 宋愛平，鄭州商城出土商代玉器試析〔J〕，中原文物，2004（5）：46～58。

184. 信陽地區文管會，羅山縣文化館，河南羅山縣蟒張商代墓地第一次發掘
　　簡報〔J〕，考古，1981（2）：111～118。

185. 信陽地區文管會，羅山縣文化館，河南羅山縣蟒張後李商周墓地第二次
　　發掘簡報〔J〕，中原文物，1981（4）：4～13。

186. 信陽地區文管會，羅山縣文管會，羅山蟒張後李商周墓地第三次發掘簡
　　報〔J〕，中原文物，1988（1）：14～20。

187. 河南省信陽地區文管會，河南省羅山縣文化館，羅山天湖商周墓地〔J〕，
　　考古學報，1986（2）：153～197。

188. 河南省文物考古研究院，信陽市博物館，羅山縣博物館，河南羅山天湖商

周墓地 M57 發掘簡報〔J〕，華夏考古，2016（2）：3～12。

189. 山西省考古研究所，靈石縣文化局，山西靈石旌介村商墓〔J〕，文物，1986
　　（11）：1～18。

190. 黃尚明，論老牛坡商文化的分期〔J〕，江漢考古，2003）（1）：59～71。

191. 山東博物館，山東益都蘇埠屯第一號奴隸殉葬墓〔J〕，文物，1972（8）：
　　17～30。

192. 四川省文物考古研究所三星堆遺址工作站，四川廣漢市三星堆遺址仁勝
　　村土坑墓〔J〕，考古，2004（10）：14～22，97，100～101，2。

193. 王方，金沙玉器類型及其特點〔J〕，中原文物，2004（4）：66～72。

194. 湖南省博物館，湖南省工農兵群眾熱愛祖國文化遺產〔J〕，文物，1972
　　（1）：6～7。

195. 喻燕姣，略論湖南出土的商代玉器〔J〕，中原文物，2002（5）：43～50。

196. 邵陽市文物管理處，新寧縣文管所，湖南省新寧縣發現商至周初青銅器〔
　　J〕，文物，1997（10）：86。

197. 鄭均生，唐先華，湖南衡陽發現商代銅卣〔J〕，文物，2000（10）：58～
　　60。

198. 福建省文物管理委員會，福建福清東張新石器時代遺址發掘報告〔J〕，考
　　古，1965（2）：49～79。

199. 石榮傳，從閩南、粵東浮濱文化玉（石）器看中原夏商文明的南漸〔J〕，
　　江漢考古，2016（5）：60～69。

200. 福建博物院，等，晉江庵山沙丘遺址考古發掘收穫〔J〕，福建文博，2008
　　（3）：17～23。

201. 福建博物院，晉江市博物館，福建晉江庵山青銅時代沙丘遺址 2009 年發
　　掘簡報〔J〕，文物，2014（2）：4～16。

202. 廣東省博物館，廣東大埔縣古墓葬清理簡報〔J〕，文物，1991（12）。

203. 廣州市文物考古研究所，廣州增城墨依山遺址兩座出土玉牙璋的商代墓
　　葬〔J〕，東南文化，2018（3）：32～38。

204. 廣東省文物考古研究所，普寧市博物館，廣東普寧龜山先秦遺址 2009 年
　　的發掘〔J〕，文物，2012（2）：4～17。

205. 深圳市博物館，深圳市文管辦，深圳市鹽田區文管辦，等，廣東深圳市鹽
　　田區黃竹園遺址發掘簡報〔J〕，考古，2008（10）：17～32。

206. 深圳市文管會辦公室，深圳市博物館，南山區文管會辦公室，深圳市南山向南村遺址的發掘〔J〕，考古，1997（6）：77～86。

207. 貴州省文物考古研究所，四川大學歷史文化學院考古系，威寧縣文物保護管理所，貴州威寧縣雞公山遺址 2004 年發掘簡報〔J〕，考古，2006（8）：11～27。

208. 張合榮，羅二虎，試論雞公山文化〔J〕，考古，2006（8）：57～66。

209. 吳凡，從殷墟婦好墓探討商代玉器的製作與風格〔J〕，故宮文物月刊，1995（總 148）：70～89。

210. 何宏波，商代的祭祀用玉〔J〕，殷都學刊，1999 年增刊。後在《甲骨文獻集成》第 30 冊 589 頁進行收錄。

211. 王宇信，殷人寶玉、用玉及對玉文化研究的幾點啟示〔J〕，中國史研究，2000（1）：3～18。

212. 雲南省博物館，雲南江川李家山古墓群發掘報告〔J〕，考古學報，1975（2）：97～156。

213. 馮漢驥，童恩正，記廣漢出土的玉石器〔J〕，文物，1979（2）：30～37。

214. 香港古物古蹟辦事處，中國社會科學院考古研究所，香港馬灣島東灣仔北新石器時代遺址發掘簡報〔J〕，考古，1999（6）：1～17。

215. 羅紅俠，扶風黃堆老堡西周殘墓清理簡報〔J〕，文博，1994（6）：80～86。

216. 陝西周原考古隊，扶風黃堆西周墓地鑽探清理簡報〔J〕，文物，1986（6）：56～68。

217. 羅西章，扶風齊家村西周墓清理簡報〔J〕，文博，1990（3）：3～11。

218. 中國社會科學院考古研究所扶風考古隊，一九六二年陝西扶風齊家村發掘簡報〔J〕，1980（1）：45～51。

219. 陝西周原考古隊，陝西扶風齊家十九號西周墓〔J〕，文物，1979（11）：1～11。

220. 陝西周原考古隊，扶風召陳西周建築群基址發掘簡報〔J〕，1981（3）：10～22。

221. 鉅萬倉，陝西岐山王家嘴、衙里西周墓葬發掘簡報〔J〕，文博，1985（5）：5。

222. 高西省，扶風出土的西周玉器〔J〕，文博，1993（玉器研究專刊）：70。

223. 鄒衡，論早期晉都〔J〕，文物，1994（1）：29～32。

224. 北京大學考古系，山西省考古研究所，1992 年春天馬——曲村遺址墓葬發掘報告〔J〕，文物，1993（3）：11～30。

225. 北京大學考古系，山西省考古研究所，天馬——曲村遺址北趙晉侯墓地第二次發掘〔J〕，文物，1994（1）：4～28。

226. 山西省考古研究所，北京大學考古系，天馬——曲村遺址北趙晉侯墓地第三次發掘〔J〕，文物，1994（8）：22～34。

227. 山西省考古研究所，北京大學考古系，天馬——曲村遺址北趙晉侯墓地第四次發掘〔J〕，文物，1994（8）：1～21。

228. 北京大學考古系，山西省考古研究所，天馬——曲村遺址北趙晉侯墓地第五次發掘〔J〕，文物，1995（7）：4～38。

229. 北京大學考古文博學院，山西省考古研究所，天馬——曲村遺址北趙晉侯墓地第六次發掘〔J〕，文物，2001（8）：4～12。

230. 山西省考古研究所，曲沃縣文物局，山西曲沃羊舌晉侯墓地發掘簡報〔J〕，文物，2009（1）：4～14。

231. 山西省考古研究所，運城市文物工作站，絳縣文化局，山西絳縣橫水西周墓發掘簡報〔J〕，文物，2006（8）：4～18。

232. 山西省文物工作委員會，洪洞縣文化館，山西洪洞永凝堡西周墓葬〔J〕，文物，1987（2）：1～16。

233. 中國社會科學院考古研究所，北京市文物工作隊琉璃河考古隊，1981～1983 年琉璃河西周燕國墓地發掘簡報〔J〕，考古，1984（5）：405～416。

234. 北京市文物管理處，北京地區的又一重要考古收穫——昌平白浮西周木槨墓的新啟示〔J〕，考古，1976（4）：246～258，228。

235. 河北省文物管理處，河北元氏縣西張村的西周遺址和墓葬〔J〕，考古，1979（1）：23～26，103～105。

236. 王恩田，鹿邑太清宮西周大墓與微子封宋〔J〕，中原文物，2002（4）：41～45。

237. 楊升南，商代的長族——兼說鹿邑「長子口」大墓的墓主〔J〕，中原文物，2006（5）：50～54。

238. 劉萬軍，浚縣辛村衛國墓出土玉器研究〔J〕，文博，2014（5）：18～23。

239. 河南省文物研究所，平頂山市文物管理委員會，平頂山應國墓地九十五號墓的發掘〔J〕，華夏考古，1992（3）：92～103。

240. 德州行署文化局文物組，濟陽縣圖書館，山東濟陽劉臺子西周早期墓發掘簡報〔J〕，文物，1981（9）：18～24。

241. 德州地區文化局文物組，濟陽縣圖書館，山東濟陽劉臺子西周墓地第二次發掘〔J〕，文物，1985（12）：15～20。

242. 山東省文物考古研究所，山東濟陽劉臺子西周六號墓清理報告〔J〕，文物，1996（12）：6～24。

243. 曹斌，前掌大墓地性質辨析〔J〕，考古與文物，2015（2）：40～46。

244. 中國社會科學院考古研究所山東工作隊，山東滕州前掌大商周墓地1998年發掘簡報〔J〕，考古，2000（7）：13～28。

245. 甘肅省博物館文物隊，甘肅靈臺白草坡西周墓〔J〕，考古學報，1977（2）：99～130。

246. 張天恩，芮國史事與考古發現的局部整合〔J〕，文物，2010（6）：35～42。

247. 洛陽市文物工作隊，河南洛陽市潤陽廣場 C1M9950 號東周墓葬的發掘〔J〕，考古，2009（12）：18～31。

248. 洛陽市文物工作隊，洛陽中州中路東周墓發掘簡報〔J〕，文物，2006（3）：20～44。

249. 洛陽市第二文物工作隊，洛陽市道北鍛造廠戰國墓〔J〕，文物，1994（7）：16～21。

250. 洛陽市文物工作隊，洛陽市西工區 C1M3943 戰國墓〔J〕，文物，1999（8）：4～13。

251. 洛陽市博物館，河南洛陽春秋墓〔J〕，考古，1981（1）：24～26，47。

252. 洛陽市文物工作隊，洛陽兩座東周銅器墓〔J〕，中原文物，1983（4）：17～18。

253. 洛陽市文物工作隊，洛陽市西工區 203 號戰國墓清理簡報〔J〕，中原文物，1984（3）：29～33。

254. 李豐，虢國墓地銅器群的分期及其相關問題〔J〕，考古，1988（11）：1035～1043。

255. 河南省文物考古研究所，平頂山市文物管理局，河南大學歷史文化學院，河南平頂山春秋晚期 M301 發掘簡報〔J〕，文物，2012（4）：4～28。

256. 河南省文物考古研究所，平頂山文物局，平頂山應國墓地十號墓發掘簡報〔J〕，中原文物，2007（4）：4～19。

257. 陶正剛，王克林，侯馬東周盟誓遺址〔J〕，文物，1972（4）：27～32。

258. 山西省考古研究所侯馬工作站，山西侯馬西高東周祭祀遺址〔J〕，文物，2003（8）：18～36。

259. 李夏廷，李建生，也談長治分水嶺東周墓地〔J〕，中國國家博物館館刊，2012（3）：15～31。

260. 山西省考古研究所，陝西長子縣東周墓〔J〕，考古學報，1984（4）：503～529。

261. 山西省考古研究所，太原市文物管理委員會，太原金勝村 251 號春秋大墓及車馬坑發掘簡報〔J〕，文物，1989（9）：59～86。

262. 邯鄲考古發掘隊，1957 年邯鄲發掘簡報〔J〕，考古，1959（10）：531～536。

263. 河北省文化局文物工作隊，河北邯鄲百家村戰國墓〔J〕，考古，1962（12）：613～634。

264. 山東省博物館，臨淄郎家莊一號東周殉人墓〔J〕，考古學報，1977（1）：73～104。

265. 青州市博物館，山東青州西辛戰國陪葬墓發掘簡報〔J〕，文物，2010（7）：27～32。

266. 任相宏，山東長清縣仙人臺周代墓地及其相關問題初探〔J〕，考古，1998（9）：26～35。

267. 山東大學考古系，山東長清縣仙人臺周代墓地〔J〕，考古，1998（9）：11～25。

268. 山東大學歷史文化學院考古系，長清仙人臺五號墓發掘簡報〔J〕，文物，1998（9）：18～30。

269. 山東省文物考古研究所，沂水縣文物管理站，山東沂水劉家店子春秋墓發掘簡報〔J〕，文物，1984（9）：1～10。

270. 山東省濟寧市文物管理局，薛國故城勘查和墓葬發掘報告〔J〕，考古學報，1991（4）：449～495。

271. 鳳翔縣文化館，陝西省文管會，鳳翔先秦宮殿試掘及其銅質建築構件〔J〕，考古，1976（2）：121～128。

272. 陝西省雍城考古隊，陝西鳳翔春秋秦國凌陰遺址發掘簡報〔J〕，文物，1978（3）：43～47。

273. 趙叢蒼，記鳳翔出土的春秋秦國玉器〔J〕，文物，1986（9）：53～57。

274. 陝西省考古研究所，陝西隴縣邊家莊五號春秋墓發掘簡報〔J〕，文物，1988（11）：14～23。

275. 陝西省雍城考古隊，一九八一年鳳翔八旗屯墓地發掘簡報〔J〕，考古與文物，1986（5）：54。

276. 寶雞市考古工作隊，寶雞市益門村二號春秋墓發掘簡報〔J〕，文物，1993（10）：6～13。

277. 尚志儒，趙叢蒼，陝西鳳翔八旗屯西溝道秦墓發掘簡報〔J〕，文博，1986（3）：1～31。

278. 秦都咸陽考古隊，咸陽市黃家溝戰國墓發掘簡報〔J〕，考古與文物，1982（6）：12。

279. 吳振烽，尚志儒，陝西鳳翔高莊秦墓發掘簡報〔J〕，考古與文物，1981（1）：12～38。

280. 瑾琤，旬邑出土的玉璧、龍佩、坐童鑒賞〔J〕，涇渭稽古，1966（3）：72～73。

281. 陝西省考古研究所，渭南市文物保護考古研究所，韓城市文物旅遊局，陝西韓城梁帶村遺址 M19 發掘簡報〔J〕，考古與文物，2007（2）：3～14。

282. 陝西省考古研究院，渭南市文物保護考古研究所，韓城市文物旅遊局，陝西韓城梁帶村遺址 M27 發掘簡報〔J〕，考古與文物，2007（6）：3～22。

283. 陝西省考古研究院，渭南市博物館，澄城縣文化和旅遊局，陝西澄城劉家窪春秋芮國遺址東Ⅰ區墓地 M49 發掘簡報〔J〕，文物，2019（7）：4～37。

284. 蘇州博物館，蘇州真山四號墩發掘報告〔J〕，東南文化，2001（7）：8～15。

285. 蘇州博物館，江蘇蘇州滸墅關真山大墓的發掘〔J〕，文物，1996（2）：4～21。

286. 吳縣文物管理委員會，江蘇吳縣春秋吳國玉器窖藏〔J〕，文物，1988（11）：1～13。

287. 姚德勤，吳國王室窖藏玉器〔J〕，東南文化，2000（12）：8～42。

288. 浙江省文物管理委員會，浙江省文物考古所，紹興地區文化局，紹興市文管會，紹興 306 號戰國墓發掘簡報〔J〕，文物，1984（1）：10～26。

289. 張敏，無錫鴻山越國貴族墓發掘簡報〔J〕，文物，2006（1）：4～22。

290. 浙江省文物考古研究所，長興縣博物館，浙江長興鼻子山越國貴族墓〔J〕，文物，2007（1）：4～21。

291. 浙江省文物考古研究所，浙江安吉縣博物館，浙江安吉龍山越國貴族墓〔J〕，南方文物，2008（3）：50～60。

292. 四川大學歷史文化學院，江蘇省邳州市博物館，江蘇邳州市九女墩三號墩的發掘〔J〕，考古，2002（5）：19～30。

293. 徐州博物館，邳州博物館，江蘇邳州市九女墩春秋墓發掘簡報〔J〕，考古，2003（9）：781～792。

294. 河南省文物管理局南水北調文物保護辦公室，南陽市文物考古研究所，河南淅川縣徐家嶺 11 號楚墓〔J〕，考古，2008（5）：41～48。

295. 張聞捷，固始侯古堆一號墓的年代與墓主〔J〕，華夏考古，2015（2）：99～108。

296. 固始侯古堆一號墓發掘組，河南固始侯古堆一號墓發掘簡報〔J〕，文物，1981（1）：1～8。

297. 河南省文物考古研究所，平頂山市文物管理委員會，葉縣文化館，河南省葉縣舊縣 1 號墓的清理〔J〕，華夏考古，1988（3）：1～18。

298. 河南省文物研究所，淮陽縣文物保管所，河南淮陽平糧臺十六號楚墓發掘簡報〔J〕，文物，1984（10）：18～27。

299. 荊門市博物館，湖北省荊門市四冢一號楚墓〔J〕，文物，1999（4）：29～31。

300. 湖北省文物考古研究所，湖北省文物局南水北調辦公室，湖北鄖縣喬家院春秋殉人墓〔J〕，考古，2008（4）：28～50。

301. 湖北省荊州地區博物館，江陵天星觀一號楚墓〔J〕，考古學報，1982（1）：71～116。

302. 湖北省文物考古研究所，襄陽市文物考古研究所，棗陽市文物考古隊，湖北棗陽九連墩 M1 發掘簡報〔J〕，江漢考古，2019（3）：20～70。

303. 湖北省文物考古研究所，襄陽市文物考古研究所，棗陽市文物考古隊，湖北棗陽九連墩 M2 發掘簡報〔J〕，江漢考古，2018（6）：3～55。

304. 荊州博物館，湖北荊州熊家冢墓地 2006～2007 年發掘簡報〔J〕，文物，2009（4）：1～25。

305. 湖南省博物館，長沙瀏城橋一號墓〔J〕，考古學報，1972（1）：59～72。

306. 湖南省博物館，湖南澧縣新洲一號墓發掘簡報〔J〕，考古，1988（5）：428～431，479。

307. 安徽省文物考古研究所，潛山縣文物管理所，安徽潛山公山崗戰國墓發掘報告〔J〕，考古學報，2002（1）：95～124。

308. 信陽地區文管會，光山縣文管會，春秋早期黃君孟夫婦墓發掘報告〔J〕，考古，1984（4）：302～348。

309. 信陽地區文管會，光山縣文管會，河南光山春秋黃季佗父墓發掘報告〔J〕，考古，1989（1）：26～32。

310. 南陽市文物研究所，桐柏月河一號春秋墓發掘簡報〔J〕，中原文物，1997（4）：8～23。

311. 劉彬徽，王世振，曾國滅亡年代小考〔J〕，江漢考古，1984（4）：91～92。

312. 湖北省博物館，隨州市博物館，湖北隨州擂鼓墩二號墓發掘簡報啊〔J〕，文物，1985（1）：16～36。

313. 湖北省文物考古研究所，隨州市博物館，湖北隨州義地崗曾公子去疾墓發掘簡報〔J〕，江漢考古，2012（3）：3～26。

314. 楊建芳，平山中山國墓葬出土玉器研究〔J〕，文物，2008（1）：53～72。

315. 廣西壯族自治區文物工作隊，南寧市文物管理委員會，武鳴縣文物管理會，廣西武鳴馬頭元龍坡墓葬發掘簡報〔J〕，文物，1988（12）：1～13。

316. 武鳴縣文物管理所，武鳴獨山岩洞葬調查簡報〔J〕，文物，1988（12）：28～31。

317. 廣西壯族自治區文物工作隊，廣西田東發現戰國墓葬〔J〕，考古，1986（6）：492～494。

318. 陳啟賢，砣具始用年代試析〔J〕，文物，2019（6）：73～83。

319. 楊建芳，關於線切割、砣切割和砣刻——兼論始用砣具的年代〔J〕，文物，2009（7）：53～67。

320. 于成龍，戰國新蔡葛陵楚簡中的「享玉」制度〔J〕，中國歷史文物，2005（4）：40～42。

321. 黃鳳春，試論包山2號楚墓飾棺連璧制度〔J〕，考古，2001（11）：60～65。

322. 張振謙，洹子孟姜壺初考〔J〕，貴州師範大學學報（社會科學版），2017（1）：126～135。

323. 徐義華，洹子孟姜壺新釋〔J〕，南方文物，2018（4）：142～146。

324. 吳慧，春秋戰國時期的度量衡〔J〕，中國經濟史研究，1991（4）：128～130。

325. 王志傑，朱捷元，漢茂陵及其陪葬冢附近新發現的重要文物〔J〕，文物，1976（7）：51～55。

326. 咸陽博物館，漢平陵調查簡報〔J〕，考古與文物，1982（4）：45～49。

327. 陝西省考古研究院，西安北郊棗園南嶺西漢墓發掘簡報〔J〕，考古與文物，2017（6）：17～33。

328. 西安市文物保護考古所，西安東郊西漢竇氏墓（M3）發掘報告〔J〕，文物，2004（6）：11。

329. 西安市文物保護考古所，西安曲江翠竹園西漢壁畫墓發掘簡報〔J〕，文物，2010（1）：26～39。

330. 張仲立，丁岩，朱豔玲，鳳棲原漢墓——西漢大將軍的家族墓園〔J〕，中國文化遺產，2011（6）：82～91。

331. 陝西省文物管理委員會、博物館，咸陽市博物館楊家灣漢墓發掘小組，咸陽楊家灣漢墓發掘簡報〔J〕，文物，1977（10）：10～21。

332. 咸陽市博物館，陝西咸陽馬泉西漢墓〔J〕，考古，1979（2）：125～135。

333. 咸陽市文物考古研究所，陝西咸陽杜家堡東漢墓清理簡報〔J〕，文物，2005：43～50。

334. 永城市博物館，河南永城僖山二號漢墓清理簡報〔J〕，文物，2011（2）：20～25。

335. 三門峽市文物工作隊，河南三門峽市火電廠西漢墓〔J〕，考古，1996（6）：15。

336. 黃展岳，一九五五年春洛陽漢河南縣城東區發掘報告〔J〕，考古學報，1956（4）：21～54。

337. 石家莊市圖書館文物考古小組，河北石家莊市北郊西漢墓發掘簡報〔J〕，考古，1980（1）：52～55。

338. 河北省博物館，文物管理處，中共定縣縣委宣傳部，定縣40號漢墓出土的金縷玉衣〔J〕，文物，1976（7）：57～59。

339. 河北省文物考古研究所，河北定縣40號漢墓發掘簡報〔J〕，文物，1981（8）：1～10。

340. 河北省文物管理處，河北邢臺南郊西漢墓〔J〕，考古，1980（5）：403～405。

341. 滄州市文物管理處，河北南皮縣蘆莊子漢墓〔J〕，文物春秋，1998（1）：1～4。

342. 河北省文化局文物工作隊，河北定縣北莊漢墓發掘報告〔J〕，考古學報，1964（2）：127～194。

343. 定縣博物館，河北定縣43號漢墓發掘簡報〔J〕，文物，1988（1）：31。

344. 山西省文物管理工作委員會，山西省考古研究所，太原東太堡出土的漢代銅器〔J〕，文物，1962（4、5）：66～72，94。

345. 王進先，朱曉芳，長治縣發現「猛國都尉」銀印等漢代文物〔J〕，考古，1989（3）：279。

346. 煙台博物館，煙台市芝罘島發現一批文物〔J〕，文物，1976（8）：93～94。

347. 臨沂地區文物組，山東臨沂西漢劉疵墓〔J〕，考古，1980（6）：493～495。

348. 山東省菏澤地區漢墓發掘小組，巨野紅土山西漢墓〔J〕，考古學報，1983（4）：471～500。

349. 煙台市文物管理委員會，山東榮成梁南莊漢墓發掘簡報〔J〕，考古，1994（12）：1069～1077。

350. 山東省文物考古研究所，山東日照海曲西漢墓（M106）發掘簡報〔J〕，文物，2010（1）：24～25。

351. 山東省博物館，曲阜九龍山漢墓發掘文物簡報〔J〕，文物，1972（5）：39～44。

352. 山東省文物考古研究所，菏澤市文物管理處，山東定陶縣靈聖湖漢墓〔J〕，考古，2012（10）：60～67。

353. 山東省文物考古研究所，山東臨淄金嶺鎮一號東漢墓〔J〕，考古學報，1999（1）：97～121。

354. 山東省青州市博物館，山東青州馬家冢子東漢墓的清理〔J〕，考古，2007（6）：59～75。

355. 獅子山楚王陵考古發掘隊，徐州獅子山西漢楚王陵發掘簡報〔J〕，文物，1998（8）：31。

356. 南京博物院，銅山小龜山二號西漢崖洞墓〔J〕，考古學報，1985（1）：119～130。

357. 南京博物院,《銅山龜山二號西漢崖洞墓》一文的重要補充〔J〕,考古學報,1985（3）:352。

358. 徐州博物館,江蘇銅山縣龜山二號西漢崖洞墓材料的再補充〔J〕,考古,1997（2）:36～46。

359. 徐州博物館,徐州石橋漢墓清理報告〔J〕,文物,1984（11）:22～40。

360. 徐州博物館,徐州小金山西漢墓清理簡報〔J〕,東南文化,1992（2）:191～196。

361. 徐州博物館,江蘇徐州黑頭山西漢劉慎墓發掘簡報〔J〕,文物,2010（11）:29～40。

362. 徐州博物館,江蘇徐州金山村漢墓〔J〕,中原文物,2006（6）:4～7,2。

363. 南京博物院,銅山小龜山西漢崖洞墓〔J〕,文物,1973（4）:21～35。

364. 徐州博物館,江蘇徐州市奎山四座西漢墓葬〔J〕,考古,2012（2）:33。

365. 徐州博物館,徐州韓山西漢墓〔J〕,文物,1997（2）:26～43。

366. 徐州博物館,江蘇徐州小長山漢墓 M4 發掘簡報〔J〕,中原文物,2010（6）:8～9。

367. 徐州博物館,江蘇徐州九里山漢墓發掘簡報〔J〕,文物,1993（4）:29～45。

368. 徐州博物館,徐州市東郊陶樓漢墓清理簡報〔J〕,考古,1993（1）:14～21。

369. 李則斌,陳剛,江蘇盱眙大雲山漢墓考古成果論證會紀要〔J〕,文物,2012（3）:87～96。

370. 南京博物院,盱眙縣文廣新局,江蘇盱眙縣大雲山西漢江都王陵一號墓〔J〕,考古,2013（10）:3～68。

371. 梁白泉,高郵天山一號漢墓發掘側記〔J〕,文博通訊,1980（32）:86～89。

372. 揚州博物館,江蘇邗江縣甘泉老虎墩漢墓〔J〕,文物,1991（10）:62～70,105。

373. 南京博物院,江蘇儀徵煙袋山漢墓〔J〕,考古學報,1987（4）:495～486。

374. 安徽省文物考古研究所,天長縣文物管理所,安徽天長縣三角圩戰國西漢墓出土文物〔J〕,文物,1993（9）:1～31。

375. 揚州博物館,揚州西漢「妾莫書」木槨墓〔J〕,文物,1980（12）:1～6。

376. 建湖縣博物館，建湖縣沿崗地區出土漢墓群〔J〕，東南文化，1996：55～63。

377. 南京博物院，江蘇漣水三里墩西漢墓〔J〕，考古，1973（2）：80～87。

378. 連雲港市博物館，江蘇東海縣尹灣漢墓群發掘簡報〔J〕，文物，1996（8）：4～24。

379. 安徽省文物工作隊，蕪湖市文化局，蕪湖市賀家園西漢墓〔J〕，考古學報，1983：（3）：383～402。

380. 湖北省博物館，光化五座墳西漢墓〔J〕，考古學報，1976（2）：23，24。

381. 湖北省文物考古研究所，湖北江陵鳳凰山一六八號漢墓發掘簡報〔J〕，考古學報，1993（4）：455～513。

382. 湖北省博物館，1978年雲夢秦漢墓發掘報告〔J〕，考古學報，1986（4）：479～525。

383. 湖南省博物館，長沙象鼻嘴一號西漢墓〔J〕，考古學報，1981（1）：111～130。

384. 長沙市文物考古研究所，長沙簡牘博物館，湖南長沙望城坡西漢漁陽墓發掘簡報〔J〕，文物，2010（4）：4～36。

385. 長沙市文化局文物組，長沙咸家湖西漢曹女巽墓〔J〕，文物，1979（3）：1～16。

386. 長沙市文物考古研究所，湖南望城風蓬嶺漢墓發掘簡報〔J〕，文物，2007（12）：21～41。

387. 何旭紅，湖南望城風蓬嶺漢墓年代及墓主考〔J〕，文物，2007（12）：58。

388. 黎石生，湖南望城風蓬嶺一號漢墓的年代與墓主人〔J〕，故宮博物院院刊，2009（1）：148～155。

389. 長沙市文物工作隊，長沙西郊桐梓坡漢墓〔J〕，考古學報，1986（1）：61～93。

390. 湖南省博物館，長沙五里牌古墓葬清理簡報〔J〕，文物，1960（3）：38～50。

391. 零陵地區文物工作隊，湖南永州市鷂子山西漢「劉彊」墓〔J〕，考古，1990（11）：1002～1011。

392. 湖南省文物管理委員會，湖南零陵東門外漢墓清理簡報〔J〕，考古通訊，1957（1）：27～31。

393. 安吉縣博物館，浙江安吉縣上馬山西漢墓的發掘〔J〕，考古，1996（7）：46～59。

394. 浙江省文物考古研究所，溫嶺市文化廣電新聞出版局，浙江溫嶺市塘山西漢東甌貴族墓〔J〕，考古，2007（11）：7～16。

395. 江西省博物館，南昌東郊西漢墓〔J〕，考古學報，1976（2）：171～186。

396. 江西省文物管理委員會，江西南昌老福山西漢木槨墓〔J〕，考古，1965（6）：268～272，300，4～5。

397. 江西省文物考古研究所，南昌市博物館，南昌市新建區博物館，南昌市西漢海昏侯墓〔J〕，考古，2016（7）：45～62。

398. 四川省文物管理委員會，涪陵縣文化館，四川涪陵西漢土坑墓發掘簡報〔J〕，考古，1984（4）：338～344。

399. 山東大學歷史文化學院，重慶涪陵點易墓地漢墓發掘簡報〔J〕，文物，2014（10）：12～24。

400. 四川省文物考古研究所，綿陽市博物館，綿陽雙包山二號西漢木槨墓發掘簡報〔J〕，文物，1996（10）：13～29。

401. 林存琪，論漢代閩越國玉器〔J〕，上海文博論叢，2007（1）：28～32。

402. 林公務，福建閩侯莊邊山的古墓群〔J〕，東南文化，1991（1）：218～231。

403. 林丹，論福建出土的漢代閩越國玉璧和玉組佩〔J〕，福建文博，2014（1）：46～48。

404. 福建省博物館，漳州發現商周、西漢墓葬〔J〕，福建文博，2001（1）。

405. 黎金，廣州市先烈路發現西漢至唐古墓五座〔J〕，文物參考資料，1956（6）：80～82。

406. 黎金，廣州的兩漢墓群〔J〕，文物，1961（2）：47～52。

407. 麥英豪，黎金，廣州市東郊等工地發現古墓十四座〔J〕，文物參考資料，1955（7）：164～166。

408. 廣州市文物管理處，廣州淘金坑西漢墓〔J〕，考古學報，1974（1）：145～173。

409. 廣西壯族自治區文物工作隊，廣西賀縣文物管理所，廣西賀縣金鐘一號漢墓〔J〕，考古，1986（3）：221～229。

410. 廣西合浦縣博物館，廣西合浦縣母豬嶺漢墓的發掘〔J〕，考古，2007（2）：19～38，100～102，104，2。

411. 廣西壯族自治區文物管理委員會，廣西貴縣漢墓的發掘〔J〕，考古學報，1957（1）：155～162。

412. 劉振東，譚青枝，顧成廟與奉明園〔J〕，考古與文物，2019（5）：103～106。

413. 早期秦文化考古隊，2004 年甘肅禮縣鸞亭山遺址發掘主要收穫〔J〕，中國歷史文物，2005（5）：4～14，圖版一～八。

414. 梁雲，對鸞亭山祭祀遺址的初步認識〔J〕，中國歷史文物，2005（5）：15～31。

415. 南京博物院，盱眙縣文廣新局，江蘇盱眙縣大雲山江都王陵二號墓發掘簡報〔J〕，文物，2013（1）：25～66。

416. 王煜，漢代鑲玉漆棺及相關問題討論〔J〕，考古，2017（11）：89～99。

417. 李春雷，江蘇徐州獅子山楚王陵出土鑲玉漆棺的推理復原研究〔J〕，考古與文物，1999（1）：55～71。

418. 高崇文，試論先秦兩漢喪葬禮俗的演變〔J〕，考古學報，2006（4）：447～472。

419. 焦南峰，西漢帝陵形製要素的分析與推定〔J〕，考古與文物，2013（5）：72～81。

420. 朱紹侯，軍功爵制在西漢的變化〔J〕，河南師大學報（社會科學版），1983（1）：55～63。

421. 朱紹侯，簡論關內侯在漢代爵制中的地位〔J〕，史學月刊，1987（1）：15～19。

422. 沈辰，文化傳承中的時尚——西漢玉璧功能以及文化寓意的再思考〔J〕，故宮博物院院刊，2019（6）：4～22。

423. 宋少華，長沙西漢漁陽墓相關問題芻議〔J〕，文物，2010（4）：59～63。

424. 劉尊志，徐州兩漢諸侯王墓研究〔J〕，考古學報，2011（1）：57～98。

二、學術著作

1. 中國社會科學院考古研究所，殷墟婦好墓〔M〕，北京：文物出版社，1980。

2. 中國社會科學院考古研究所，殷墟玉器〔M〕，北京：文物出版社，1982。

3. 中國社會科學院考古研究所，安陽殷墟出土玉器〔M〕，北京：科學出版社，2005。

4. 劉雲輝，周原玉器〔M〕，臺北：中華文物學會，1996。

5. 劉雲輝，陝西出土東周玉器〔M〕，北京，臺北：文物出版社，眾志美術出版社，2006。

6. 劉雲輝，陝西出土漢代玉器〔M〕，北京，臺北：文物出版社，眾志美術出版社，2009。

7. 濱田耕作，有竹齋藏古玉譜：支那古玉概說〔M〕，上海：中華書局，1940。

8. 王時麒，趙朝洪，於洸，等，中國岫岩玉〔M〕，北京：科學出版社，2006。

9. 中國社會科學院考古研究所，殷墟花園莊東地甲骨（第 6 冊）〔M〕，昆明：雲南人民出版社，2003。

10. 吳大澂，古玉圖考〔M〕，上海：上海同文書局，1889。

11. 那志良，古玉鑒裁〔M〕，臺北：國泰美術館，1980。

12. 楊晶，中國新石器時代玉器的考古學探索〔M〕，北京：社科科學文獻出版社，2011。

13. 蘇秉琦，中國文明起源新探〔M〕，上海：生活・讀書・新知三聯書店，1999。

14. 嚴文明，東方文明的搖籃農業發生與文明起源〔M〕，北京：科學出版社，2000。

15. 鄧淑蘋，「國立」故宮博物院藏新石器時代圖錄：綜述〔M〕，臺北：臺北故宮博物院，1992。

16. 吉平，鄧聰，哈民玉器研究〔M〕，北京：中華書局，2018。

17. 趙賓福，東北石器時代考古〔M〕，長春：吉林大學出版社，2003。

18. 遼寧省文物考古研究所，牛河梁紅山文化遺址發掘報告（1983～2003 年度）〔M〕，北京：文物出版社，2012。

19. 內蒙古敖漢旗博物館，敖漢文物精華〔M〕，呼和浩特：內蒙古文化出版社，2004。

20. 於建設，紅山玉器〔M〕，呼和浩特：遠方出版社，2004。

21. 遼寧省文物考古研究所，赤峰市博物館，大南溝——後紅山文化墓地發掘報告〔M〕，北京：科學出版社，1998。

22. 中國社會科學院考古研究所，大甸子——夏家店下層文化遺址與墓地發掘報告〔M〕，北京：科學出版社，1996。

23. 欒豐實，海岱地區考古研究〔M〕，濟南：山東大學出版社，1997。

24. 山東省文物管理處，濟南市博物館，大汶口——新石器時代墓葬發掘報告〔M〕，北京：文物出版社，1974。

25. 山東省文物考古研究所，大汶口文化續集——大汶口遺址第二、三次發掘報告〔M〕，北京：科學出版社，2007。

26. 山東省文物考古研究所，大汶口續集——大汶口遺址第二、三次發掘報告〔M〕，濟南：山東大學出版社，1997。

27. 山東省博物館，山東省文物考古研究所，鄒縣野店〔M〕，北京：文物出版社，1985。

28. 中國社會科學院考古研究所，山東王因——新石器時代遺址發掘報告〔M〕，北京：科學出版社，2000。

29. 南京博物院，花廳——新石器時代墓地發掘報告〔M〕，北京：文物出版社，2003。

30. 中國社會科學院考古研究所，膠縣三里河〔M〕，北京：文物出版社，1988。

31. 山東大學考古學系，山東大學博物館，山東大學文物精品選〔M〕，濟南：齊魯書社，2002。

32. 山東大學歷史系考古專業教研室，泗水尹家城〔M〕，北京：文物出版社，1990。

33. 山東文物事業管理局，山東美術出版社編輯，山東文物精粹〔M〕，濟南：山東美術出版社，1996。

34. 楊伯達，中國玉器全集（Ⅰ）〔M〕，石家莊：河北美術出版社，1993。

35. 湖南省文物考古研究所，澧縣城頭山——新石器時代遺址發掘報告〔M〕，北京：文物出版社，2007。

36. 孟華平，長江中游新石器時代文化結構〔M〕，武昌：長江文藝出版社，1997。

37. 湖北省文物考古研究所，房縣七里河〔M〕，北京：文物出版社，2008。

38. 中國社會科學院考古研究所，青龍泉與大寺〔M〕，北京：科學出版社，1991。

39. 湖北省荊州博物館，棗林崗與堆金臺——荊江大堤荊州馬山段考古發掘報告〔M〕，北京：科學出版社，1999。

40. 南京博物院，北陰陽營——新石器時代及商周時期遺址發掘報告〔M〕，北京：文物出版社，1993。

41. 上海市文物管理委員會，崧澤——新石器時代遺址發掘報告〔M〕，北京：文物出版社，1987。

42. 上海市文物管理委員會，福泉山——新石器時代遺址發掘報告〔M〕，北京：文物出版社，2000。

43. 蘇州市工業園區管委會，蘇州文廣新局，草鞋山遺址考古與研究文集〔M〕，蘇州：蘇州博物館，2017。

44. 浙江省文物考古研究所，南河浜——崧澤文化遺址發掘報告〔M〕，北京：文物出版社，2005。

45. 鄒厚本，江蘇考古五十年：江蘇新石器時代玉器〔M〕，南京：南京出版社，2000。

46. 安徽省文物考古研究所，凌家灘田野考古發掘報告之一〔M〕，北京：文物出版社，2006。

47. 南京博物院，江蘇省考古研究所，無錫市錫山區文物管理委員會編著，邱承墩——太湖西北部新石器時代遺址發掘報告〔M〕，北京：科學出版社，2010。

48. 浙江省文物考古研究所，廟前〔M〕，北京：文物出版社，2005。

49. 浙江省文物考古研究所，桐鄉市文物管理委員會，新地里〔M〕，北京：文物出版社，2006。

50. 浙江省文物考古研究所，南京博物院，上海博物館，良渚考古八十年〔M〕，北京：文物出版社，2016。

51. 河南省文物考古研究所，中國社會科學院考古研究所，靈寶西坡墓地〔M〕，北京：文物出版社，2010。

52. 中國科學院考古研究所，廟底溝與三里橋——黃河水庫考古報告之二〔M〕，北京：科學出版社，1959。

53. 中國社會科學院考古研究所，洛陽發掘報告——1955～1960 年洛陽澗濱考古發掘資料〔M〕，北京：北京燕山出版社，1989。

54. 鄭州市文物考古研究所，鄭州大河村〔M〕，北京：科學出版社，2001。

55. 河南省文物管理局，河南省文物考古研究所，黃河小浪底考古報告（一）〔M〕，鄭州：中州古籍出版社，1999。

56. 河南省文物管理局，水利部小浪底水利樞紐建設管理局移民局，黃河小浪底水庫文物考古報告集〔M〕，鄭州：黃河水利出版社，1998。

57. 河南省文物考古研究所，禹州瓦店〔M〕，北京：世界圖書出版社北京分公司，2004。

58. 中國社會科學院考古研究所，偃師二里頭——1959～1978 年考古發掘報告〔M〕，北京：中國大百科全書出版社，1999。

59. 中國社會科學院，二里頭（1999～2006）〔M〕，北京：文物出版社，2014。

60. 河南省文物研究所，長江流域規劃辦公室考古隊河南分隊，淅川下王岡〔M〕，北京：文物出版社，1989。

61. 陝西省考古研究所，陝西省安康水電站庫區考古隊，陝南考古報告集：何家灣（二）〔M〕，西安：三秦出版社，1994。

62. 陝西省考古研究所，龍崗寺——新石器時代遺址發掘報告〔M〕，北京：文物出版社，1990。

63. 陝西省考古研究所，陝西省安康水電站庫區考古隊，陝南考古報告集：阮家壩（三）〔M〕，西安：三秦出版社，1994。

64. 寶雞市考古工作隊，陝西省考古研究所寶雞工作站，寶雞福臨堡——新石器時代遺址發掘報告〔M〕，北京：文物出版社，1993。

65. 半坡博物館，陝西省考古研究所，臨潼縣博物館，姜寨——新石器時代遺址發掘報告〔M〕，北京：文物出版社，1988。

66. 中國科學院考古研究所，武功發掘報告——滸西莊和趙家來遺址〔M〕，北京：文物出版社，1988。

67. 劉士莪，老牛坡——西北大學考古專業田野發掘報告〔M〕，西安：陝西人民出版社，2002。

68. 陝西省考古研究院，商洛市博物館，商洛東龍山〔M〕，北京：科學出版社，2011。

69. 方嚮明，周曉晶，中國玉器通史：新石器時代北方卷〔M〕，深圳：海天出版社，2014。

70. 中國歷史博物館考古部，山西省考古研究所，垣曲縣博物館，垣曲古城東關〔M〕，北京：科學出版社，2001。

71. 中國社會科學院，山西省臨汾市文物局，襄汾陶寺——1978～1985 年發掘報告〔M〕，北京：文物出版社，2015。

72. 山西省考古研究所，運城市文物工作站，芮城縣旅遊文物局，清涼寺新石器時代墓地（中）〔M〕，北京：文物出版社，2016。

73. 山西省考古研究所，運城市文物工作站，芮城縣旅遊文物局，清涼寺新石器時代墓地（上）〔M〕，北京：文物出版社，2016。

74. 中國社會科學院考古研究所，中國歷史博物館，山西省考古研究所，夏縣東下馮〔M〕，北京：文物出版社，1988。

75. 中國社會科學院考古研究所，師趙村與西山坪〔M〕，北京：中國大百科全書出版社，1999。

76. 劉士莪，老牛坡〔M〕，西安：陝西人民出版社，2002。

77. 方嚮明，中國玉器通史：新石器時代南方卷〔M〕，深圳：海天出版社，2014。

78. 陝西省考古研究所，榆林市文物保護研究所，神木新華〔M〕，北京：科學出版社，2008。

79. 遼寧省文物考古研究所，牛河梁紅山文化遺址發掘報告（1983～2003 年度）〔M〕，北京：文物出版社，2012。

80. 澄田正一，小野山節，宮本一夫，遼東半島四平山積石冢的研究〔M〕，京都：柳原出版株式會社，2008，P, Derevianko, The Upper Paleolithic in Africa and Eurasia and the Origin of Anatomically Modern Humans [M], Novosibirsk: Institute of Archaeology and Ethnography SB RAS Press, 2011。

81. 河南省文物考古研究所，鄭州商城——1953～1985 年考古發掘報告〔M〕，北京：文物出版社，2001。

82. 喻燕姣，方剛，中國玉器通史：夏商卷〔M〕，深圳：海天出版社，2014。

83. 中國社會科學院考古研究所，中國考古學：夏商卷〔M〕，北京：中國社會科學出版社，2003。

84. 湖北省文物考古研究所，盤龍城——一九六三～一九九四年考古發掘報告（上、下）〔M〕，北京：文物出版社，2001。

85. 成都金沙遺址博物館，中國社會科學院考古研究所，玉匯金沙〔M〕，成都：四川人民出版社，2017。

86. 河北省文物研究所，槀城臺西商代遺址〔M〕，北京：文物出版社，1985。

87. 石璋如，中國考古報告集之二小屯：第一本〔M〕，臺北：「中央」研究院歷史語言研究所，1973。

88. 湖南省文物考古研究所，坐果山與望子崗：瀟湘上游商周遺址發掘考古〔M〕，北京：科學出版社，2010。

89. 四川省文物考古研究所，三星堆祭祀坑〔M〕，北京：文物出版社，1999。

90. 成都文物考古研究所，金沙玉器〔M〕，北京：科學出版社，2006。

91. 湖南省博物館，湖南省博物館〔M〕，北京：文物出版社，1983。

92. 福建晉江流域考古調查隊，福建晉江流域考古調查與研究〔M〕，北京：科學出版社，2010。

93. 福建博物院文物考古研究所，漳州市文物管理委員會辦公室，鳥侖尾與狗頭山——福建省商周遺址考古發掘報告〔M〕，北京：科學出版社，2004。

94. 廣東省文物考古研究所，嶺外遺珍——廣東省文物考古研究所基建考古成果選萃〔M〕，廣州：廣東省高等教育出版社，2014。

95. 商志𩾃，吳偉鴻，香港考古學敍研〔M〕，北京：文物出版社，2010。

96. 徐琳，中國古代治玉工藝〔M〕，北京：紫禁城出版社，2011。

97. 喻燕姣，湖湘出土玉器研究〔M〕，長沙：嶽麓書社，2013。

98. 雲南省博物館，雲南晉寧石寨山古墓群發掘報告〔M〕，北京：文物出版社，1959。

99. 中國社會科學院考古研究所，中國考古學：兩周卷〔M〕，北京：中國社會科學出版社，2004。

100. 寶雞市周原博物館，北呂周人墓地〔M〕，北京：文物出版社，1995。

101. 中國社會科學院考古研究所，張家坡西周墓地〔M〕，北京：中國大百科全書出版社，1999。

102. 成都金沙遺址博物館，山西博物院，山西省考古研究所，迷失千年的古國——霸〔M〕，成都：四川人民出版社，2015。

103. 北京市文物研究所，琉璃河西周燕國墓地（1973～1977）〔M〕，北京：文物出版社，1995。

104. 烏恩岳斯圖，北方草原考古學文化研究——青銅時代至早期鐵器時代〔M〕，北京：科學出版社，2007。

105. 河南省文物考古研究所，周口市文化局，鹿邑太清宮長子口墓〔M〕，鄭州：中州古籍出版社，2000。

106. 郭寶鈞，浚縣辛村〔M〕，北京：科學出版社，1964。

107. 河南省文物考古研究所，平頂山市文物管理局，平頂山應國墓地（Ⅰ上）〔M〕，鄭州：大象出版社，2012。

108. 中國科學院考古研究所，上村嶺虢國墓地〔M〕，北京：科學出版社，1959。

109. 河南省文物考古研究所，三門峽市文物工作隊，三門峽虢國墓地〔M〕，北京：文物出版社，1999。

110. 山東省文物考古研究所，曲阜魯國故城〔M〕，濟南：齊魯書社，1982。

111. 中國社會科學院考古研究所，滕州前掌大墓地（上）〔M〕，北京：文物出版社，2005。

112. 盧連成，胡智成，寶雞強國墓地〔M〕，北京：文物出版社，1998。

113. 北京大學震旦古代文明研究中心，北京大學中國考古學研究中心，寶雞青銅器博物館等，強國玉器〔M〕，北京：文物出版社，2010。

114. 吉琨璋，中國玉器通史：周代卷〔M〕，深圳：海天出版社，2014。

115. 陝西省考古研究院，渭南市文物保護考古研究所，韓城市景區管理委員會，梁帶村芮國墓地——2007年度發掘報告〔M〕，北京：文物出版社，2008。

116. 湖南省文物考古研究所，坐果山與望子崗：瀟湘上游商周遺址發掘報告〔M〕，北京：科學出版社，2010。

117. 李峰著，徐峰譯，湯惠生校，西周的滅亡——中國早期國家的地理和政治危機〔M〕，上海：上海古籍出版社，2016。

118. 北京大學歷史系考古教研室商周組，商周考古〔M〕，北京：文物出版社，1979。

119. 姜濤，王龍正，喬斌，三門峽虢國女貴族墓出土玉器精粹〔M〕，臺北：眾志美術出版社，2002。

120. 中國社會科學院考古研究所，張家坡西周墓地玉器考古學研究〔M〕，北京：文物出版社，2007。

121. 毛亨傳，鄭玄箋，孔穎達，毛詩正義〔M〕，北京：中華書局，1979。

122. 王國維，觀堂集林：與林浩卿博士論誥書〔M〕，北京：中華書局，1959。

123. 中國社會科學院考古研究所，洛陽中州路（西工段）〔M〕，北京：科學出版社，1959。

124. 洛陽市文物工作隊，洛陽市體育場路西東周墓發掘報告〔M〕，北京：文物出版社，2011。

125. 洛陽市文物工作隊，洛陽王城廣場東周墓〔M〕，北京：文物出版社，2009。

126. 郭寶鈞，山彪鎮與琉璃閣〔M〕，北京：科學出版社，1959。

127. 山西省考古研究所，上馬墓地〔M〕，北京：文物出版社，1994。

128. 長治市博物館，山西博物院，山西省考古研究所，長治分水嶺東周墓地〔M〕，北京：文物出版社，2010。

129. 河南省文化局文物工作隊，鄭州二里岡〔M〕，北京：科學出版社，1959。

130. 中國社會科學院考古所，陝縣東周秦漢墓〔M〕，北京：科學出版社，1994。

131. 中國社科科學院考古研究所，輝縣發掘報告〔M〕，北京：科學出版社，1956。

132. 臨淄市博物館，齊故城博物館，臨淄商王墓地〔M〕，濟南：齊魯書社，1997。

133. 王學理，梁雲，秦文化〔M〕，北京：文物出版社，2001。

134. 咸陽市文物考古研究所，任家咀秦墓〔M〕，北京：科學出版社，2005。

135. 陝西省考古研究所，西安北郊秦墓〔M〕，西安：三秦出版社，2006。

136. 陝西省考古研究院，西安尤家莊秦墓〔M〕，西安：陝西科學技術出版社，2008。

137. 西安市文物保護考古所，西安南郊秦墓〔M〕，西安：陝西人民出版社，2004。

138. 中國考古學會，中國考古學年鑒2000〔M〕，北京：文物出版社，2002。

139. 蘇州博物館，真山東周墓地——吳楚貴族墓地的發掘與研究〔M〕，北京：文物出版社，1999。

140. 姚德勤，冀金元，吳國王室玉器〔M〕，上海：上海人民美術出版社，1996。

141. 浙江省文物考古研究所，紹興縣文物保護管理局，印山越王陵〔M〕，北京：文物出版社，1984。

142. 南京博物院，江蘇省考古研究所，鴻山越墓發掘報告〔M〕，北京：文物出版社，2007。

143. 南京博物院，江蘇省考古研究所，鴻山越墓出土玉器〔M〕，北京：文物出版社，2007。

144. 河南省文物考古研究所，淅川下寺春秋楚墓〔M〕，北京：文物出版社，1991。

145. 河南省文物考古研究所，淅川和尚嶺與徐家嶺楚墓〔M〕，鄭州：大象出版社，2004。

146. 河南省文物考古研究所，固始侯古堆一號墓〔M〕，鄭州：大象出版社，2004。

147. 李學勤，東周與秦代文明〔M〕，北京：文物出版社，1984。

148. 徐少華，周代南土歷史地理與文化〔M〕，武漢：武漢大學出版社，1994。

149. 河南省文物研究所，信陽楚墓〔M〕，北京：文物出版社，1986。

150. 湖北省宜昌地區博物館，當陽趙家湖楚墓〔M〕，北京：文物出版社，1992。

151. 湖北省荊州博物館，荊州天星觀二號楚墓〔M〕，北京：文物出版社，2003。

152. 湖北省荊沙鐵路考古隊，包山楚墓〔M〕，北京：文物出版社，1991。

153. 湖北省荊州地區博物館，江陵雨臺山楚墓〔M〕，北京：文物出版社，1992。

154. 湖北省文物考古研究所，江陵九店東周墓〔M〕，北京：科學出版社，1995。

155. 湖南省博物館，湖南省文物考古研究所，長沙市博物館，長沙楚墓〔M〕，北京：文物出版社，2000。

156. 安徽省文物管理委員會，壽縣蔡侯墓出土遺物〔M〕，北京：科學出版社，1956。

157. 湖北省博物館，曾侯乙墓〔M〕，北京：文物出版社，1989。

158. 河北省文物研究所，燕下都〔M〕，北京：文物出版社，1996。

159. 河北省文物研究所，響（cuo）墓——戰國中山國國王之墓〔M〕，北京：文物出版社，1996。

160. 黃懿陸，滇國史〔M〕，昆明：雲南人民出版社，2004。

161. 左丘明撰，杜預注，孔穎達正義，春秋左傳正義〔M〕，北京：北京大學出版社，1999。

162. 楊天宇撰，儀禮譯注〔M〕，上海：上海古籍出版社，2004。

163. 謝浩范，朱迎平譯注，管子全譯〔M〕，貴陽：貴州人民出版社，1996。

164. 陳偉，包山楚簡初探〔M〕，武漢：武漢大學出版社，1996。

165. 湖北省文物考古研究所，江陵望山沙冢楚墓〔M〕，北京：文物出版社，1996。

166. 劉向，戰國策〔M〕，上海：上海古籍出版社，1983。

167. 楊天宇，周禮譯注〔M〕，上海：上海古籍出版社，2004。

168. 漢陽陵博物苑，漢陽陵博物苑〔M〕，北京：文物出版社，2006。

169. 漢陽陵考古陳列館，漢陽陵考古陳列館〔M〕，北京：文物出版社，2004。

170. 劉慶柱，李毓芳，西漢十一陵〔M〕，西安：陝西人民出版社，1987。

171. 中國社會科學院考古研究所，漢杜陵陵園遺址〔M〕，北京：科學出版社，1993。

172. 西安市文物管理委員會，玉器〔M〕，西安：陝西省旅遊出版社，1992。

173. 西安市文物保護考古所，西安文物精華‧玉器〔M〕，西安：世界圖書出版西安分公司，2004。

174. 西安市文物保護考古所，西安龍首原漢墓〔M〕，西安：西北大學出版社，1999。

175. 李銀德，中國玉器通史：秦漢卷〔M〕，深圳：海天出版社，2014。

176. 劉雲輝，中國古代出土玉器全集：陝西卷（14）〔M〕，北京：科學出版社，2005。

177. 冀東山，神韻與輝煌‧玉雜器卷〔M〕，西安：三秦出版社，2006。

178. 河南省文物考古研究所，永城西漢梁國王陵與寢園〔M〕，鄭州：中州古籍出版社，1996。

179. 河南省商丘市文物管理委員會，河南省文物考古研究所，芒碭山西漢梁王墓地〔M〕，北京：文物出版社，2001。

180. 河南省文物考古研究所，永城市文物旅遊管理局，永城黃土山與酇城漢墓〔M〕，鄭州：大象出版社，2010。

181. 南陽市文物考古研究所，南陽牛王廟漢墓考古發掘報告〔M〕，北京：文物出版社，2011。

182. 中國社會科學院考古研究所，北京儀表廠工人理論組，滿城漢墓〔M〕，北京：文物出版社，1978。

183. 河北省文物考古研究所，鹿泉市文物保管所，高莊漢墓〔M〕，北京：科學出版社，2006。

184. 大葆臺漢墓發掘組，中國社會科學院考古研究所，北京大葆臺漢墓〔M〕，北京：文物出版社，1989。

185. 山東省文物考古研究所，魯中南漢墓〔M〕，北京：文物出版社，2009。

186. 山東省文物考古研究所，魯中南漢墓（下）〔M〕，北京：文物出版社，2009。

187. 徐州漢文化風景園林管理處，徐州楚王陵漢兵馬俑博物館編，獅子山楚王陵〔M〕，南京：南京出版社，2011。

188. 徐州博物館，南京大學歷史系考古專業，徐州北洞山西漢楚王墓〔M〕，北京：文物出版社，2003。

189. 揚州博物館，天長市博物館，漢廣陵國玉器〔M〕，北京：文物出版社，2003。

190. 安徽省文物考古研究所，巢湖市文物管理所，巢湖漢墓〔M〕，北京：文物出版社，2007。

191. 湖南省博物館，中國社會科學院考古研究所，長沙馬王堆一號漢墓〔M〕，北京：文物出版社，1873。

192. 湖南省博物館，湖南省文物考古研究所，長沙馬王堆二、三號漢墓〔M〕，北京：文物出版社，2004。

193. 喻燕姣，湖湘出土玉器研究〔M〕，長沙：嶽麓書社，2013。

194. 彭明翰，中國出土玉器全集：江西（第9冊）〔M〕，北京：科學出版社，2005。

195. 四川省文物考古研究院，綿陽市博物館，綿陽雙包山漢墓〔M〕，北京：文物出版社，2006。

196. 雲南省文物考古研究所，昆明市博物館，晉寧市文物管理所，晉寧石寨山——第五次發掘報告〔M〕，北京：文物出版社，2009。

197. 雲南省文物考古研究所，玉溪市文物管理所，江川縣文化局，江川李家山——第二次發掘報告〔M〕，北京：文物出版社，2007。

198. 廣州市文物管理委員會，中國社會科學院考古研究所，廣東省博物館，西漢南越王墓（上）〔M〕，北京：文物出版社，1991。

199. 廣州市文物管理委員會，廣州市博物館，廣州漢墓〔M〕，北京：文物出版社，1981。

200. 廣西壯族自治區博物館，廣西貴縣羅泊灣漢墓〔M〕，北京：文物出版社，1988。

201. 廣西壯族自治區文物管理委員會，廣西文物精品〔M〕，南寧：廣西美術出版社，2002。

202. 張昌平，郭偉民，中國出土玉器全集：湖北湖南（第10冊）〔M〕，北京：科學出版社，2005。

203. 全洪，中國出土玉器全集：廣東廣西福建海南香港澳門臺灣（第10冊）〔M〕，北京：科學出版社，2005。

204. 南越王墓博物館，香港中文大學文物館，南越王墓玉器〔M〕，香港：兩木出版社，1991。

205. 殷志強，張敏，中國出土玉器全集：江蘇上海（第7冊）〔M〕，北京：科學出版社，2005。

206. 古方，中國古玉圖典〔M〕，北京：文物出版社，2007：231。

207. 王麗明，中國出土玉器全集：雲南貴州（第 12 冊）〔M〕，北京：科學出版社，2005。

208. 楊立新，中國出土玉器全集：安徽（第 6 冊）〔M〕，北京：科學出版社，2005。

209. 中國社會科學院考古研究所，滿城漢墓發掘報告〔M〕，北京：文物出版社，1980。

210. 田天，秦漢國家祭祀史稿〔M〕，北京：生活·讀書·新知三聯書店，2015。

211. 范曄，後漢書：祭祀下〔M〕，北京：中華書局，1965。

212. 司馬遷，史記：平准書〔M〕，北京：中華書局，1979。

213. 范曄，後漢書：皇后紀下（第 10 卷）〔M〕，北京：中華書局，2006。

214. 班固，漢書：申公（第 88 卷）〔M〕，北京：中華書局，2006。

215. 司馬遷，史記：二王世家〔M〕，北京：中華書局，1982。

216. 范曄，後漢書：禮儀下〔M〕，北京：中華書局，2006。

217. 范曄，後漢書：明帝紀〔M〕，北京：中華書局，2006。

218. 王柏中，神靈世界秩序的構建與儀式的象徵——兩漢國家祭祀制度研究〔M〕，北京：民族出版社，2005。

219. 司馬遷，史記：河渠書〔M〕，北京：中華書局，1979。

220. 范曄，後漢書：祭祀志上〔M〕，北京：中華書局，2006。

221. 班固，漢書：霍光傳〔M〕，北京：中華書局，2006。

222. 班固，漢書：雋不疑傳〔M〕，北京：中華書局，2006。

223. 班固，漢書：外戚傳下〔M〕，北京：中華書局，2006。

三、論文集

1. 鄧聰，東亞玉器（Ⅰ）〔C〕，香港：香港中文大學，中國考古藝術研究中心，1998。

2. 中國社會科學院考古研究所等，夏商玉器及玉文化學術討論會論文集〔C〕，廣州：嶺南美術出版社，2018。

3. 南中國及鄰近地區古文化研究——慶祝鄭德坤教授從事學術活動六十週年論文集〔C〕，香港：中文大學出版社，1993：255～268。

4. 李永迪，紀念殷墟發掘八十週年學術研討會論文集〔C〕，臺北：「中央」

研究院歷史語言研究所，2015：211～225。

5. 北京大學中國考古學研究中心，古代文明（第 13 卷）〔C〕，北京：科學出版社，2019：57～91。

6. 赤峰市北方國際研究中心，中國北方古代文化國際學術研討會論文集〔C〕，北京：中國文史出版社，1994：265～281。

7. 中國考古學會等，汾河灣——丁村文化與晉文化考古學術研討會文集〔C〕，太原：山西高校聯合出版社，1996：176～198。

8. 蘇秉琦，考古學文化論集（四）〔C〕，北京：文物出版社，1997：104～134。

9. 劉國祥，東北文物考古論集〔C〕，北京：科學出版社，2004。

10. 中國考古學論叢——中國社會科學院考古研究所建所 40 週年紀念〔C〕，北京：科學出版社，1993：131～141。

11. 錢憲和，海峽兩岸古玉學會議論文集〔C〕，臺北：臺灣大學理學院地質科學系，2001。

12. 朱乃誠，王輝，馬永福，2015 中國·廣河齊家文化與華夏文明國際研討會論文匯編〔C〕，2014：215～272。

13. 遼寧省博物館，遼寧省博物館學術論文集（第 3 輯）〔C〕，瀋陽：遼海出版社，2009：98～127。

14. 中國社會科學院考古研究所，殷墟與商文化——殷墟科學發掘 80 週年紀念文集〔C〕，北京：科學出版社，2011。

15. 中國社會科學院考古研究所，中國考古學論叢——中國社會科學院考古研究所建所 40 週年紀念〔C〕，北京：科學出版社，1995：379～389。

16. 遠望集——陝西省考古研究所華誕四十週年紀念文集〔C〕，西安：陝西人民美術出版社，1998：625～631。

17. 中國秦漢史研究會，中山大學歷史系，西漢南越王博物館，南越國史蹟研討會論文選集〔C〕，北京：文物出版社，2005。

18. 南宋錢幣博物館，良渚文化玉璧研究論文集〔C〕，浙江：南宋錢幣博物館，1998。

19. 楊伯達著，巫玉之光——中國新石器時代玉文化論考〔C〕，上海：上海古籍出版社，2005。

20. 鄭先興主編；中國漢畫學會，南陽師範學院漢文研究中心編，中國漢畫

學會第十屆年會論文集〔C〕，武漢：湖北人民出版社，2006：67～70。

21. 羅振玉，殷虛書契考釋三種〔C〕，上海：中華書局，2005：52。

22. 楊伯達，巫玉之光——中國新石器時代玉文化論考〔C〕，上海：上海古籍出版社，2005：71～86。

23. 陝西省考古研究所，中國新石器時代考古學研究——祝賀石興邦先生考古半世紀暨八秩華誕文集〔C〕，西安：三秦出版社，2004：409～421。

24. 教育部人文社會科學重點研究基地，吉林大學邊疆考古研究中心，邊疆考古研究（第 13 輯）〔C〕，北京：科學出版社，2013：69～78。

25. 楊伯達，出土玉器鑒定與研究〔C〕，北京：紫禁城出版社，2001。

26. 劉國祥，於明名家論玉（三）〔C〕，北京：科學出版社，2010。

27. 北京大學考古系，慶祝蘇秉琦考古五十五週年論文集〔C〕，北京：文物出版社，1989。

28. 徐子峰，紅山諸文化研究概覽〔C〕，北京：中國文史出版社，2004：353～355。

29. 張學海，海岱考古（第 1 輯）〔C〕，濟南：山東大學出版社，1989。

30. 山東省文物考古研究所，山東省高速公路考古報告集（1997）〔C〕，北京：科學出版社，2000。

31. 中國社會科學院考古研究所，考古學集刊（第 1 輯）〔C〕，北京：中國社會科學出版社，1981：27～48。

32. 山東大學考古系，海岱考古（第一輯）〔C〕，濟南：齊魯書社，1989：61～123。

33. 謝治秀，山東重大考古新發現（1990～2003）〔C〕，濟南：山東文化音像出版社，2004。

34. 山東大學歷史系，東方考古〔C〕，北京：科學出版社，2006。

35. 文物編輯委員會，文物考古工作十年（1979～1989）〔C〕，北京：文物出版社，1991：127～137。

36. 張學海主編，海岱考古（第一輯）〔C〕，濟南：山東大學出版社，1989。

37. 湖南省博物館，湖南考古輯刊（第 1 集）〔C〕，長沙：嶽麓書院，1982。

38. 上海博物館，上海博物館集刊（第 8 期）〔C〕，上海：上海書畫出版社，2000。

39. 北京大學考古文博學院，北京大學中國考古學研究中心，考古學研究（10）

〔C〕，北京：科學出版社，2012：77～100。

40. 浙江省文物考古研究所，浙江省文物考古研究所學刊〔C〕，北京：科學出版社，1993。

41. 中國考古學會，中國考古學年鑒（1989）〔C〕，北京：文物出版社，1990。

42. 杭州市餘杭區地方志編纂委員會，餘杭年鑒 2009〔C〕，杭州：方志出版社，2009。

43. 浙江省文物考古研究所，南京博物院，上海博物館，良渚考古八十年〔C〕，北京：文物出版社，2016。

44. 文物編輯委員會，文物資料叢刊（第 6 輯）〔C〕，北京：文物出版社，1982。

45. 浙江省文物考古研究所，浙江省文物考古研究所學刊，北京：長征出版社，1997：227～237。

46. 陝西省考古研究所，陝西省安康水電站庫區考古隊，陝南考古報告集〔C〕，西安：三秦出版社，1994：205～230。

47. 西北大學文化遺存學院，西部考古（第五輯）〔C〕，西安：三秦出版社，2010。

48. 北京大學古代文明研究中心，古代文明（第 3 卷）〔C〕，北京：文物出版社，2004：66～70。

49. 中國社會科學院考古研究所，考古學集刊（第 5 輯）〔C〕，北京：中國社會科學出版社，1987：27～60。

50. 北京大學古代文明研究中心，古代文明（第 2 卷）〔C〕，北京：文物出版社，2000。

51. 鄧聰，曹錦炎，良渚玉工〔C〕，香港：中國考古藝術研究中心，2015。

52. 吉平，鄧聰，哈民玉器研究〔C〕，北京：中華書局，2018。

53. 錢憲和，方建能，新石器時代琢玉工藝技術〔C〕，臺北：臺灣博物館，2003：19～40。

54. 鄧聰，澳門黑沙新石器時代輪軸機械國際會議論文集〔C〕，澳門：澳門特別行政區民政總署文化康體部，2014。

55. 張忠培，徐光冀，玉魄國魂〔C〕，北京：北京燕山出版社，2008。

56. 鄧聰，東亞玉器（Ⅱ），香港：中國考古藝術研究中心，1998：250～279。

57. （國立）中央研究院歷史語言研究所集刊編輯委員會，「中央」研究院歷

史語言研究所集刊（第 20 本下冊）〔C〕，1949。

58. 楊伯達，中國玉文化玉學論叢四編（上）〔C〕，北京：紫禁城出版社，2007。

59. 臺灣大學地質系，海峽兩岸古玉學會論文集〔C〕，臺北：臺灣大學，2001。

60. 楊伯達，中國玉文化玉學論叢〔C〕，北京：紫禁城出版社，2002：196～216。

61. 國家文物局，2009 年中國重要考古發現〔C〕，北京：文物出版社，2010。

62. 中國社會科學院考古研究所，夏商玉器及玉文化學術研討會論文集〔C〕，廣州：嶺南美術出版社，2018：234～240。

63. 中國社會科學院考古研究所夏商周研究室，三代考古（三）〔C〕，北京：科學出版社，247～271。

64. 成都金沙遺址博物館，等，玉匯金沙——夏商時期玉文化特展〔C〕，成都：四川人民出版社，2017：211～229。

65. 玉魂國魄——中國古代玉器與傳統文化學術討論會文集〔三〕〔C〕，北京：燕山出版社，2008：12～26。

66. 楊伯達，中國玉文化玉學論叢四編（下）〔C〕，北京：紫禁城出版社，2006：557～574。

67. 中國社會科學院考古研究所，夏商都邑與文化（一）：夏商都邑考古暨紀念偃師商城發現 30 週年國際學術研討會論文集〔C〕，北京：中國社會科學出版社，2014。

68. 廈門大學人文學院歷史系考古教研室，香港中文大學中國考古藝術研究中心，東南考古研究（第三輯）〔C〕，廈門：廈門大學出版社，2003：1～35。

69. 國家文物局，2017 年中國重要考古發現〔C〕，北京：文物出版社，2018：40～43。

70. 香港中文大學中國考古藝術研究中心，南中國及鄰近地區古文化研究〔C〕，香港：中文大學出版社，1994。

71. 「中央」研究院歷史語言研究所，中國考古學與歷史系之整合研究〔C〕，臺北：南天書局，1997：793～837。

72. 徐天進，吉金鑄國史——周原出土西周青銅器精粹〔C〕，北京：文物出版社，2002。

73. 史念海，河山集（二集）〔C〕，北京：讀書、生活、新知三聯書店，1981：214。

74. 北京大學考古文博學院，北京大學中國考古學研究中心，考古學研究（十）〔C〕，北京：科學出版社，2011：305～316。

75. 上海文物局，晉國奇珍——山西晉侯墓群出土文物精品〔C〕，上海：上海人民美術出版社，2002：17～25。

76. 國家文物局，2006 年中國重要考古發現〔C〕，北京：文物出版社，2007。

77. 國家文物局，2008 年中國重要考古發現〔C〕，北京：文物出版社，2009：54。

78. 山西省考古學會，山西省考古研究所，三晉考古（第 1 輯）〔C〕，太原：山西人民出版社，1994：71～94。

79. 北京大學考古文博學院，北京大學中國考古學研究中心，考古學研究（二）〔C〕，北京：北京大學出版社，1994：131～143。

80. 教育部人文社會科學重點研究基地，吉林大學邊疆考古中心，邊疆考古與中國文化認同協同創新中心，邊疆考古研究（第 22 輯）〔C〕，北京：科學出版社，2018：177～190。

81. 賀雲翔，女性考古與女性遺產〔C〕，南京：南京大學出版社，2011：77～81。

82. 文物出版社，新中國考古五十年〔C〕，北京：文物出版社，1999：8～11。

83. 中國大百科全書總編輯委員會，中國大百科全書：考古卷〔C〕，北京：中國大百科全書出版社，1986：585。

84. 中國考古學會，中國考古學會第四次年會論文集〔C〕，北京：文物出版社，1985。

85. 許宏，先秦城市考古學研究〔C〕，北京：燕山出版社，2000：171～184。

86. 北京大學中國考古學研究中心，古代文明（第 10 輯）〔C〕，北京：科學出版社，2016：229～241。

87. 周秦文化研究編委會，周秦文化研究〔C〕，西安：陝西人民出版社，1998：443～456。

88. 燕京研究院，燕京學報（新三期）〔C〕，北京：北京大學出版社，1997：55～112。

89. 文物編輯委員會，文物資料叢刊（第 9 輯）〔C〕，北京：文物出版社，1985：141～150。

90. 山西省考古學會，山西省考古研究所，三晉考古（第 3 輯）〔C〕，太原：

山西人民出版社，2006：128～155，386～393。

91. 山西省考古研究所，三晉考古（第一輯）〔C〕，太原：山西人民出版社，1994：218～250。

92. 文物編輯委員會，文物資料叢刊（第 3 輯）〔C〕，北京：文物出版社，1980：75。

93. 中國社會科學院考古研究所，考古學集刊（第 2 輯）〔C〕，北京：中國社會科學出版社，1982：47～60。

94. 楊建芳，中國古玉研究論文集（下冊）〔C〕，臺北：眾志美術出版社，2001：106～112。

95. 四川大學博物館，中國古代銅鼓研究學會，南方民族考古（第 2 輯）〔C〕，成都：四川科學技術出版社，1990。

96. 楊伯達，出土玉器鑒定與研究〔C〕，北京：紫禁城出版社，2004。

97. 劉國祥，鄧聰，玉根國脈（一）〔C〕，北京：科學出版社，2011：561。

98. 中國考古學會，中國考古學年鑒（1987）〔C〕，北京：文物出版社，1988：190。

99. 中國考古學會，中國考古學年鑒（1989）〔C〕，北京：文物出版社，1990：191。

100. 河北省文物考古研究所，河北省考古文集〔C〕，北京：東方出版社，1998：241～260。

101. 文物編輯委員會，文物資料叢刊（第 9 輯）〔C〕，北京：文物出版社，1985。

102. 中國考古學會，中國考古學年鑒（1986）〔C〕，北京：文物出版社，1988：141。

103. 文物編輯委員會，文物資料叢刊（第 4 輯）〔C〕，北京：文物出版社，1981。

104. 中國考古學會，中國考古學年鑒（1997）〔C〕，北京：文物出版社，1999：134～135。

105. 中國考古學會，中國考古學年鑒（2002）〔C〕，北京：文物出版社：193～194。

106. 安徽省文物考古研究所，文物研究（第 17 輯）〔C〕，北京：科學出版社，2010：107～123。

107. 中國考古學會，中國考古學年鑒（1993）〔C〕，北京：文物出版社，1995：154。

108. 先秦兩漢論叢〔C〕，北京：科學出版社，2008：54。

109. 中國社會科學院考古研究所，考古學集刊（第1輯）〔C〕，北京：科學出版社，1981：158～177。

110. 貴州省博物館，貴州田野考古四十年〔C〕，貴陽：貴州民族出版社，1993。

四、學位論文

1. 郝宇迪，新石器時代玉璧的形製特徵及功能研究〔D〕，北京：中國地質大學，2016。

2. 劉偉，良渚文化玉璧的考古發現及其研究歷程〔D〕，長春：吉林大學，2011。

3. 周曉晶，紅山文化玉器研究〔D〕，長春：吉林大學，2014。

4. 員雪梅，燕遼、海岱、中原地區新石器時代玉器研究〔D〕，北京：北京大學，2005。

5. 雍穎，海岱地區新石器時代玉器研究〔D〕，北京：北京大學，1997。

6. 孫研，大汶口文化玉器研究〔D〕，長春：吉林大學，2007。

7. 楊凡，海岱地區新石器時代玉器初探〔D〕，濟南：山東大學，2016。

8. 任妮娜，環渤海地區新石器時代玉器研究〔D〕，瀋陽：遼寧師範大學，2013。

9. 袁永明，遼海、海岱地區新石器時代文化比較研究——以玉器為中心〔D〕，北京：北京大學，2003。

10. 劉明利，中原地區新石器時代玉器初探〔D〕，北京：北京大學，2005。

11. 楊岐黃，晉西南地區新石器時代玉石器研究〔D〕，北京：北京大學，2008。

12. 閆亞林，甘青寧地區新石器時代玉器初步研究——以齊家文化為中心〔D〕，北京：北京大學，1999。

13. 閆亞林，西北地區新石器時代玉器研究〔D〕，北京：北京大學，2010。

14. 曹芳芳，龍山時代玉器與用玉傳統的嬗變——以黃河流域為中心〔D〕，北京：北京大學，2014。

15. 黃苑，凌家灘遺址出土玉器研究〔D〕，濟南：山東大學，2011。

16. 杜佳佳，凌家灘玉器的考古學研究〔D〕，南京：南京師範大學，2011。

17. 丁雪崎，長江下游新石器時代玉器的發現與研究〔D〕，瀋陽：遼寧師範大學，2014。

18. 揚州，甲骨金文中所見「玉」資料的初步研究〔D〕，北京：首都師範大學，2007。

19. 魏小花，殷墟墓葬玉器之研究〔D〕，南京：南京師範大學，2012。

20. 劉敏，殷墟玉器分類及組合研究〔D〕，西安：陝西師範大學，2013。

21. 陳珊，商周玉文化研究〔D〕，青島：青島大學，2016。

22. 楊秀侃，吳越玉器研究〔D〕，上海：復旦大學，2011。

23. 韓靜，楚地玉器綜論〔D〕，武漢：華中師範大學，2011。

24. 徐暘，洛陽東周墓葬出土玉器初步研究〔D〕，鄭州：鄭州大學，2014。

25. 周政，春秋玉器研究〔D〕，瀋陽：遼寧師範大學，2015。

26. 陳斯文，兩漢時期出土玉璧的初步研究〔D〕，西安：西北大學，2012。

27. 周秋香，兩漢時期墓葬中出土玉璧、玉蟬的研究〔D〕，合肥：江西師範大學，2015。

28. 石文嘉，漢代墓葬中出土玉璧的研究〔D〕，天津：南開大學，2011。

29. 吳桐，略論秦漢玉璧〔D〕，南京：南京大學，2015。

30. 沈博，玉石璧的音樂性能及祭祀功能研究〔D〕，四川省社會科學院，2016。

31. 趙瑾，東周時期出土玉璧用途的初步研究〔D〕，中國藝術研究院，2013。

32. 阿嘎爾，漢畫像磚石龍璧圖案類型與功能初探〔D〕，中央民族大學，2015。

33. 徐唯，漢畫像中龍璧所象徵的精神世界〔D〕，北京：北京大學，2007。

34. 孫曼，良渚遺址群琮、璧、鉞使用制度研究〔D〕，南京：南京師範大學，2013。

35. 孫慶偉，周代墓葬所見用玉製度研究〔D〕，北京：北京大學，2003。

36. 何宏波，先秦玉禮研究〔D〕，鄭州：鄭州大學，2001。

37. 石榮傳，三代至兩漢玉器分期及用玉製度研究〔D〕，濟南：山東大學，2005。

38. 丁思聰，殷墟墓葬的用玉製度——以安陽黑河路墓葬出土玉器為例〔D〕，北京：中國社會科學院研究生院，2013。

39. 姚萱，殷墟花園莊東地甲骨卜辭的初步研究〔D〕，北京：首都師範大學：2004。

40. 康波，黑龍江出土新石器時代玉器初步研究〔D〕，長春：吉林大學，2005。

41. 蔡怡萱，長江中上游新石器時代玉器的發現〔D〕，瀋陽：遼寧師範大學，2014。

42. 單思偉，屈家嶺文化研究〔D〕，武漢：武漢大學，2018。

43. 周宇傑，夏代玉器的初步研究〔D〕，瀋陽：遼寧師範大學，2014。

44. 唐博豪，石峁流散文物調查報告〔D〕，西安：西北大學，2012。

45. 吳敏娜，凌家灘墓地玉器初步研究〔D〕，北京：北京大學，2002。

46. 徐世煉，長江下游地區史前時期用玉習俗初步研究〔D〕，北京：北京大學，2004。

47. 王江，長治分水嶺東周墓地的初步研究〔D〕，太原：山西大學，2013。

48. 曾東，先秦秦漢時期組玉佩和事佩研究〔D〕，武漢：武漢大學，2018。

五、報紙文章

1. 殷志強，漢代穿璧──玉璧含義的新變化〔N〕，中國文物報，2001～05～20（008）。

2. 西安市文物保護考古所，西安張家堡漢墓群發掘取得重要收穫〔N〕，中國文物報，2008-2-15（5）。

3. 商博，永城芒山發現漢代梁國王室墓葬〔N〕，中國文物報，1986-10-31（1）。

4. 趙春青，洛陽發掘一座東漢磚室墓〔N〕，中國文物報，1988-3-11（2）。

5. 耿建軍，盛儲彬，徐州漢皇族墓出土銀縷玉衣等文物〔N〕，中國文物報，1996-10-20（1）。

6. 原豐，耿建軍，徐州翠屏山發現西漢劉治墓〔N〕，中國文物報，2004-2-6（1）。

7. 汪景輝，楊立新，安徽六安雙墩一號漢墓考古發掘獲重大發現〔N〕，中國文物報，2007-2-28（4）。

六、電子文獻

1. 李有騫，黑龍江饒河小南山遺址〔EB / 0L〕,〔2018-03-19〕,http://文博中國。

2. 賈笑冰，遼寧大連鞍子山積石冢的發掘──2015 年社科院考古所田野考古成果（二）〔OL / 〕，中國考古網，http://www.kaogu.cn/cn/xccz/20160106/

52670.html。

3. 遼寧鞍子山積石冢出土罕見牙璧〔OL／〕，中國考古網，http://www.kaogu.cn/cn/xccz/20150327/49684.html。

4. 大連積石冢出土珍貴牙璧〔OL／〕，新浪網，http://ln.sina.com.cn/news/b/2015-03-30/detail-ichmifpy2681078.shtml。

5. 董珊，清華簡〈繫年〉所見的「衛叔封」與「悼折王」〔EB／OL〕，http://www.gwz.fudan.edu.cn/SrcShow.asp?Src_ID=1448，2011-4-1。

6. 王祁，浚縣辛村墓地性質新論〔EB／OL〕.http://www.cssn.cn/zx/bwyc/201809/t20180904_4554128.shtml，2018-9-4。

致　謝

　　不知道曾經多少次預想過，論文完成的環節該有多麼激動。然而真正坐在這裡，內心卻滿滿的只有感謝，實在有太多需要感謝的人、需要感謝的事，感謝你們在我成長過程中的一路陪伴。

　　感謝我的三位導師，趙朝洪、趙叢蒼、劉雲輝先生，他們不僅是我的學業導師，更是我的人生導師。我自己生性懶惰，每次老師給我翻看他自己的新認識、每次聽到老師熬夜看書、寫書，我都告訴自己需要再努力一點；我自己性子急躁，每次像倒豆子一樣表達的時候，看到老師微笑的眼睛，我都告訴自己需要再沉穩一點；我自己比較隨性，每次想到老師數十年如一日的不斷學習、研究，我都告訴自己需要再堅定一點。老師們的言傳身教，是我一生的財富。

　　感謝焦南峰、張天恩、田亞岐、馬永贏、陳洪海、尹夏清等先生，在我成長過程中給予的鼓勵與幫助。感謝徐衛民、冉萬里、韓建武、郭豔利、孫周勇、馬健、淩雪、豆海鋒先生在論文書寫過程中提供的寶貴意見。

　　感謝燕生東、袁永明、周曉晶、閆亞林、員雪梅、王濤、魏興濤、崔天興、虞海燕等師兄、師姐一直以來對我的關心與照顧，在寫論文的階段全力幫我搜集資料、梳理思路、甚至看錯別字；感謝林永昌同學，沒有你的鼓勵，我可能不會讀博士；感謝莊奕傑同學為論文翻譯英文摘要，付建麗小同學為我整理參考文獻。

　　感謝編輯部同仁們 8 年以來的陪伴，如同大家庭般的相處。

　　感謝我的閨蜜們，感謝你們傾聽我的委屈與煩惱、感受我的喜悅與開心，

沒有什麼煩惱是一頓飯不能解決的。

感謝我的父母，一直竭盡所能地為我提供最好的條件，讓我在一個寬鬆、自由、無憂無慮的環境裡成長；感謝我的姐姐、姐夫，每次都站在我的立場考慮；感謝我的愛人，包容我的任性；感謝我的孩子，讓我體會到擔當和責任。

何其有幸，我遇到了這麼好的老師、師兄師姐、同學、朋友、同事、家人，感謝你們，也因為你們，我會認真地走人生每一步。